高尔夫球会管理流程丛书

《高尔夫球场场地养护管理》编委会

主编 黄丽坚 关展荣 霍桂馨等

高尔夫球会管理流程丛书

Golf Club Management Procedure Collection

Golf Course
Maintenance Management

高尔夫球场场地养护管理

主　编◎ 黄丽坚

副主编◎ 关展荣　霍桂馨

GOLF 經營與管理
Business & Management

暨南大学出版社

JINAN UNIVERSITY PRESS

中国·广州

图书在版编目（CIP）数据

高尔夫球场场地养护管理／黄丽坚主编；关展荣，霍桂馨副主编．—广州：暨南大学出版社，
2012.5（2015.2 重印）
（高尔夫球会管理流程丛书）
ISBN 978 - 7 - 5668 - 0113 - 5

Ⅰ．①高…　Ⅱ．①黄…②关…③霍…　Ⅲ．①高尔夫球运动—体育场—管理　Ⅳ．①G849.351

中国版本图书馆 CIP 数据核字（2012）第 022216 号

出版发行：暨南大学出版社

地　　址：中国广州暨南大学
电　　话：总编室（8620）85221601
　　　　　营销部（8620）85225284　85228291　85228292（邮购）
传　　真：（8620）85221583（办公室）　　85223774（营销部）
邮　　编：510630
网　　址：http：//www. jnupress. com　http：//press. jnu. edu. cn

排　　版：佳奇文印排版工作室
印　　刷：深圳市新联美术印刷有限公司

开　　本：850mm×1168mm　1/16
印　　张：21
插　　页：30
字　　数：720 千
版　　次：2012 年 5 月第 1 版
印　　次：2015 年 2 月第 2 次
印　　数：2001—3000 册

定　　价：98.00 元

（暨大版图书如有印装质量问题，请与出版社总编室联系调换）

作者简介

黄丽坚

工商管理硕士。广州大学旅游学院特约讲师、兼职副教授，《GOLF 经营与管理》杂志主编，从事高尔夫行业工作近 20 年，深感中国高尔夫行业的经营需要从管理教育及流程规范开始，1999—2001 年间，出任世界著名球会——观澜湖高尔夫球会市务传讯总监一职，任职期间专责参与观澜湖高尔夫球会 ISO9001 和 ISO14000 的管理流程导入；参与国际大型活动，包括世界顶级球星泰格·伍兹（Tiger Woods）、维杰·辛格（Vijay Singh）、厄尼·埃尔斯（Ernie Els）到访中国的高尔夫专业赛事活动的策划工作。2003 年开始，走访世界及中国各地高尔夫球场、访问同业行家 1 500 多人次，各大报刊及电子媒体（www. 21cn. com GOLF 视频）纷纷转载其采访报道。自 2003 年开始，策划编写一套高尔夫管理丛书。任职多间高尔夫球会管理顾问，协助球会制定管理流程，培训管理人才，监督、评估、完善球会管理流程执行状况。研究领域为高尔夫企业制度和管理流程导入与执行，是中国高尔夫行业资深的管理流程导入与执行导师之一。2003 年将高尔夫管理流程系统化，成立红邦计算机软件有限公司，创立"至邦 GBMsoft"品牌，研发高尔夫球场成本管理软件产品，包括：球会运作管理系统、多仓库存管理系统、场地养护管理系统。这三套软件系统的面世，填补了中国高尔夫球场经营与成本管理的软件市场的空白。

关展荣

香港中文大学社会科学学士。《GOLF 经营与管理》杂志出版人。早年出任中国银行（香港）国际业务部经理及分行经理，后从事国际贸易工作近 20 年。2003 年从事高尔夫普及与文化研究工作。对高尔夫人才培训的组织与策划管理有非常丰富的经验。2004 年创办和出版《GOLF 经营与管理》杂志，并策划组编一套高尔夫管理丛书，分别编著出版了《高尔夫行业百家撷英访谈录》、《高尔夫投资者语录与法律视觉》、《高尔夫行业供应商名册》、《2004—2008 年高尔夫经营与管理杂志合订本》。在研究高尔夫文化发展中，深感中国高尔夫行业的规范管理需要从管理教育开始，收集近百个行业案例，进行深入分析。对企业的经营及管理模式十分了解，非常重视及擅长企业的信息化管理。在主持和策划"GBMsoft 至邦高尔夫经营与管理专用软件系统"的编程管理上，收集大量国内外专业的管理数据，反复论证和实验，为编写"GBMsoft 至邦高尔夫经营与管理专用软件系统"程式提供了宝贵的管理流程资料。

霍桂馨

广东省仲恺农业技术学院植物保护系学士。2002 年加入高尔夫行业，参与广东省昆虫研究所新型生物杀虫剂（昆虫病原线虫）的实验与应用，直接参与高尔夫场地养护与成本管理方面的运作，以及草坪病虫害预测预报及药后研究与评估工作。2004 年出任《GOLF 经营与管理》杂志执行主编，从事高尔夫球场运作流程研究，采访行业内外专家学者数百人，收集编写行业信息，构建与行家共同探讨高尔夫经营与管理的发展之路的平台，先后编著了《高尔夫行业百家撷英访谈录》、《高尔夫投资者语录与法律视觉》、《高尔夫行业供应商名册》、《2004—2008 年高尔夫经营与管理杂志合订本》。从事高尔夫行业工作多年，与行业商家及俱乐部管理层关系密切，在策划编程"GBMsoft 至邦高尔夫经营与管理专用软件系统"管理流程上，收集大量数据，反复论证和实验，将国际上流行的植保管理的专业流程与中国高尔夫球场养护管理流程相结合，创建编写了"高尔夫场地养护管理系统"程式。经历 5 年多时间的策划和研发，这套软件的面世，填补了中国高尔夫球场经营与成本管理的软件市场的空白。

我们继续努力

黄丽坚　关展荣　霍桂馨

很高兴完成"高尔夫球会管理流程丛书"第二册《高尔夫球场场地养护管理》的制作。"高尔夫球会管理流程丛书"第一册《高尔夫俱乐部会所经营与管理》自 2010 年 12 月面世以来，即成为中国高尔夫行业最畅销书籍之一，对编者和出版者而言，这是个惊喜。读者反应之热烈为我们意料之外，公司决定再接再厉出版《高尔夫球场场地养护管理》。

制作这套"高尔夫球会管理流程丛书"的概念缘于 7 年前，我们自立地盘，创办了《GOLF 经营与管理》抒发己见；4 年前，暨南大学出版社提出合作出版有关高尔夫管理丛书，然后结集成书作为纪念。回想在编写这套丛书（共 5 册）的岁月里，发现的问题真是不少，市场不断有新的变化，不论是技术上或是政策上无时无刻不是千变万化，面对如此浩瀚的信息，如何将其整理过滤使之成为有用的素材，便令我们三人叫苦连天。

"高尔夫球会管理流程丛书"制作的目的，并非教人如何经营高尔夫，而是总结个人 20 年高尔夫圈中工作和生活，随笔记录其中的观点、直觉和感受。必须强调，我们不是高尔夫通，我们也只是识得皮毛而已，但起码我们是先行者，愿这套丛书能成为引玉之砖，让更多的行业内外人士得到进一步的提升。

《高尔夫球场场地养护管理》的初稿完成于 2009 年，因为要等待专业人士的审核意见，至今才完善付梓。此书的重点是细化高尔夫球场场地养护中的"工序"和"流程"的管理，与学术界的草坪技术管理侧重点不同。因此，我们谨慎对待相关的草坪管理技术的内容。本书编写时参考了不少同行的著作，有些地方引用了他们的观点和资料，已在参考文献中一一列出；成书后更蒙侯文华博士、薛光老师、梁国坤老师、谭晓晖老师赐序，当然是求之不得，能够得到他们的推重，确是幸运和收获。希望以专家的真知灼见，补我等之不足，真正为同业提供更充实的见解和沟通。

我们也万分感谢参与本书内容审核、个案修改的高尔夫行业资深管理者贺本兴先生、黄昌禄先生、蓝云翠小姐、乐昌龙先生、刘刚健先生、刘千山先生、罗文新先生、牛立荣先生、唐志成先生、张继斌先生等，没有他们的专业实务分析与典型案例素材（引人入胜、鞭辟入里的素材），就没有我们今天的成品；为了能使此册书籍早日问世，《GOLF 经营与管理》杂志编辑人员不但电邮络绎于途，而且风尘仆仆，穿梭于中国东南西北区域的球场收集资讯，在协调更新个案的事务上，无不全体动员，全力以赴。周惠明小姐、张绮霞小姐、区婉珊小姐、卢雨森先生总揽所有联系与协调事宜，费力颇多，铭感良深。要感谢的人实在太多，我们无法一一赘述，只觉得一个人的力量真的是十分单薄而有限。

有人认为序言应该要说明著书的缘由，但我们觉得成书背后的人与人之间、群体与群体之间、组织与组织之间的因缘更值得强调。我们不但非常珍惜这些因缘，也祝福彼此，在此因缘下，共创更美好的未来。

三人合写一篇序，可能有点怪，不过这符合新时代的营商原则——共享资源，没有分你我彼此吧！

编者谨识
2011 年夏

值得一读和拥有的一本书

侯文华

草坪是高尔夫球场的生命，草坪是球场管理的核心。实际上，高尔夫球场总监管理着球会最大的资产——球场。球场的质量和状况直接并深刻地影响着球会的收入。场地及草坪的养护在球场占据着十分重要的位置，因为这个部门承载着球场实现打球所需要的基本元素，而且管理的场地面积大，人员多（几乎占到了一个球场的半壁江山），劳动强度大，工作条件艰苦，可见其价值和重要性。

认真拜读了黄丽坚女士寄来的《高尔夫球场场地养护管理》书稿，内容包括草坪的修剪、养分管理、病虫草害防治、水分管理、设备维护、园林护养、场地改造、赛事场务准备、岗位培训等，每个章节内容都从岗位职能描述、原理或理论依据、管理操作流程和各作业的具体操作等进行了阐述，内容全面、详尽、专业，既有一定的理论深度，又有很强的实际指导性，既可以作为高尔夫球场场地养护人员培训的专业教材，也可作为场地养护管理人员的参考书和工作参考手册。

该书具有三个基本特点：一是适应我国高尔夫行业的发展需要，理论联系实际，探讨了当前高尔夫球场企业面临的管理问题，具有实用性；二是通过学习和借鉴高尔夫界各位前辈和同行的理论研究成果，从球场管理角度出发，大胆创新，积极探索高尔夫球场岗位管理、工序管理、质量管理的新问题和新方法，具有新颖性；三是适应和把握高尔夫球场经营发展的需要，提出了场地养护管理的新思路，具有超前性。

当然，作为一本书不可能穷尽高尔夫行业管理的方方面面，因此在有些问题的论述上还可进一步深入探讨其内在的规律性。

迈步在全球化新经济发展机遇，新技术革命正在形成，伴随着高尔夫的普及，传统的管理正发生深刻的变革，高尔夫球场场地养护管理中的许多新问题正待人们去探索，期待这方面有更多的新成果问世。

作为同行，拜读学习之后，深深地感到作者花费了大量的心血并付出了艰辛的劳动，实实在在从高尔夫球场场地养护部门每个岗位的要求和具体操作需要阐述草坪的具体管护，最切身的感觉是读后自己的水平提高了很多，邀请作序实在不敢当，算作读后感言吧。现谨作数语，以示祝贺。

2011 年 8 月 22 日于北京

（侯文华：中国国家环境保护总局中国环境科学研究院创新岗位研究员、环境工程博士、环境生物工程博士后。）

高球场场地养护管理程序化的尝试

薛 光

众所周知，每个经营中的高尔夫球场，只有下工夫养护好场地，将球场营造为让球员赏心悦目以松弛情绪的休闲活动的天堂，才能获得会员和球员的青睐。然而，高端而优质的场地养护，除了前期精巧而周到的设计、扎实而认真的建造外，如何使场地管理程序化、岗位职责标准化、养护流程规范化、工序操作实用化，是高球场业主与场地养护管理各层人员的关注点。当笔者有幸拜读了黄丽坚女士主编的《高尔夫球场场地养护管理》（"高尔夫球会管理流程丛书"之二）后，心中豁然开朗。这本书乃高球场场地养护管理程序化的尝试！希望它早日出版，与广大读者见面！

我推荐此书，缘于它通过多维而有层次的思路、严谨而有创意的结构、浅显而有内涵的语言、认真而有条理的编制，将高球场场地养护的千头万绪，理得井井有条。它将场地养护的繁杂事务，通过计算机软件引入"轻松有序、忙而不乱"之路径中。从高尔夫球场场地养护各岗位的职能范畴、作用特点及部门功能，细化到每一养护项目的作业管理、运作流程、操作标准及具体技术要求。

此书值得一读，它条理清、涵盖广、作用大、可操作。它出发于社会科学与自然科学的基本观念，全面扎实、细致具体，渗透了场地养护管理每个部门与岗位、场地养护的每个时间与空间。它不仅闪烁着海外百年高尔夫球场场地管理经验的光彩，也凸显了将计算机编程应用到中国高尔夫球场场地养护管理的创新智慧。

此书值得再读，其倾注了作者热爱大自然的细腻情感。全书涉及场地养护管理的流程、工序及标准，没有华丽辞藻，却有朴实情感。提出"生态控制法"为草坪保护途径之一，彰显其对球场的花草树木及每一生物的深厚情感。以"控制"替代"灭杀"有害生物，显然，灭杀有害生物的同时，有益生物也难逃灭顶之灾！此书的程序化出发点为保护草坪、保护花草、保护树木，而归结点则是保护有益生物、保护自然、维护生态平衡！

颇感此书不仅为我国高尔夫球场场地养护管理程序化的指南性手册，也是将球场场地养护管理科学化与养护流程一体化的文理渗透的学术专著，同时还是目前国内系统最新颖、配套完整，适于高球场的领导层、监管层、技术层、操作层的实用培训教材。由于中国幅员辽阔、各球场自然状况千差百异，应用时应因地制宜。

2011 年 8 月 8 日

（薛光：草坪杂草防除研究专家、南京东华杂草技术研究所所长。）

自我超越是一种终身的修炼

梁国坤

自我超越是一种终身的修炼。追求事业成就感的人就要不断为自己的事业确定更高的目标。黄丽坚女士就是这样的一位"有主见的人"。

我在 20 世纪 90 年代中期认识黄丽坚，那时她已经是高尔夫媒体界中最活跃的才女之一。她是有性格的人，是有学识的人。每次交流，她总是关注球场经营与养护成本核算的事情。而就在这样的过程中我们有共同的语言，也就这样成了朋友。这一因缘黄丽坚在《高尔夫行业百家撷英访谈录》的一篇文章中也提到了。

中国高尔夫产业的发展带来了一个值得关注的问题——高尔夫球会经营增长与高尔夫管理人才极度短缺形成了巨大的矛盾。由于缺乏熟练掌握高尔夫球会综合管理业务能力以及各个岗位工作知识、技能的相关人才，高尔夫球会经营与管理的发展同样面临一个瓶颈。要想突破瓶颈，获得更大的发展，高尔夫企业必须吸引并培养自己的管理人才。

生搬硬套国外的管理规律容易造成"水土不服"，因为中国高尔夫球场有自己的特点。要使行业规范化管理，细化高尔夫球场场地养护中的"工序"和"流程"的管理内容，正是行业培养管理人才的重要指南。黄丽坚女士执著地在这个困难重重的领域进行探寻，是值得业界支持的，因为这种精神本身就令人敬佩。

我读《高尔夫球场场地养护管理》这本书，就是从缝隙中填补我自己知识的空白，增长了许多新见，更受到不少启迪，所以推荐给大家，相信读者都能从中有所获益。我们期望黄丽坚女士继续写出更多的好文章，惠及渴望在高尔夫球事业发展、寻找自我增值的年青一代的生力军。

（梁国坤：中国第一位高尔夫球场设计师，资深高尔夫球场管理专家。）

福　音

谭晓晖

　　继《高尔夫俱乐部会所经营与管理》之后，"高尔夫球会管理流程丛书"又推出第二册——《高尔夫球场场地养护管理》，如此坚持不懈地在高尔夫理论这片荒芜而贫瘠的土地上默默耕耘，笔者不由再次对本套丛书的编者和作者们表示深深的敬意！

　　对于球场的场地养护，笔者纯属门外汉，经过多年在球场管理领域中的摸爬滚打，也就略知一二而已，没有资格指手画脚。唯辗转于多个球场，见到每个草坪总监（或经理）都把这一部分当作私人领地，讳莫如深，工作中预算模糊，记录粗略，同一地域、同一草种，不同的人、不同的球场用不同的方法养草，八仙过海，各施各法。究其因，一是从业人员的素质参差，大多靠经验和土办法；二是草坪研究的水平低下，没有科学理论的支持。这也不奇怪，新中国的高尔夫事业至今不到三十年，现在国内球场采用的几乎都是外来的草种，就算研究，也是研究别人的东西，远比研究自己发明的东西要纠结得多。反观美国，稍好一些的私家球场（因公众球场极少投入养护成本，所以不能混为一谈），草坪质量真的没法讲，随便一家的养护水平就比国内许多标榜一流的球场好得多，草面平整，草色鲜亮，密度适中，不同高度草坪泾渭分明，切边整齐，几乎看不到杂草，几乎看不到坑洼，几乎看不到疤痕，管理精细之极，甚至难寻一处瑕疵。据说像奥古斯塔这样的球场都是提前半年就做好了养护计划，细致到哪一天用什么机剪、剪多大范围，甚至剪多少高度，难道美国人不会遇到我们国内的草坪总监（或经理）老是提到的不同基础不同年份不同季节不同环境就要因之而异的情况吗？我看不然，关键是他们已经把这个研究透了，再多再大的变化也如孙悟空一样逃不出如来佛的手掌心，于是，可以按部就班地进行养护，可以产生出我们所看到的那么好的草坪效果。看来国内球场草坪的养护，还有很多要学，还有很长的路要走。

　　笔者也理解国内球场的草坪总监（或经理）们的辛苦，他们不单要管好草，还要管好一大批人，相当多的还要管园林绿化和机器维修保养等，挺不容易的，没办法像美国同行们那样得以专注于专业工作。专业化、规范化的严重滞后，是目前国内球场养护管理的一大瓶颈。本书的出版，正是为解决这个问题提供了一条捷径，不啻是草坪总监（或经理）们的福音，但愿其对提高高尔夫从业人员素质，规范球场场地养护流程，统一草坪养护及相关工作的标准，科学合理安排场地养护管理工作等，都能起到积极的作用。

　　是为序。

2011 年 9 月 15 日于深圳

　　（谭晓晖：资深高尔夫职业经理人，高尔夫球场管理专家。中国高尔夫行业资深策划与管理执行导师之一。）

前　　言

对于高尔夫从业人员或从事高尔夫行业的人员来说，手头有一套工作手册式的、把高尔夫球会的管理流程与各个岗位的工作职能与操作流程十分条理、清晰地归纳概括出来的实用操作指南，是非常有必要的。

高尔夫产业的发展带来了一个非常严重的问题——高尔夫球会经营需求的极大增长与高尔夫管理人才的极度短缺形成了巨大的矛盾。由于缺乏熟练掌握高尔夫球会综合管理业务技能以及各个岗位工作知识、技能的相关人才，高尔夫球会经营与管理的发展同样面临一个瓶颈。要想突破这个瓶颈，获得更大的发展，高尔夫企业必须吸引并培养自己的管理人才。

正是在以上认识的基础上，我们特别编写了这套"高尔夫球会管理流程丛书"，从高尔夫营销策划管理、高尔夫俱乐部会所经营与管理、高尔夫竞技运作与竞赛管理、高尔夫球场场地养护管理、高尔夫企业后勤支持管理五个核心业务入手，在全面系统地分析现有高尔夫球会的经营理论和管理实践的基础上，借鉴国内外高尔夫球会先进的管理实践成果，将之归纳并重构，形成了高尔夫规范的、标准的业务管理流程与球会管理模板。

然后，在管理流程与模板的基础上，我们梳理了现有的成功球会企业的组织架构和岗位设置规范，以高尔夫球会的经营业务运作流程为主线，构建了高尔夫球会核心业务的岗位操作流程。

在解决流程运作的同时，我们进一步围绕岗位，以帮助岗位任职人员提高业务能力为目的，详细地把具体岗位的职责范围、操作流程、操作方法、应用工具、注意规则等影响岗位工作绩效的要点提炼出来，并结合实际操作中的运用技巧，形成了针对高尔夫球会具体工作岗位的工作能力培训范本。

因此，这不仅是一套可以解决高尔夫行业球会经营运作流程的管理类丛书，更是一套适用于高尔夫企业培训管理人才，提升其管理能力、方法、技巧的培训类丛书。

具体而言，"高尔夫球会管理流程丛书"共包括以下五本：

《高尔夫俱乐部会所经营与管理》

《高尔夫竞技运作与竞赛管理》

《高尔夫营销策划管理》

《高尔夫球场场地养护管理》

《高尔夫企业后勤支持管理》

本丛书出版的过程中，管理学界多位专家参与了选题论证，企业界的朋友们提供了专业方面的指导和帮助，在此深表谢意。当然，本丛书的编写由于资料和企业实践所限，还存在一些不尽如人意之处，欢迎广大读者给予批评指正。

在中国，高尔夫球场的建设和经营近 30 年，然而，目前还很少见到全面系统地论述高尔夫球场场地养护管理流程的专著。

《高尔夫球场场地养护管理》是"高尔夫球会管理流程丛书"第二册。本书共分 10 篇 38 章，从高尔夫球场场地养护管理目的出发，全面系统地论述作业工序与操作流程方面的内容：第一篇为高尔夫球场场地养护管理概述；第二篇为高尔夫球场草坪修剪护养流程；第三篇为高尔夫球场草坪特殊作业流程；第四篇为高尔夫球场草坪营养护养流程；第五篇为高尔夫球场草坪保护流程；第六篇为高尔夫球场草坪水分管理流程；第七篇为高尔夫球场设备维护流程；第八篇为高尔夫球场园林护养流程；第九篇为高尔夫球场场地养护辅助工程管理流程；第十篇为高尔夫球场场地养护统筹监督管理流程。

在编写过程中，侯文华博士、薛光老师、梁国坤老师、谭晓晖老师详尽审阅了本书，并提出许多宝贵意见。本书还得到了中国高尔夫行业资深人士的帮助和参与编写，包括贺本兴先生、黄昌禄先生、蓝云翠小姐、乐昌龙先生、刘刚健先生、刘千山先生、罗文新先生、牛立荣先生、唐志成先生、张继斌先生等，他们均在高尔夫球场及高尔夫行业实际工作超过 10 年。全书内容简要，所引资料大多是高尔夫球场场地养护方面的研究成果和最新技术，以及来自参编者直接参与高尔夫球场场地养护及草坪管理和研究的心得。

《高尔夫球场场地养护管理》一书对管理流程的模板和岗位操作的规范，都进行了细分式的分析，去除理论化的烦琐，注重突出流程化、规范化、实用性与操作性，力图以清新、简洁、鲜明的风格，一步到位地为读者提供一整套实用的管理模板、管理工具和培训教材。

目 录

第一篇

高尔夫球场场地养护管理概述

阅读重点

第一章　高尔夫球场场地养护概念及意义

第一节　高尔夫球场场地养护研究与发展

高尔夫（Golf）是一种在户外草坪上使用不同的球杆并按一定的规则将球击入指定球洞的体育娱乐活动。

高尔夫球场简称高球场或球场。它是利用天然地形地势和自然风光，通过考虑各种相关因子，以科学原理为指导，利于球员充分发挥竞技设计整理而成。按照目前世界上各种球场的表现风格可将其分为山地球场、河川地球场、丘陵球场、海滨球场、平原球场及森林球场等。

目前高尔夫球场的设计按的表现形式可分为三大类，即战略型、处罚型和挑战型。处罚型在20世纪初期很流行，主要受英国高球场设计的影响，因而也称为英国型。50年代后这种设计已很少见。今天所流行的主要为战略型。不过，目前所见到的球场为战略型与英雄型结合的产物。这可以说是对球员技术的全方位考验。

一个典型的现代高尔夫球场通常占地67万～133万平方米不等。通常一个国际标准高尔夫球场由18个洞组成，分为前9洞，编号为1～9洞；后9洞，编号为10～18洞。

洞是高尔夫球场的基本构成单位。一个洞是由发球台、球道、长草区及林带、果岭、沙坑和水池等组成。高尔夫球场通常分长、中、短三种球洞。长洞每洞的标准杆为5杆，距离为401～575码；中洞每洞标准杆为4杆，距离为211～470码；短洞每洞标准杆为3杆，距离为200码以内。通常每9个洞或半场中设有2个长洞、5个中洞和2个短洞，18个洞标准杆为72杆。许多球场出于营业上的需要也设计成27洞、36洞甚至54洞，但都以9洞为基本单位。多设洞数是为了能让更多人打球，同时设计风格迥异的球洞也可为球员营造另一番乐趣。

16世纪初，高尔夫已在英国出现；1682年，苏格兰宫廷中有人发起高尔夫赛事。当时苏格兰的高尔夫球场都是设在近海的沙丘地，尤其是大不列颠岛的东北海岸。那里地貌多为丘陵、沙地、草地和金雀花。正是这种大自然风光吸引了更多的人参加这一运动。1744年，Gentlemen高尔夫球友公司成立，其击球活动主要在雷斯球场。1754年，圣·安德鲁斯高尔夫球友会成立，并制定了打球规则。威廉四世期间，曾命该球会为"圣·安德鲁斯皇家古老高尔夫俱乐部"，由于皇室的参与，这个俱乐部渐渐在高尔夫球界取得领导地位，而其制定的打球规则也成为高尔夫比赛的裁判准则并沿用至今。

17世纪，高尔夫被欧洲人带到了美洲。1873年，加拿大成立了蒙特利尔皇家高尔夫俱乐部。它是美洲第一个永久性高尔夫俱乐部。1894年，美国高尔夫协会成立。它的成立在高尔夫运动史上具有深远的意义。在成立之初，其目的是组织美国高尔夫赛事，后来便逐渐与苏格兰圣·安德鲁斯高尔夫俱乐部一起成为高尔夫运动的领导者。

1829年，印度加尔各答皇家高尔夫俱乐部成立。1870年，澳大利亚第一个高尔夫俱乐部——皇家高尔夫俱乐部成立于阿德莱德。1873年，新西兰克赖斯特高尔夫俱乐部成立。1884年，南非最早的高尔夫俱乐部出现在纳塔尔。1890年，泰国皇家高尔夫俱乐部成立于古寺之中。1903年，英国人在日本千叶县附近创建了第一个高尔夫球场，其规模仅仅是9个洞的简易球场。

1890年，中国上海高尔夫俱乐部成立。在旧中国，高尔夫运动曾有短暂的历史。中国高尔夫起源时间虽然较早，但历史较短。1984年，新中国第一个高尔夫球场——中山温泉高尔夫球会设立。1987

年，中国高尔夫协会在北京成立，这是国家统筹发展高尔夫运动，组织和协商各种赛事，联系国内、外高尔夫组织的机构。

高尔夫充满着浓烈的乡村自然气息。构成高尔夫园林或球场的主要材料为草坪、树林、湖水、沙地等。其中，草坪是最重要的建场材料之一，它是整个高尔夫运动的底色。

起源于苏格兰的高尔夫最初是在高丘陵地带和海岸区域的牧场上兴起的。这里气候湿润，多丘多雾，极适合牧草的生长。当地生长着野生翦股颖和羊草等草种，持续的天然放牧使草地维持一定的高度，免去了人们刻意的修剪，更谈不上高尔夫球场场地养护和草坪管理，一切都在自然状态下进行。

草坪早期研究始于 13 世纪，当时英国通过研究产生了用禾草建立草坪的技术。随后通过相继研究产生了建立各种用途的草坪技术。草皮、草皮带的运用对近代高质草坪的发展起了重要的作用。18 世纪已研究出了低草种翦股颖和羊草的种子以及不能用高草建立草坪的理论；有关草坪建立和管理等内容的专著陆续出现。

特别是 1830 年内燃机的发明，结束了以放牧降低草坪的高度、提高平整度的历史，将草坪业推到了一个新的历史阶段，并由此催发了现代草坪的诞生。

现代草坪是第二次世界大战后在美国诞生的。由于经济的发展、工具的改进、人类生活水平的提高，人们对草坪的研究需求日趋强烈，因而以美、英等国家为先驱的草坪研究逐渐形成。

最初草坪研究是 1885 年在美国康涅狄格州的奥尔科特草坪公园开始的，研究的内容是选育优良的草坪草种。通过大量研究从而发现和首先肯定了翦股颖属和羊草属的最优品种，直至今天此种研究仍在进行。

1885—1890 年期间，在罗得岛大学开始草坪的综合研究，取得了许多实质性的结果，从此，在美国农业部有关人士的推动下，许多大学和试验站开始对草坪草进行系统研究。1920 年，美国高尔夫协会设立草坪部，根据高尔夫球场草坪的要求在华盛顿附近的阿林顿进行研究，以后在马里兰州贝尔茨维尔的农业试验站进行了广泛研究。今天，草坪的研究在美国得到了普遍的重视，并已成功地选育出适用于高尔夫球场不同区域的草种，这些草种已在世界各地高尔夫球场得到广泛的运用。

在英国，草坪的研究是由皇家和古代高尔夫俱乐部草坪委员会对草坪的科学研究下达任务的。1928 年，根据该委员会的要求，成立英国高尔夫球联盟咨询委员会和国际高尔夫联盟。1929 年，在此基础上组建了国际草坪研究会。高尔夫球运动的开展对草坪科学和技术的进步起了积极推动作用。

1935 年，新西兰在高尔夫联盟内设立草坪研究委员会，1949 年改为新西兰草坪研究所，在各类草坪上开展研究工作。1961 年，西德成立草坪研究会。1920 年奥地利的维也纳、奥伦多等地开始了小规模的草坪研究；1963 年设立了国家运动中心，其中包括草坪研究所。1957 年，日本成立了草坪养护协会；1962 年成立了高尔夫研究所；1972 年成立了日本草坪研究会。德国、瑞士、丹麦、波兰、加拿大、肯尼亚和南非等国家，先后开展了草坪研究并设立相应的研究机构。

中国在 20 世纪 50 年代开始进行较系统的草坪研究工作。1983 年成立草坪学术委员会。当前草坪研究工作诸如引种、选育、建坪及管理技术的研究在全国范围内得到了广泛的开展。

鉴于世界各国草坪研究的发展和交流，全球于 1969 年成立国际草坪学会，约定每 4 年举行一次学术会议。

随着草坪业的迅速发展，许多与草坪有关的行业对草坪专门技术人才表现出迫切的需求。进入 20 世纪 80 年代以来，人们对草坪建植、养护管理的要求更趋强烈。世界各国出现了培养不同层次草坪专业人才的机构，同时也产生了许多与草坪相关的专著与杂志。

第二节　高尔夫球场场地养护管理内容

在高尔夫这项运动的早期，高尔夫球场场地养护的管理者——场地养护总监被称为绿地管理者，其主要任务是养护草坪和建造新的球洞。作为当时的绿地管理者，他必须具备一些基本的化学和植物学的知识，同时还要有敏锐的观察力。

随着高尔夫的发展，打球人数的增加和高尔夫运动管理的规范化，高尔夫草坪的管理也发生了改变，满足打球者的需要成了草坪管理的首要任务。场地养护总监作为高尔夫球场草坪的管理者，必须依靠科学知识和合理的管理方法进行草坪管理。因此，其所担当的角色不再仅仅是一个绿地管理者，他还应该也可以是生物学家、环境学家、园艺学家、人力资源管理者、气象学家、教师、会计，或其中的几个。

在 20 世纪 50 年代，场地养护总监会将 90% 的时间花费在草坪的日常维护上，而今天，场地养护总监 35% 的时间是花在球场管理的预算、计划、人事、研究、设计和活动安排上，所以场地养护总监不再只是一个单纯的草坪管理人员。

由于中国早期缺乏专业的高尔夫球场场地养护管理者，所以早期的高尔夫球场场地养护管理基本全部依赖国外的专业人员。经过 20 多年的发展，中国本土的高尔夫球场场地养护专业管理人员和专业公司已逐步发展起来。

然而，高尔夫草坪在球场经营中的重要性还没有被业主或球会的总经理们所完全认识到；同时，高尔夫球场场地养护管理的相关产业也还不完善。

目前中国的高尔夫球场场地养护总监专业知识参差不齐的因素，也造成了一部分场地养护总监在高尔夫球场的作用还处于一个普通劳动力的阶段。随着人们对高尔夫球场质量的追求，场地养护总监在球会中的重要性和角色改变正逐步被高尔夫业界所接受。

尽管场地养护总监的作用已经有所改变，但其作为艺术和科学结合的创造者的身份是不会改变的，从以前的劳动力到今天的资源管理者，场地养护总监还必须管理工人、时间、材料和财务，同时还要协调这些与环境、经济目标和服务客人的关系。

当高尔夫球场场地养护部门具备了先进的设备和专业性的肥料及化学用品，完善的专业化服务体系，就能为球场场地养护及管理者的工作提供诸多的方便，但场地养护总监仍有大量的工作要做，依然是球场最忙的人。高尔夫球场场地养护总监主要围绕以下五个方面开展工作：

一、协调与沟通

（1）球场场地养护总监要花很多时间用在协调和沟通方面。球场场地养护总监的沟通和协调能力对球场品质提升和效益提高非常重要。主要包括沟通和协调业主方、球员、员工和行业协会间各种关系。

（2）根据球员与业主反馈的信息和要求以及重要活动安排，及时对球场养护计划进行调整；将员工对球场的建议和其他要求及时向业主方反馈；与相关球会与专业协会沟通信息，掌握最新动态；与劳动者保护联盟协调，将员工对福利待遇的要求向业主方反馈。

（3）球场场地养护总监真正起到了连接业主、球员、员工及其他球会或协会的桥梁作用。

二、与业主方制定详细的经费预算

（1）球场场地养护总监的另一项主要工作是每年年底向业主方提供一份详细的下年度工作计划和经费预算报告。

（2）待业主方根据效益收支和市场预测等因素修改批准后，场地养护总监会把工作计划和经费预算分解、细化，包括每一名长期工、长期季节工和钟点工的工资，每月的原材料、零配件成本，每项球场改造工程成本等，将球场的日常维护与改造都严格控制在预算内完成。

三、制订工作计划并监督执行

（1）球场场地养护总监除了制订每一年度工作计划以外，每月和每个季节都制订一份相应的工作计划，下发给每一位员工，使每一位员工做到心中有数。

（2）每周工作安排计划一般由总监助理完成，下发到员工手中，使每一位员工清楚每天不同时间要做的工作。

（3）在所有工作计划制订后，应有针对性地随时检查、监督每一位员工的工作，每一位员工有责任把工作中存在的问题、建议及时向总监提出，以便作出调整。

四、签订各项合同和人员招聘及工资发放

（1）球场场地养护总监有权在预算内签订球场所需的各类物资供货合同，有权根据工作安排招聘或解聘员工。

（2）承担每两周员工工资发放、处理劳动保险审核等事务性工作。

五、数据输入工作

（1）球场场地养护总监除了完成日常业务性工作外，还有一项很烦琐的工作就是每天将数据输入电脑系统。包括球场每一个区域的施肥、剪草、喷灌、覆沙、打孔等工作数据，每一位员工每天的工作及每台机械每天的工作时间等数据。

（2）建立完善的档案记录，是每一位球场场地养护总监必须做的工作。这利于管理者随时调出球场每一个区域、每一台机械和每一位员工的工作生产情况。

（3）这些数据库的资料分析，对制订以后的工作计划和执行管理工作很有帮助。

第三节　高尔夫球场场地养护管理发展趋势

一、自动化管理，使用专业的"高尔夫球场场地养护管理软件系统"

高尔夫球场场地养护管理已经拥有专业的"高尔夫球场场地养护管理软件系统"，场地养护部门通过专业的软件程序，实施和执行高尔夫球场场地养护各种工序、人员安排、物料配置、设备配套等一系列工作。部门至少有一台供场地养护部门总监管理专用的电脑和一台员工用的公用电脑。

（1）管理专用的电脑安装高尔夫球场场地养护管理专用软件，与会所、仓库、财务采购、泵房相连。总监或助理总监每天都会把工作记录输入电脑，这样总监可以随时调阅每一个球道、果岭、发球台的施肥、喷灌、剪草、覆沙、打孔情况，随时调阅每位员工的工作情况，包括每天、每周和每月工作时间、所使用的机械、工作地点等，随时了解每一项养护内容成本支出经费，及时根据预算作出调整。

（2）公用电脑主要用于员工培训，提高员工素质和技能培训。同时也可丰富员工娱乐生活，早茶、下午茶和午餐时间员工可以上网查询、浏览使用。

二、机械化程度提高，降低人力资源成本

（1）由于人工成本高，机械相对便宜，所以每一个高尔夫球场机械设备非常齐全，球场配备包括各类型剪草机、覆沙机、球道和果岭打孔机、果岭打孔柱收集机械、喷药机、挖掘开沟机械、铲土机械、沙坑补沙机械、划破机械、运输机械等，以满足各项工作需要。

（2）各种运输车辆（包括工作车、球车）随时可以把每一位员工送到指定的工作岗位。

（3）对于球场工作量比较大的球道覆沙工作，仅用一个人操作大型球道覆沙机，1～2天就可以完成一次，而且不影响正常营运。

（4）至于球场喷药、液喷肥料，若用手动喷洒，则需花费很多人力，使用可以转换各种角度和工作半径的喷洒车，仅用一个人即可以轻松完成。

三、草坪专用化肥、农药产品质量完善，提升场地养护效果

（1）肥料及相关产品：高尔夫球场可以选用的草坪专用化肥品种非常多，且都是经过处理的缓释型固体肥料和较为安全的液体肥料。这些肥料包括果岭级和球道级的氮、磷、钾，不同比例、不同颜色的复合肥和添加铁、镁等微量元素的复合肥，添加微量元素的液体肥，各种生物有机肥产品和土壤改良肥产品、植物生长调节剂产品、土壤改良剂产品（如土壤水分湿润剂、石灰和石膏柱）等。

（2）农药及相关产品：由于对环保的高度重视，发展趋势将对用于草坪的化学产品的审定非常严格。能够通过审定、取得生产许可证的化学产品大都具有毒性低、残留期短且非常有效的特点。这些化学产品包括对病害的杀菌剂，针对不同类型虫害的杀虫剂和针对不同杂草的除草剂以及杀藻剂、杀鼠剂、植物生长调节剂、农药显示剂、农药吸附剂等产品。

四、采购渠道信息通畅，供货体系健全，为球场及时提供各种专业服务

（1）各地从事草坪产品经营和开发的专业化公司提供的各类专业化服务涉及高尔夫球场养护、管理的各个环节：各种机械零配件、化肥、农药、草皮、表土、沙、石、泥炭土等；还有燃料公司提供的各类油料等。

（2）供应商能及时地将球场所需的各种物资送到球场。

（3）各地的化学分析室会将球场所取得土样、草样及各种病虫害鉴定分析结果及建议准确提供给球场场地养护总监作管理数据参考。

（4）类似清洁公司会提供定期清洗会所服务、球场清洁服务，矿泉水供应公司会提供定期送水服务，清洗公司会提供工作服清洗服务。

五、喷灌系统先进，减少喷灌时水资源浪费，节约人工成本

（1）由于人工成本高，球场投资者将在建造球场时选用当时最为先进的喷灌系统，一些老球场将对喷灌系统进行改进升级，以便减少喷灌时水资源浪费和节约人工成本。

（2）球场将不配备专门的喷灌技工，由场地养护总监和总监助理通过电脑自动控制及遥控板控制，水泵房安置自动报警系统，中央控制器与气象站或土壤湿度计相连，这样可以随时根据天气以及某一局部土壤水分情况来调节和控制喷水。

六、成立各区域专业性协会，协助球场培训员工，提升员工素质

（1）不仅有全国性的球场总监协会，还有地区性类似学会和草坪学会。

（2）这些协会或学会每年举办一次大型的展销和研讨会，举办多次针对不同球场所存在问题的研讨会和技术讲座，请有丰富经验的管理专家现场讲演，并帮助解决各类问题。

（3）这些协会将会获得大公司、企业和政府的赞助，拥有一定的研究经费，他们会选择一些球场难以解决的技术难题进行立项研究，研究成果很快被各个高尔夫球场应用。

（4）协会免费提供新产品介绍、求职和应聘信息、机械转让信息、市场预测信息等服务。定期举办使球场和球场间在人工成本、机械成本、化肥、农药成本、个人的工资收入和球场质量上进行比较，使各项资源合理地再分配。

（5）协助球会培训员工，在球场场地养护部门工作的员工要持有地方性的化肥、化学用品使用资格证书，绝大部分员工是草坪或农机专业学院毕业生，每一个员工基本上对养护的各类型机械都能熟练地使用和保养。

（6）员工的自律性非常强，工作时非常认真负责，随时随地把机械和场地所发现的问题告知总监或总监助理。员工球技非常好，使他们非常热爱本职工作并加深了对高尔夫球的理解。

第二章　高尔夫球场场地养护管理范畴

第一节　高尔夫球场场地养护管理概述

高尔夫球场场地养护管理主要有九大范畴：草坪修剪、草坪特殊作业、草坪营养护养、草坪保护、草坪水分管理、球场设备维护、球场园林护养、辅助工程管理、统筹监督。

一、草坪修剪在场地养护中的作用

草坪修剪是高尔夫球场草坪养护管理的核心内容。草坪修剪的目的在于保持草坪整齐、美观以及充分发挥草坪的使用功能。修剪能给草坪草适度的刺激，抑制其向上生长，促进枝条密度加大，还有利于改善表层的通风透光，使草坪草健康生长。

草坪修剪的原则一般遵循"1/3"的原则（果岭除外），即对于每一次修剪，被剪去的部分应控制在草坪草垂直高度的1/3以内。如果一次修剪得太多，将会使叶面积大量损失，从而导致草坪草光合作用能力减弱，现存碳水化合物大部分被用于形成新的幼嫩组织，致使根系无足够养分维持而大量死亡，最终的结果是草坪退化。

草坪修剪高度也称留茬高度，是指草坪修剪后立即测得的地上枝条的垂直高度。不同类别的草坪草忍受修剪的能力是不同的。因此，草坪草的适宜留茬高度应依据草坪草的生理、形态特征和使用目的来确定，以不影响草坪草正常生长发育和功能发挥为原则。

草坪的修剪频率取决于多种因素，修剪时期和次数与草坪草的生育相关，也和草坪类型、草坪品质、天气、土壤肥力、草坪在一年中的生长状况等相关。

二、草坪特殊作业在场地养护中的作用

草坪特殊作业包括草坪土壤特殊作业、草坪铺沙特殊作业、草坪疏松特殊作业和草坪拖平特殊作业。

草坪土壤特殊作业主要是针对土壤紧实和不良气候条件所施行的一系列作业。这类作业包括打孔、切开、穿刺、垂直刈剪等。

草坪铺沙特殊作业是高尔夫球道、果岭和发球台，特别是果岭经常性的作业，而且是一项很重要的作业。草坪建设使用一段时间后，由于频繁的活动和自然环境的因素，使大量的根系外露，地表凹凸不平等现象发生，为了不影响击球，维护草坪的正常生长和发育，就需要进行铺沙作业。

草坪疏松特殊作业是针对草坪表层芜枝层太厚，苔藓杂草生长旺盛而施行的一系列清除护养综合技术。

草坪拖平特殊作业是在草坪铺沙或打孔之后利用金属拉网或拖平毛刷通过草坪表面的过程。

当草坪质量出现某些问题时，进行草坪改良就成为场地养护的重要工作。通过一定项目耐心细致的详查，找出问题症结，再采用合适的作业内容进行调理，称为高尔夫球场草坪特殊改良。

三、草坪营养护养在场地养护中的作用

高质高尔夫球场的草坪外表光滑，草坪稠密，表面平整，颜色翠绿，这种诱人的外观是通过合理浇水、适当修剪、经常打孔和有效施肥而获得的。施肥，特别是合理有效的施肥对维持高质高尔夫球场有极重要的意义。

高尔夫球场属于营业性质的运动场所，将草修剪到理想的击球高度符合高球场的营业构思。然而，长此以往，带来的后果是草坪根系浅表化，暴露出抗逆性差的弊端，草坪生长在一个十分不稳定的生活环境中。为草坪创造一个良好的生活环境，使这种脆弱的生境减小到最低限度，这是草坪营养护养的重点之一。

由于高尔夫球场的面积大，因而施肥的总量大，施肥方式和时间就显得更为重要。在施肥时必须考虑水的配合。这是草坪营养护养的重点之二。

高尔夫是一个运动性较强的体育项目，频繁的客流活动是高尔夫球场的自然属性。这种属性带来的直接后果则是草坪磨损，包括球员用球杆击伤草坪、球车和场地养护设备车辆形成较大压力，造成土壤紧实之后所引起的土壤恶化，草坪长势很差。特别是雨季，球员频繁活动带来的负面影响更甚，此时土壤紧实的问题更严重。如果是管理不善的球场，在球道和发球台等处可能形成明显可见的人迹线，日积月累这些地方草坪草大量死亡，只留下裸地。由于土壤紧实导致草坪五大生活条件中空气因子的匮乏，抑制了土壤微生物的活动，所以这是草坪营养护养的重点之三。施肥有助于降低脆弱性，但在具体施用上必须根据草坪施肥原理制定出合理的施肥配套措施，才能发挥最大肥效。

四、草坪保护在场地养护中的作用

凡对引起草坪品质、使用功能等方面明显退化的有害生物体进行人为干预控制或减轻其危害的过程称为草坪保护。造成草坪退化的生物有机体主要为有害动物、昆虫、病原物以及杂草等。

高尔夫球场场地养护在草坪保护作业中主要是对有害动物、昆虫、病原物以及杂草的控制。

危害高尔夫球场草坪的害虫主要是地上害虫和地下害虫。危害果岭的害虫主要为地下害虫，地上害虫较少。高尔夫球场发球台易受到昆虫的危害，因为它的高度一般在1.3厘米左右。这与昆虫的繁殖生育习性关系更为密切：地上害虫都喜欢将虫卵产在隐蔽区，较低的留茬高度往往比留茬高度较高的场所缺乏隐蔽性；不仅地下害虫危害严重，地上害虫如青虫也易造成严重危害。

高尔夫球场草坪病害的发生，有一个生理、组织和形状方面不正常的变化，这种变化称病理程序。具备病理程序和功用价值降低这两个条件称为草坪草病害。不同病原引起的病害不同。草坪病害控制即指传染性病害，包括病害发生、发展与流行，病毒症状、类型以及诊断控制等内容。在高尔夫球场场地养护中，要特别重视草坪病害，对高尔夫球场果岭，一旦发现病害要立即灭杀。不能容许在果岭上出现病害。

高尔夫球场是一个以经营草坪为主的实体。草坪质量的高低与经营效益有直接的关系。平滑、稠密、匀整、翠绿是草坪品质好坏的评定准则。稠密、纯一是球道质量最基本的要求条件。纯一是指组成高球场草坪的草种纯净度，除构成高尔夫球场草坪的草种外，不能混有其他种类。如果混入了其他草类就会降低草坪的质量。高尔夫球场杂草的控制通常使用人工和化学除草；除草剂有效施用技术就是根据除草剂的性质、草坪、杂草和当时当地的条件选择合适的除草剂种类，适量、适时、合理施用，达到安全、经济、有效地防除杂草，减轻草害。

五、草坪水分管理在场地养护中的作用

一个18洞标准高尔夫球场通常占地67万～133万平方米不等，整个球场大部分为草坪覆盖，每天

平均耗水量为 2 000 ~ 2 500 立方米。高尔夫球场草坪水分管理的重点是善用水资源和节约用水。

高尔夫球场草坪水分管理包括高尔夫球场水资源利用、草坪缺水诊断、灌溉系统设计、灌溉系统操作、灌溉草坪草、草坪排水与节水等作业工序。

球场灌溉系统的最终目标就是要充分满足高尔夫球场内草坪草需水要求，同时能有效节约水资源。要实现这一目标，必须因地制宜，结合球场自身特点，选择合理的喷灌系统，利用先进的灌溉技术，采用科学的管理。

草坪灌水，作为天然降水的补充，要充分满足草坪的需水量，保证草坪草的正常生长。根据高尔夫球场不同区域草坪草的需水特性，合理灌溉，按需灌溉。

草坪排水，即为避免和防止外界浇水能力大于土壤渗透能力导致地表积水，造成草坪涝害所采取的一系列排水措施的过程。外界浇水能力是指来自于自然界的连续降雨。高尔夫球场所做的排水工作就是尽量减少雨后地表积水，使草坪所受到的危害达到最小，并保证正常的球场营业。

六、球场设备维护在场地养护中的作用

设备养护包含设备维护和设备维修作业。设备维护是指为防止设备性能退化或降低产品失效的概率，按事前规定的计划或相应技术条件的规定进行的维修。维护与修理是有区别的。修理是指设备失效或出现故障后，为使产品恢复到能完成规定功能而进行的维修。

设备管理包含四个方面：库房存放管理、设备使用登记管理、操作保养管理和安全使用管理。

（1）库房存放管理。每个球场必须建设良好的库房来存放草坪机械和球车，做到防风、防雨、防晒，避免机器部件因存放不良而过早老化，要求库房具备良好的采光和通风条件，具备通畅的进出和摆放空间。每项机械设备要有序停放，设定库位，严禁乱停乱放。机械库房和药剂肥料仓库必须分开。库房要配备足够的消防器材，油料必须存放在安全之处。

（2）设备使用登记管理。设备使用登记管理贯穿于整个管理流程，包括建立设备的档案，记载机器的使用、维修和保养情况。

（3）操作保养管理。正确、规范地操作，才能使机器处于最佳的工作状态，从而保证良好的作业质量，有效地降低故障率、消除故障隐患，延长机械使用寿命和降低维修费用。必须按使用说明书的要求来操作和使用机器。定期对操作人员进行培训，详细讲解机械构造、工作原理和使用要求，让所有的操作者都能够掌握机器操作要领，杜绝野蛮操作。除此之外，设备操作人员在使用过程中要密切注意机械的运转状况，如遇问题应及时停机并上报，由专门的机修人员检查，避免机器带病工作从而造成不必要的损失。

（4）安全使用管理。机器使用过程中的安全管理是关乎机器和操作者生命安全的大事，球场必须高度重视。要做到安全使用、防止安全事故的发生。

设备的管理和养护是个系统工程，各环节相互关联、相互影响，只有每个环节做到科学管理，才能保证草坪机械良好工作，提高机械设备的使用率，降低球场运行成本，提高球场的经济效益。

七、球场园林护养在场地养护中的作用

在高尔夫球场的发展过程中，球场设计、场地养护及园林配置等方面已形成了一套较为完整的运行机制和独特的管理办法。园林植物在高尔夫球场中有三大主要功能：使用功能、美化功能、环保功能。

高尔夫球场的主要作用是通过对当地具体地形、地貌加以整理从而提供给球员一个击球的场所。这样场所的实现不仅仅是指场地的变化，同时包括园林植物在内。而高尔夫园林植物在设置球道陷阱方面充当了极为重要的角色。它们栽植和配置的方法、方向、数量、格式、植物类型甚至护养方式都

对陷阱的成功运用起到了应有的作用。例如相关的轮廓修剪法，就是采用一定的角度剪出既符合节约经费原则，又使运动更富刺激性的轮廓。至于球场中的水中果岭、孤树果岭、盆花果岭更是这种陷阱的体现。

园林植物有助于美化球场外貌，增加球场设施艺术效果。园林植物对维持生态平衡、改善周围环境具有明显的作用。树木除美化和加强球道质量外，还行使许多其他功能，如遮阴、击球标桩树、阻挡风吹等。

高尔夫园林植物在为人类制造新鲜氧气的同时，还能积极消除有害气体的污染。污染空气的有害气体种类很多，主要有二氧化硫、氯气、氟化氢、氨、汞、铅蒸气等。这些有害气体虽然对园林植物生长不利，但在一定条件下，许多植物对它们具有吸收和净化作用。

八、辅助工程管理在场地养护中的作用

场地养护辅助工程管理包括场地养护辅助作业、草坪改良、赛事工程等作业。

高尔夫球场大多数草坪草属于禾草类。禾草类草坪草一次种植使用多年。如果进行正确的护养和管理，可提供持久的地面覆盖。正确的场地养护应当做好土壤改良和草坪特殊改良这一重要措施。

高尔夫球场在雨季或暴雨时土壤排水不良，将导致草坪草发霉、发臭、大面积死亡。土壤积水或过湿引起的问题是严重的。这就必须改善土壤质地和结构。然而要真正治本就必须解决排水问题，可通过设置排水系统来解决。

高尔夫球场草坪改良包括草坪改良诊断、草坪特殊改良和草坪土壤改良等。

赛事工程主要是比赛场地护养作业管理，是场地养护辅助工程管理的重点，包括赛事举办前的筹备、比赛场地养护和赛事辅助工作。

场地养护辅助作业是非草坪性的护养作业，包括环圈和护圈护养、长草区护养、沙坑护养、洞杯更换、球车道保养、湖面水塘区域与观赏草坪区域清洁等作业。

九、统筹监督在场地养护中的作用

统筹监督管理是配合总监对高尔夫球场场地养护进行日常作业管理、人员管理和物资管理的重要环节。工序检测监督、仓储配置管理、技能训练考核与部门行政管理是场地养护统筹监督管理的重点。

（1）工序检测监督。用以确保工序操作与质量标准公平、有效地进行检测监督；工序检测监督的重要职责是对所有工序操作与质量标准进行监督指导。负责建设工序操作各环节的标准与规范，对执行情况进行督导检查，并对员工不断进行培训，使工序操作与质量管理工作走向规范化。通过对场地养护常规作业进行质量检查、监督、评估、指导，激励先进，发现后进，纠正错误，帮助提高，最终使球会场地养护质量和球会营运效率得到提高。

（2）仓储配置管理。本着对企业负责的原则，严格验收手续，对购进物资实行严格验收，确保质量；严格审核领用手续，加强控制审查领用物资数量，严格把关，合理使用，降低损耗；按照企业统一制定的各项物资的最高及最低储备量对物资进行储存，保证科学合理的库存，有效控制流动资金；按照各仓库库存物品性质的不同，采用适当的存放措施，保证库房及存储物资的安全；保证各项库存物资账与物相符，确保对物资数量的有效控制。

（3）技能训练考核与部门行政管理。技能训练考核工作是坚持"连续培训和循环培训"准则，培训建设与管理相结合，从而满足现实需要和未来发展需要。部门行政管理重点是做好场地养护部门人、财、物的管理工作。负责起草部门工作规划、计划、报告和总结等公文函件并审核待签发的文稿；负责安排办公会议，编写会议纪要和决议；协助各部门班组有效贯彻部门管理规程，并检查各部门班组贯彻落实情况；协调各部门班组之间的关系，做好上传下达工作；负责组织有关人员做好公文收发、

第二节　高尔夫球场场地养护管理特性

一、草坪修剪

高尔夫球场草坪的修剪可以增强草坪的实用效能，草坪美观实用的功能充分表现在日常和定期的修剪作业。草坪植物作为一种典型的人工生态群落，与自然生态群落有着极大的差异。作为人工生态群落，如不进行强制性管理与养护，往往有长势不一、高矮不齐、杂乱粗糙、草种变异等现象发生。作为高尔夫球场，杂乱粗糙的劣质草坪会严重影响运动的进行，草坪如果不进行修剪就会立即失去其实用性和观赏价值。

高尔夫球场草坪的修剪可以延长其使用年限。草坪植物生长到一定阶段就会进入老化阶段，这时形态上表现出旁枝增多，茎根木质化，绿度降低，抽穗、开花、结穗以至枯黄进入生长低潮期。合理的修剪是防止草坪衰退，延长使用年限的有力措施，剪去草坪草的枯枝老叶，可以刺激增生新叶和枝。

高尔夫球场草坪的修剪可以控制杂草，增强病虫害抵抗力。多年生人工群落不进行合理的强制性管理和护养会极易衰老。草坪衰老后特别容易招惹病虫害以及杂草滋生。对草坪进行一定的修剪，可以增强草坪的生命力和抗病虫害能力。同时，经常进行修剪能有效地抑制阔叶杂草和莎草入侵。因为它们的生长点都位于植株的顶部，通过修剪剪取其生长点，可以控制其生长。草坪植物具有耐低刈的习性，同样低的修剪，可对一些耐低刈性差的杂草进行清除。修剪使植物更新加快，抗病虫害能力提高。

高尔夫球场草坪的修剪可以改善生态环境，修剪能消除相当一部分的枯枝落叶，从而大大改善近地面的生境条件；草坪植物接受更多的太阳光照，则使通风更加流畅，地表温度也会提高；有利于调节植物群落内部的微环境，刺激草坪草均衡发展。

草坪的修剪可以改变草坪草生长习性。修剪改变了草坪草地上、地下生长习性：增强植物地上部的分蘖，使其密度增加，但也抑制了根和茎的生长。原因是新茎叶生长需要更多的营养，而根组织生长所需养分必然减少。因此草坪的修剪需要掌握一个量和度的问题。一旦量和度失衡，则极易降低草坪质量，许多草坪质量下降就是由于修剪不当引起的。例如剪草太低，齐根剪，次数太多、太少或刀片不锋利等。这些问题应引起每个高尔夫球场管理者的高度重视。

二、草坪特殊作业

高尔夫球场场地养护作业，除了草坪常规护养的一系列技术措施，如合理的施肥、控制病虫杂草、灌水、修剪外，还需要进行一套特殊作业工序，这些作业对球场草坪草的生长发育不仅是必须的，而且对维护球场营业正常的运转具有很重要的作用，离开了这些特殊作业，球场管理就是不完整的，因为高尔夫球场场地养护工序管理是讲究整体效果的。特殊作业与草坪护养措施相结合，形成了在合理护养原理指导下的高尔夫球场草坪护养作业链。

作业链是指从草坪护养作业开始到完成所施行的一系列相互需要、相互协作的作业程序。草坪不同于工业产品，也不同于农产品，更不同于产生农产品的农作物，它有自身发生发展的规律。借助农业生产的某些古老耕作技术或利用其原理，可以培育出理想的高质草坪。

根据自然界因子限制规律的原理，影响草坪生长的因子并非是单一的，而是既有相互促进的一面，也有相互制约的一面。因而要想增强护养效率，必须采用综合护养技术。

高尔夫球场的场地养护已形成了一套自身的管理办法。高尔夫球场草坪作业链一般包括球道作业链和果岭、发球台作业链。

特殊作业包括草坪土壤特殊作业、草坪疏草特殊作业、草坪铺沙特殊作业、球场草坪特殊作业链和球场草坪改良作业。

三、草坪营养护养

高尔夫球场草坪是一次种植、多年利用。在草坪营养调理上不同于一般农作物的施肥，施肥技术、方法等都有其独特性。要达到平滑、稠密、均匀、浓绿的标准，不但需要充足的养料，而且要合理用肥。了解草坪施肥的原理、施肥技术以及营养诊断方法，是草坪营养护养作业管理的关键。

草坪营养护养作业与灌溉、修剪等护养措施一样，对维护草坪的生长发育和质量起着极为重要的作用。施肥是高尔夫球场草坪营养护养的一项重要手段，是保证高质球场的重要手段和技术措施。要维护高质球道草坪生长，需要掌握合理的施肥有效技术。合理施肥技术涉及施肥时间、施肥量和施肥次数。

草坪生长期需肥较多，再加上高尔夫球场草坪多次修剪，易引起土壤肥力不足。合理施肥有利于草坪的生长，但为了避免真菌类疾病的滋生，施肥应尽量在春秋两季进行。施肥量应根据草坪的颜色、土壤肥沃程度、草坪密度及草坪生长年限等因素确定。

草坪营养护养作业具有不同于作物的独特性，除受草种限制外，主要受环境影响。当草坪的种类确定下来后，生境因素是草坪生长主要应考虑的对象。因为营养生长阶段这一条件不会变化或变化甚微。关键是它所处的气候、土壤、水分、热量和养分条件会随生长季节发生重大变化，因此，草坪施肥一般不是一次就能满足整个营养生育期的需要，而是由多次不同目的的施肥方式如基肥、种肥和追肥所组成。不同种类的草坪草由于其生长阶段气候不同，对肥料的要求也不相同。施肥方式也有区别。各种施肥方式并不是孤立地起作用，而是相互影响的。必须在摸清草坪草养分特性及当地条件的基础上，总结出合理的施肥方式，才能形成一定条件下合理的施肥。

四、草坪保护

高尔夫球场草坪养护管理的关键是草坪土壤和草坪植物的保护。随着环境的日趋复杂，对草坪健康生长的不利因素日趋严重，其种类之多、范围之大、程度之重已造成培育高质草坪的严重障碍。高尔夫球场每年为此投入大量的费用，却还只能停留在较低的控制水平。

草坪保护主要是依据草坪有害生物的种类、活动规律、栖居地环境等因子的变化和差异来完成或实现对有害生物的控制。

草坪保护通常采用以下五类方法：检疫控制法、生态控制法、生物控制法、物理控制法、化学控制法。

化学控制法应用最广，其他方法作为辅助手段。草坪的特点是一次投入、多年使用，因此，化学控制是草坪保护的重要手段之一。化学控制是指利用化学药剂控制有害生物，使之对草坪危害程度降到最低。具有作用快、效果好、简单方便、经济有效、适于机械化、受限小等优点，然而化学控制的不利之处，是可能污染环境。若应用不当可能导致人畜中毒或伤害栽培植物。在有效控制有害生物的同时，也可能减少有益生物的种群，破坏生态平衡。连续长期使用化学控制，还存在有害生物产生抗药性的风险等。

目前世界上有 600 种左右的农药。常用的有 100 多种。根据农药的成分可分为无机农药和有机农药；根据控制对象可分为杀虫剂、杀线虫剂、杀菌剂、杀螨剂、杀鼠剂等；根据作用方式可分为触杀剂、胃毒剂、内吸剂、熏蒸剂、拒食剂、性诱剂、不育剂等。

　　高尔夫球场场地养护在草坪保护作业中使用保护剂的同时导致环境的污染已引起关注，合理地使用草坪保护剂可以使其副作用降到最低程度。要做到合理地使用草坪保护剂，管理者需要熟悉更多有关草坪保护剂的重要内容，如保护剂的分类、不利有害物的活动规律和诊断技术、有效控制技术等。

五、高尔夫球场水分管理

　　水分是草坪维持正常生命活动的关键要素之一，对草坪植物的生长发育起着重要的作用。水分来自于自然界，通过土壤和草坪草的自身根系活动源源不断地进入植物体内，使生命得到滋养和延续。草坪水分管理是人为补充因土壤自然缺水的一种衡水方式，它对护养草坪草正常生长和发育具有重要的作用和意义。然而草坪的水分管理不是简单的灌溉，它不但需要综合考虑气候条件和地形条件等外在因素，还需要考虑草坪草品种和自身需水特性等内在因素。

　　近些年来高尔夫行业的迅猛发展，使高尔夫草坪灌溉用水成为城市用水的重要方面。由于高尔夫球场自身的特殊性决定了高尔夫草坪灌溉的特殊性，高尔夫草坪的水分管理工作也越来越重要。

　　随着全球水资源供需矛盾的日益加剧，节约有限的水资源关系到高尔夫目前及未来的发展方向，科学、高效的高尔夫草坪的水分管理工作显得极为重要。结合灌水新技术、新设备，有效的水分管理工作不仅能节约水资源，同时也有助于提高管理水平，降低管理成本，有助于中国高尔夫行业的健康发展。

六、球场设备维护

　　设备维护工序是高尔夫球场场地养护的重要作业环节。主要包括草坪机械护养、喷灌设备护养、球车护养等维护范畴。

　　球场设备在高尔夫球场的固定资产中占有很大比例，如果设备管理得当，就能提高使用效率、减少维修费用、延长使用年限，从而为球会带来巨大的经济效益。

　　设备管理主要有库房存放管理和设备使用登记管理、操作保养管理、安全使用管理。对于库房存放管理，每个球场都必须建设良好的库房来存放草坪机械和球车。对于设备使用登记管理、操作保养管理、安全使用管理，每个球场管理者都必须执行正确的流程和制度，才能体现高素质的管理水平。

　　机械设备能否在其使用阶段保持良好的技术状态，取得最高的效率，除了合理使用外，在很大程度上取决于日常检查与保养工作。应做好经常性的保养工作，及时检查并处理设备由于技术状态变化而引起的各种问题，这样就能防患于未然，保证设备的正常运行。

七、球场园林护养

　　一个18洞的高尔夫球场通常占地67万~133万平方米，是通过利用天然地形、地势，综合各种因素加以整理而设计出来的。球场的类型可分为山岳球场、河川地球场、丘陵地球场、海边球场、平原球场及森林球场等。高尔夫球场设计者以当地具体自然景色为基调，利用草坪、树木、花坛、花境、花径、水塘、沙地、山丘、路径、小桥、小亭等为背景材料构成具有高尔夫特色的园林景色。

　　高尔夫园林植物的生长发育与环境有密切的关系。当环境因素适合于某种园林植物，这种植物就能生长良好。环境因素主要有温度、光照、水分、空气、土壤与肥料等。这些因素之间的关系很复杂，既相互联系又相互制约。因此，环境因素对高尔夫园林植物的生长起综合性的作用。

　　在园林分类学上可以称之为高尔夫园林。构成高尔夫园林的植物材料主要为草坪、树木、花卉等。高尔夫园林的护养管理，正是针对其两种植物材料：树木和花卉的管理与护养。

八、辅助工程管理

高尔夫球场的草坪衰退是养护不当造成的。主要是由于土壤氧气供应不足，缺沙，缺肥，有时单株肥已经满足，但密度肥不够；此外，钝刀片或齐根剪，过度低刈，都是草坪衰退常见的原因。

当草坪质量出现某些问题时，进行草坪改良就成为管理者的重要工作。如果草坪达不到某一功用要求或规格标准，这块草坪就称为未达标草坪。对高尔夫球场来说，在护养学上，可将其分为三级护养水平。果岭为一级水平；发球台的护养次数少于果岭，为二级护养水平；球道为三级护养水平，其作业量和次数明显少于果岭和发球台。障碍区护养，除生长状况特别不好给予适量的护养措施外，一年之中基本上处于自然生存的境地。

由于各护养区要求的标准不同，评价各个区所使用的指标亦完全不同。评定果岭、发球台的指标是平滑、稠密、匀整、翠绿；评定球道的指标则是杂草少、标准芜枝层。

当评定的质量达不到上述指标要求时，草坪管理者必须查出原因，这就叫草坪衰退诊断。

通过一定项目耐心细致的详查，找出问题症结之后，就要实施相应的场地养护辅助工程管理，进行草坪特殊改良。

九、统筹监督

场地养护统筹监督管理主要包括工序检测监督、技能训练考核、仓储配置管理和部门行政管理。

统筹监督管理是配合总监对高尔夫球场场地养护进行日常作业管理、人员管理和物资管理的重要环节。

工序检测监督是依据场地养护工序操作标准、岗位职责以及各项管理制度，对场地养护常规作业进行质量检查，对存在的问题进行分析、纠偏并监督整改，并对各区域工序操作与质量标准进行评估。

技能训练考核工作需坚持"连续培训和循环培训"准则，培训建设与管理相结合，从而满足现实需要和未来发展需要。

仓储配置管理负责场地养护部门所有物资材料的验收、发放、保管、回收工作以及购进、领用物品的账务处理工作环节；严格把握物资出入库验收和合理使用，储备物资保障部门作业需求；加强与球场财务及采购员的联系，及时反馈存货余缺信息，避免物资断档、积压；认真做好仓库的安全及管理工作。

部门行政管理重点是做好场地养护部门的人、财、物的管理工作。

7500E

混合动力五联球道剪草机
E-CUT HYBRID FAIRWAY MOWER

电动滚刀技术与
精密修剪球道剪草机的完美结合
彻底消除了漏油的烦恼

行业内第一台混合动力球道剪草机，
电动马达驱动滚刀技术与约翰迪尔精密修剪系列球道剪草机的完美结合让您充满信心，
消除液压渗漏隐患的同时又降低了噪音和燃料消耗更让您得到意外收获。

约翰迪尔是"PGA 巡回赛高尔夫球场设备官方供应商"，为 PGA 巡回赛拥有并经营的每一家 TPC 球场独家供应全线的高尔夫球场草坪养护设备、多功能车辆、高尔夫喷灌设备以及草种、肥料和农药。随着全球 TPC 网络球场的增加，每一家新球场也都将装备约翰迪尔设备。

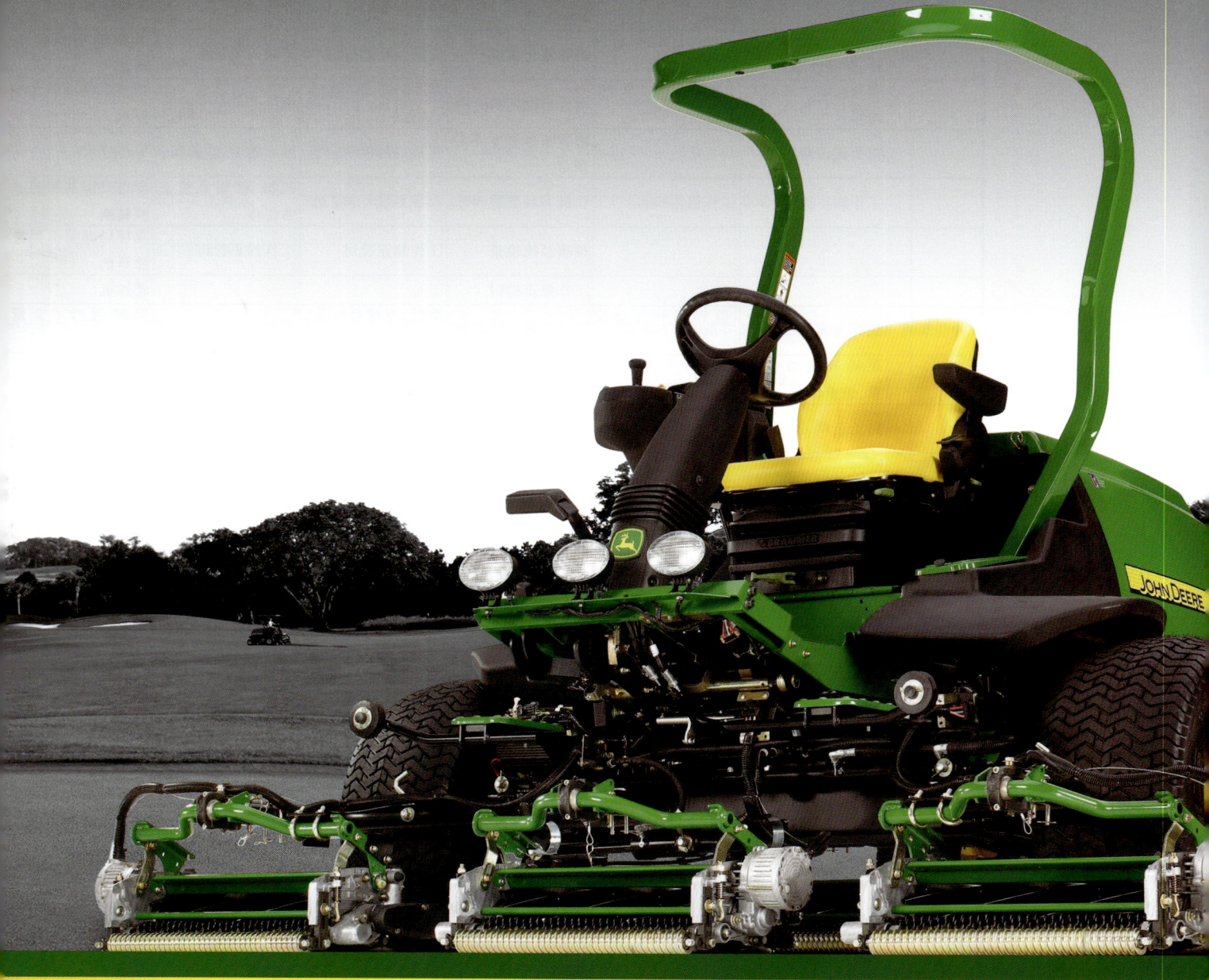

JOHN DEERE

第二节　高尔夫球场场地养护部门高层管理岗位设置与责任权限

001-01-01　场地养护部总监工作岗位说明书

岗位名称	场地养护部总监	所属工序	统筹监督	部门编号	001-01-01
直接上级	球会总经理	直接下级	场地养护部副总监、草坪护养经理、设备维护经理、园林护养经理、辅助工程经理、统筹监督经理	所辖人数	35~50人
职务性质		管理人员		岗位编制	1人
岗位职责		1. 组织制定和完善本部门的岗位工作说明书、工作程序与标准以及各项规定；组织制订部门工作计划；组织召开部门工作会议；审批部门报表、请示和报告等。 2. 根据部门工作需要任命、授权和调派部门员工。 3. 督导部门员工的操作规程、工作态度及作业质量，并作出评估；制订培训计划，完善培训手册，检查主管每月对各级技工或机械操作员进行的至少两次技术培训。 4. 与部门员工沟通；组织部门内人员进行业务培训和管理培训；组织部门内部企业文化学习；制定机械设备和球车操作规程，确保设备安全使用。 5. 控制部门成本；管理部门物资；准确分类需采购的备件，以便备件及时、准确采购，保证设备正常运转；与采购部保持密切联系，准确鉴定设备备件质量，保证备件准确到位；制定机械设备和球车维护保养规范，延长设备使用寿命，保证维修质量。 6. 分析和总结部门取得的成绩和存在的问题；组织部门对工作内容及方法进行不断创新；组织部门内部评优及参加球场评优；整理、上报和落实部门整改措施，明确整改期限。 7. 慎重处理突发事件。 8. 保证各部门安全使用设备；与球场各部门保持密切联系，监督和执行草坪护养及园林护养设备的使用、维修；监督设备维修过程安全性，严格控制备件的更换，修旧利废，节能降耗；解决机械技术疑难问题，并及时与代理商沟通，获取技术支援。 9. 与高球运作部门保持密切联系，确保球车安全运作，及时分析会员及员工损坏球车责任、费用，并报送有关部门；监督草坪设备维修部、球车维修部、加工中心、喷灌设备维修部的工作效率和质量，确保安全、高效运作。			
主要权限		1. 对本职日常管理工作的执行权。 2. 对管辖员工人事调动的建议权和工作指挥权。 3. 纠正下属不当行为及对违反企业制度行为的处置权。 4. 对本职工作中存在问题的反映权和改进的建议权。 5. 有权要求各部门配合与本岗位职责相关的工作。 6. 对本部门各项报表、文件的审核签发权。 7. 对上级不合理处罚的申诉权。			
编　　制		审　核		批　准	

岗位名称	场地养护部副总监	所属工序	统筹监督	部门编号	001-01-02
直接上级	场地养护部总监	直接下级	草坪护养经理、设备维护经理、园林护养经理、辅助工程经理、统筹监督经理	所辖人数	8～15人
职务性质	管理人员			岗位编制	1人
岗位职责	1. 协助场地养护部总监完善本部门的岗位工作说明书、工作程序与标准以及各项规定。 2. 督导部门员工的操作规程、工作态度及作业质量；组织部门内部企业文化学习；制定机械设备和球车操作规程，确保设备安全使用。 3. 与部门员工沟通；组织部门内人员进行业务培训和管理培训。 4. 制定机械设备和球车维护保养规范，延长设备使用寿命，保证维修质量；保证各部门安全使用设备；与球场各部门保持密切联系，监督和执行球场及园艺的设备使用、维修；监督设备维修过程的安全性，严格控制备件的更换，修旧利废，节能降耗；解决机械技术疑难问题，并及时与代理商沟通，获取技术支援。 5. 与高球运作部门保持密切联系，确保球车安全运作；及时分析会员及员工损坏球车责任、费用，并报送有关部门；监督草坪设备维修部、球车维修部、加工中心、喷灌设备维修部的工作效率和质量，确保设备安全、高效运作。 6. 整理、上报和落实部门整改措施，明确整改期限。 7. 协助场地养护部总监处理突发事件。				
主要权限	1. 对本职日常管理工作的执行权。 2. 对管辖员工人事调动的建议权和工作指挥权。 3. 纠正下属不当行为及对违反企业制度行为的处置权。 4. 对本职工作中存在问题的反映权和改进的建议权。 5. 有权要求各部门配合与本岗位职责相关的工作。 6. 对本部门各项报表、文件的审核签发权。 7. 对上级不合理处罚的申诉权。				
编 制		审 核		批 准	

001-02-03 草坪护养经理工作岗位说明书

岗位名称	草坪护养经理	所属工序	草坪护养	部门编号	001-02-03
直接上级	场地养护部总监	直接下级	修剪护养组主管、特殊作业组主管、营养护养组主管、防治保护组主管、水分管理组主管	所辖人数	10～30人
职务性质	管理人员			岗位编制	1人
岗位职责	1. 保证各部门安全使用设备。 2. 与球场各部门保持密切联系，监督和执行球场草坪护养日常作业。 3. 与设备维护部门保持密切联系，确保草坪护养设备安全运作，及时分析设备出勤与维修费用，并报送有关部门。 4. 与园林护养部门保持密切联系，确保球场园林与草坪的护养物料和工具，能够统筹使用和相互支持配合利用。 5. 准确分类需采购的草坪护养物料和工具；与采购部保持密切联系，准确鉴定护养物料和工具质量，保证草坪护养物料和工具准确到位。 6. 监督草坪护养过程的安全性，严格控制物料和工具的使用与更换，修旧利废，节能降耗。 7. 解决草坪护养技术疑难问题，并及时与总监沟通，获取技术支援。 8. 制订培训计划，完善培训手册，检查主管每月对各级技工或机械操用员进行的至少两次技术培训。 9. 审核所有上报的报表，预算并控制草坪护养费用。 10. 制定草坪护养操作规程，确保按正确工序，实施安全操作。				
主要权限	1. 对本职日常管理工作的执行权。 2. 对管辖员工人事调动的建议权和工作指挥权。 3. 纠正下属不当行为及对违反企业制度行为的处置权。 4. 对本职工作中存在问题的反映权和改进的建议权。 5. 有权要求各部门配合与本岗位职责相关的工作。 6. 对本部门各项报表、文件的审核签发权。 7. 对上级不合理处罚的申诉权。				
编　制		审　核		批　准	

001-07-04　设备维护经理工作岗位说明书

岗位名称	设备维护经理	所属工序	设备维护	部门编号	001-07-04
直接上级	场地养护部总监	直接下级	草坪机械组主管、球车维护组主管、喷灌设备组主管、工具与备件管理员	所辖人数	10～30 人
职务性质	管理人员			岗位编制	1 人
岗位职责	1. 保证各部门安全使用设备。 2. 与球场各部门保持密切联系，监督和执行球场及园艺的设备使用、维修。 3. 与高球运作部门保持密切联系，确保球车安全运作，及时分析会员及员工损坏球车责任、费用，并报送有关部门。 4. 准确分类需采购的备件，以便备件及时、准确采购，保证设备正常运转；与采购部保持密切联系，准确鉴定设备备件质量，保证备件准确到位。 5. 监督设备维修过程安全性，严格控制备件的更换，修旧利废，节能降耗。 6. 解决机械技术疑难问题，并及时与代理商沟通，获取技术支援。 7. 制订培训计划，完善培训手册，检查主管每月对各级技工或机械操作员进行的至少两次技术培训。 8. 绘制机械备件图，找寻并接洽制造商，鉴定其产品质量，提供改进方法，以达降低维修成本之目的。 9. 审核所有上报的报表，预算并控制维修费用。 10. 制定机械设备和球车操作规程，确保设备安全使用。 11. 制定机械设备和球车维护保养规范，延长设备使用寿命，保证维修质量。 12. 监督草坪设备维修部、球车维修部、喷灌设备维修部的工作效率和质量，确保安全、高效运作。				
主要权限	1. 对本职日常管理工作的执行权。 2. 对管辖员工人事调动的建议权和工作指挥权。 3. 纠正下属不当行为及对违反企业制度行为的处置权。 4. 对本职工作中存在问题的反映权和改进的建议权。 5. 有权要求各部门配合与本岗位职责相关的工作。 6. 对本部门各项报表、文件的审核签发权。 7. 对上级不合理处罚的申诉权。				
编　　制		审　核		批　准	

001-08-05 园林护养经理工作岗位说明书

岗位名称	园林护养经理	所属工序	园林护养	部门编号	001-08-05
直接上级	场地养护部总监	直接下级	苗圃护养组主管、园艺护养组主管	所辖人数	8~15人
职务性质	管理人员			岗位编制	1人
岗位职责	1. 园林护养管理工作包括人力、机械、喷药和施肥等工序，做好保养程序、灌溉、气候记录和物品使用记录，保证各班组安全使用设备；保证各岗位执行正确的工序流程。 2. 与球场各部门保持密切联系，监督和执行球场园林护养日常作业。 3. 与设备维护部门保持密切联系，确保园林护养设备安全运作，及时分析设备出勤与维修费用，并报送有关部门。 4. 与草坪护养部门保持密切联系，确保园林与草坪的护养物料和工具统筹使用与相互支持配合利用。 5. 准确分类需采购的园林护养物料和工具；与采购部保持密切联系，准确鉴定护养物料和工具质量，保证园林护养物料和工具准确到位。 6. 监督园林护养过程的安全性，严格控制物料和工具的使用与更换，修旧利废，节能降耗。 7. 解决园林护养技术的疑难问题，并及时与总监沟通，获取技术支援。 8. 制订培训计划，完善培训手册，检查主管每月对各级技工或机械操作员进行的至少两次技术培训。 9. 审核所有上报的报表，预算并控制园林护养费用。 10. 制定园林护养操作规程，确保按正确工序实施安全操作。				
主要权限	1. 对本职日常管理工作的执行权。 2. 对管辖员工人事调动的建议权和工作指挥权。 3. 纠正下属不当行为及对违反企业制度行为的处置权。 4. 对本职工作中存在问题的反映权和改进的建议权。 5. 有权要求各部门配合与本岗位职责相关的工作。 6. 对本部门各项报表、文件的审核签发权。 7. 对上级不合理处罚的申诉权。				
编 制		审 核		批 准	

岗位名称	辅助工程经理	所属工序	辅助工程	部门编号	001-09-06
直接上级	场地养护部总监	直接下级	辅助作业组主管、草坪改良组主管、赛事工程组主管	所辖人数	6~10人
职务性质	管理人员			岗位编制	1人

岗位职责	1. 场地养护辅助工程管理包括场地养护辅助作业、草坪改良、赛事工程等工序，保证各班组安全使用设备；保证各岗位执行正确的工序流程。 2. 与球场各部门保持密切联系，监督和执行场地养护辅助工程管理日常作业。 3. 与设备维护部门保持密切联系，确保场地养护辅助工程设备安全运作，及时分析设备出勤与维修费用，并报送有关部门。 4. 与高球运作部门保持密切联系，确保场地养护辅助工程管理对球场营运及赛事举办相互支持配合。 5. 准确分类需采购的场地养护辅助工程的物料和工具；与采购部保持密切联系，准确鉴定物料和工具质量，保证及时到位。 6. 监督场地养护辅助工程管理过程的安全性，严格控制物料和工具的使用与更换，修旧利废，节能降耗。 7. 解决场地养护辅助工程技术的疑难问题，并及时与总监沟通，获取技术支援。 8. 制订培训计划，完善培训手册，检查主管每月对各级技工或机械操作员进行的至少两次技术培训。 9. 审核所有上报的报表，预算并控制园林护养费用。 10. 制定园林护养操作规程，确保按正确工序实施安全操作。
主要权限	1. 对本职日常管理工作的执行权。 2. 对管辖员工人事调动的建议权和工作指挥权。 3. 纠正下属不当行为及对违反企业制度行为的处置权。 4. 对本职工作中存在问题的反映权和改进的建议权。 5. 有权要求各部门配合与本岗位职责相关的工作。 6. 对本部门各项报表、文件的审核签发权。 7. 对上级不合理处罚的申诉权。
编　制		审　核		批　准	

001-10-07　统筹监督经理工作岗位说明书

岗位名称	统筹监督经理	所属工序	统筹监督	部门编号	001-10-07
直接上级	场地养护部总监	直接下级	工序培训主管、仓储主管、工作协调员、设备出勤监督员、工序检测员	所辖人数	8～15人
职务性质	管理人员			岗位编制	1人
岗位职责	1. 组织制订部门工作计划；组织召开部门工作会议。 2. 根据部门工作需要任命、授权和调派部门员工。 3. 督导部门员工的操作规程、工作态度及作业质量，并作出评估。 4. 组织部门内人员进行业务培训和管理培训；组织部门内部企业文化学习。 5. 控制部门成本；管理部门物资。 6. 分析和总结部门取得的成绩和存在的问题；组织部门对工作内容及方法进行不断创新；组织部门内部评优及参加球场评优。 7. 整理、上报和落实部门整改措施，明确整改期限。 8. 保证各部门安全使用设备；与球场各部门保持密切联系，监督和执行球场及园艺的设备使用、维修；监督设备维修过程的安全性，严格控制备件的更换，修旧利废，节能降耗；解决机械技术疑难问题，并及时与代理商沟通，获取技术支援。 9. 与高球运作部门保持密切联系，确保球车安全运作，及时分析会员及员工损坏球车的责任、费用，并报送有关部门；监督草坪设备维修部、球车维修部、加工中心、喷灌设备维修部的工作效率和质量，确保安全、高效运作。				
主要权限	1. 对本职日常管理工作的执行权。 2. 对管辖员工人事调动的建议权和工作指挥权。 3. 纠正下属不当行为及对违反企业制度行为的处置权。 4. 对本职工作中存在问题的反映权和改进的建议权。 5. 有权要求各部门配合与本岗位职责相关的工作。 6. 对本部门各项报表、文件的审核签发权。 7. 对上级不合理处罚的申诉权。				
编　制		审　核		批　准	

高尔夫球场场地养护管理

第三节　高尔夫球场场地养护部门中层管理岗位设置与责任权限

002-02-01　修剪护养组主管工作岗位说明书

岗位名称	修剪护养组主管	所属工序	草坪护养	部门编号	002-02-01
直接上级	草坪护养经理	直接下级	草坪修剪技工、草屑处理员	所辖人数	6～10 人
职务性质	管理人员			岗位编制	1 人
岗位职责	1. 保证修剪设备安全使用，及时调整修剪设备的使用时间和使用频率。 2. 协助经理监察草坪修剪护养组的工作状况，协调各岗位人力物力。 3. 与各部门保持密切联系，监督执行草坪修剪护养工序和工作范围。 4. 修剪一定要遵循1/3原则，如果草坪因管理不善而生长过高，应逐渐修剪到留茬高度，而不能一次修剪到标准高度，否则，将使草坪上部营养器官损失太多，致使光合能力减弱，过多地失去贮藏的营养物质，使草坪变黄、变弱甚至死亡。 5. 每天检测和确保修剪机具的刀片一定要锋利，以防因刀片钝而使草坪刀口出现丝状。 6. 及时纠正修剪员工在机械操作及修剪工序上的误差，提供正确的技术指导，保障员工及机械的安全。 7. 熟悉、了解员工的技术程度及其特长，合理安排工作，取长补短，提高工作效率；每月保证四小时对员工进行技术培训，提高其业务水平，对每位技工每年至少进行一次严格的技术考核。 8. 积极与部门经理和各班组沟通，发现问题，及时汇报。				
主要权限	1. 对本职日常管理工作的执行权。 2. 对管辖员工人事调动的建议权和工作指挥权。 3. 纠正下属不当行为及对违反企业制度行为的处置权。 4. 对本职工作中存在问题的反映权和改进的建议权。 5. 有权要求各部门配合与本岗位职责相关的工作。 6. 对本部门各项报表、文件的审核签发权。 7. 对上级不合理处罚的申诉权。				
编　制		审　核		批　准	

岗位名称	特殊作业组主管	所属工序	草坪护养	部门编号	002-03-02
直接上级	草坪护养经理	直接下级	疏草作业技工、打孔穿刺技工、铺沙加土技工、滚压拖平技工	所辖人数	4~6人
职务性质	管理人员			岗位编制	1人
岗位职责	1. 保证疏草、打孔、滚压、拖平设备安全使用，及时调整草坪特殊作业设备的使用时间和使用频率。 2. 协助经理监察草坪特殊作业组的工作状况，协调各岗位人力物力。 3. 与各部门保持密切联系，监督执行草坪特殊作业工序和工作范围。 4. 草坪特殊作业与护养措施相结合，在合理护养原理指导下进行高尔夫球场草坪作业链。 5. 定时检测土壤紧实状况和草坪衰退诊断，确保及时实施草坪特殊作业。 6. 及时纠正员工在机械操作及草坪特殊作业工序上的误差，提供正确的技术指导，保障员工及机械的安全。 7. 熟悉、了解员工的技术程度及其特长，合理安排工作，取长补短，提高工作效率；每月保证四小时对员工进行技术培训，提高其业务水平，对每位技工每年至少进行一次严格的技术考核。 8. 积极与部门经理和各班组沟通，发现问题，及时汇报。				
主要权限	1. 对本职日常管理工作的执行权。 2. 对管辖员工人事调动的建议权和工作指挥权。 3. 纠正下属不当行为及对违反企业制度行为的处置权。 4. 对本职工作中存在问题的反映权和改进的建议权。 5. 有权要求各部门配合与本岗位职责相关的工作。 6. 对本部门各项报表、文件的审核签发权。 7. 对上级不合理处罚的申诉权。				
编　制		审　核		批　准	

第一篇　高尔夫球场场地养护管理概述

002-04-03 营养护养组主管工作岗位说明书

岗位名称	营养护养组主管	所属工序	草坪护养	部门编号	002-04-03
直接上级	草坪护养经理	直接下级	草坪施肥技工、营养诊断员	所辖人数	4~6人
职务性质	管理人员			岗位编制	1人

岗位职责	1. 保证施肥设备安全使用，及时调整施肥设备的使用时间和使用频率。 2. 协助经理监察草坪营养护养组的工作状况，协调各岗位人力物力。 3. 与各部门保持密切联系，监督执行草坪营养护养工序和工作范围。 4. 维护高质球道草坪生长，掌握合理的施肥有效技术，确保及时实施草坪营养护养作业。 5. 根据草坪的颜色、土壤肥沃程度、草坪密度及草坪生长年限合理制定施肥量。 6. 及时纠正员工在机械操作及营养护养工序上的误差，提供正确的技术指导，保障员工及机械的安全。 7. 熟悉、了解员工的技术程度及其特长，合理安排工作，取长补短，提高工作效率；每月保证四小时对员工进行技术培训，提高其业务水平，对每位技工每年至少进行一次严格的技术考核。 8. 积极与部门经理和各班组沟通，发现问题，及时汇报。
主要权限	1. 对本职日常管理工作的执行权。 2. 对管辖员工人事调动的建议权和工作指挥权。 3. 纠正下属不当行为及对违反企业制度行为的处置权。 4. 对本职工作中存在问题的反映权和改进的建议权。 5. 有权要求各部门配合与本岗位职责相关的工作。 6. 对本部门各项报表、文件的审核签发权。 7. 对上级不合理处罚的申诉权。
编　制		审　核		批　准	

岗位名称	防治保护组主管	所属工序	草坪护养	部门编号	002-05-04
直接上级	草坪护养经理	直接下级	药物施放技工、病虫杂草诊断员	所辖人数	4~6人
职务性质	管理人员			岗位编制	1人
岗位职责	1. 保证施药设备安全使用，及时调整施药设备的使用时间和使用频率。 2. 协助经理监察草坪防治保护组的工作状况，协调各岗位人力物力。 3. 与各部门保持密切联系，监督执行草坪防治保护工序和工作范围。 4. 合理使用草坪保护剂，做好高尔夫球场病虫杂草的诊断，实施有效防治技术。 5. 依据草坪有害生物的种类、活动规律、栖居地环境等因子的变化和差异来完成或实现对有害生物的灭杀和抑制。 6. 及时纠正员工在机械操作及修剪工序上的误差，提供正确的技术指导，保障员工及机械的安全。 7. 熟悉、了解员工的技术程度及其特长，合理安排工作，取长补短，提高工作效率；每月保证四小时对员工进行技术培训，提高其业务水平，对每位技工每年至少进行一次严格的技术考核。 8. 积极与部门经理和各班组沟通，发现问题，及时汇报。				
主要权限	1. 对本职日常管理工作的执行权。 2. 对管辖员工人事调动的建议权和工作指挥权。 3. 纠正下属不当行为及对违反企业制度行为的处置权。 4. 对本职工作中存在问题的反映权和改进的建议权。 5. 有权要求各部门配合与本岗位职责相关的工作。 6. 对本部门各项报表、文件的审核签发权。 7. 对上级不合理处罚的申诉权。				
编　制		审　核		批　准	

002-06-05　水分管理组主管工作岗位说明书

岗位名称	水分管理组主管	所属工序	草坪护养	部门编号	002-06-05
直接上级	草坪护养经理	直接下级	灌溉操作员、缺水诊断员	所辖人数	6~10人
职务性质	管理人员			岗位编制	1人
岗位职责	1. 保证喷灌设备安全使用，及时调整喷灌设备的使用时间和使用频率。 2. 协助经理监察草坪水分管理组的工作状况，协调各岗位人力物力。 3. 与各部门保持密切联系，监督执行草坪水分管理工序和工作范围。 4. 与设备维护部密切合作，做好灌溉系统操作与维护，做好水分管理作业的各项运行记录，如日用水量、灌溉时间、保养记录、雨量记录等。 5. 协助高尔夫球场做好水资源利用；做好草坪缺水诊断和节水工作。 6. 及时纠正员工在喷灌设备操作及水分管理工序上的误差，提供正确的技术指导，保障员工及机械的安全。 7. 熟悉、了解员工的技术程度及其特长，合理安排工作，取长补短，提高工作效率；每月保证四小时对员工进行技术培训，提高其业务水平，对每位技工每年至少进行一次严格的技术考核。 8. 积极与部门经理和各班组沟通，发现问题，及时汇报。				
主要权限	1. 对本职日常管理工作的执行权。 2. 对管辖员工人事调动的建议权和工作指挥权。 3. 纠正下属不当行为及对违反企业制度行为的处置权。 4. 对本职工作中存在问题的反映权和改进的建议权。 5. 有权要求各部门配合与本岗位职责相关的工作。 6. 对本部门各项报表、文件的审核签发权。 7. 对上级不合理处罚的申诉权。				
编　制		审　核		批　准	

岗位名称	草坪机械组主管	所属工序	设备维护	部门编号	002-07-06
直接上级	设备维护经理	直接下级	草坪机械高级技工、草坪机械初级技工	所辖人数	5～8人
职务性质	管理人员			岗位编制	1人
岗位职责	1. 保证草坪机械安全使用；协助经理监察草坪机械组的工作状况，及时纠正误差，协调各岗位人力物力。 2. 与各部门保持密切联系，监督和执行球场及园艺的草坪机械使用、维修。 3. 以"设备保养计划"为准则，合理安排每一台设备的维护保养，延长设备使用寿命；严格检查维修完毕之设备，降低设备返修率，提高维修质量，严禁任何有故障设备外出作业，保证设备的高效运作。 4. 及时纠正机械操作及维修上的误差，提供正确的技术指导，保障员工及机械的安全。 5. 熟悉、了解员工的技术程度及其特长，合理安排工作，取长补短，提高工作效率；每月保证四小时对员工进行技术培训，提高其业务水平，对每位技工每年至少进行一次严格的技术考核。 6. 密切注意、认真鉴定维修中备件的更换，贵重备件必须经过部门经理的审核；每月初认真清点上月维修中报废零件的更换。 7. 积极与部门经理和各班组沟通，发现问题，及时汇报。				
主要权限	1. 对本职日常管理工作的执行权。 2. 对管辖员工人事调动的建议权和工作指挥权。 3. 纠正下属不当行为及对违反企业制度行为的处置权。 4. 对本职工作中存在问题的反映权和改进的建议权。 5. 有权要求各部门配合与本岗位职责相关的工作。 6. 对本部门各项报表、文件的审核签发权。 7. 对上级不合理处罚的申诉权。				
编　　制		审　核		批　准	

002-07-07 球车维护组主管工作岗位说明书

岗位名称	球车维护组主管	所属工序	设备维护	部门编号	002-07-07
直接上级	设备维护经理	直接下级	球车维护高级技工、球车维护初级技工	所辖人数	3～5人
职务性质	管理人员			岗位编制	1人
岗位职责	1. 保证球场球车安全使用；协助经理监察球车维护组的工作状况，及时纠正误差，协调各岗位人力物力。 2. 与各部门保持密切联系，监督和执行球场球车设备使用、维修。 3. 以"设备保养计划"为准则，合理安排每一台球车的维护保养，延长球车使用寿命；严格检查维修完毕之球车，降低返修率，提高维修质量，严禁任何有故障球车外出作业，保证高效运作。 4. 及时纠正球车作业及维修上的误差，提供正确的技术指导，保障员工及球车设备的安全。 5. 熟悉、了解员工的技术程度及其特长，合理安排工作，取长补短，提高工作效率；每月保证四小时对员工进行技术培训，提高其业务水平，对每位技工每年至少进行一次严格的技术考核。 6. 密切注意、认真鉴定维修中备件的更换，贵重备件必须经过部门经理的审核；每月初认真清点上月维修中报废零件的更换。 7. 与高球运作部门保持密切联系，确保球车安全运作，及时分析会员及员工损坏球车责任、费用，并报送有关部门。 8. 积极与部门经理和各班组沟通，发现问题，及时汇报。				
主要权限	1. 对本职日常管理工作的执行权。 2. 对管辖员工人事调动的建议权和工作指挥权。 3. 纠正下属不当行为及对违反企业制度行为的处置权。 4. 对本职工作中存在问题的反映权和改进的建议权。 5. 有权要求各部门配合与本岗位职责相关的工作。 6. 对本部门各项报表、文件的审核签发权。 7. 对上级不合理处罚的申诉权。				
编　制		审　核		批　准	

岗位名称	喷灌设备组主管	所属工序	设备维护	部门编号	002-07-08
直接上级	设备维护经理	直接下级	喷灌设备高级技工、喷灌设备初级技工	所辖人数	2～3人
职务性质	管理人员			岗位编制	1人

岗位职责	1. 保证球场喷灌设备及喷灌系统正常安全使用；协助经理监察喷灌设备维护组的工作状况，及时纠正误差，协调各岗位人力物力。 2. 与各部门保持密切联系，监督和执行球场喷灌系统及设备使用、维修。 3. 以"设备保养计划"为准则，合理安排喷灌设备与配件的维护保养，延长喷灌系统使用寿命；严格检查维修完毕之工作效果，降低返修率，提高维修质量，保障高效运作。 4. 及时纠正水分作业及喷灌系统与设备维修上的误差，提供正确的技术指导，保障员工及设备的安全。 5. 检查班组范围内各泵站房设备的运行情况，做好喷灌系统各项运行记录，如日用水量、灌溉时间、保养记录、雨量记录等；保障球场生产、生活及消防正常用水。 6. 熟悉、了解员工的技术程度及其特长，合理安排工作，取长补短，提高工作效率；每月保证四小时对员工进行技术培训，提高其业务水平，对每位技工每年至少进行一次严格的技术考核。 7. 密切注意、认真鉴定维修中备件的更换，贵重备件必须经过部门经理的审核；每月初认真清点上月维修中报废零件的更换。 8. 与水分作业部门保持密切联系，确保喷灌系统安全运作，及时分析喷灌系统出现故障的责任、费用，并报送有关部门；积极与部门经理和各班组沟通，发现问题，及时汇报。
主要权限	1. 对本职日常管理工作的执行权。 2. 对管辖员工人事调动的建议权和工作指挥权。 3. 纠正下属不当行为及对违反企业制度行为的处置权。 4. 对本职工作中存在问题的反映权和改进的建议权。 5. 有权要求各部门配合与本岗位职责相关的工作。 6. 对本部门各项报表、文件的审核签发权。 7. 对上级不合理处罚的申诉权。
编　制		审　核		批　准	

岗位名称	园艺护养组主管	所属工序	园林护养	部门编号	002-08-09
直接上级	园林护养经理	直接下级	整形修剪技工、花卉护理技工、水分管理技工、园林施肥技工、植物保护技工	所辖人数	6~10人
职务性质	管理人员			岗位编制	1人
岗位职责	1. 保证园艺护养设备安全使用，及时调整园艺护养设备的使用时间和使用频率。 2. 协助经理监察园艺护养组的工作状况，包括整形修剪、花坛护理、园艺水分管理、园林施肥和植物保护工作，协调各岗位人力物力。 3. 与各部门保持密切联系，监督执行园艺护养工序和工作范围。 4. 园艺护养与特殊作业措施相结合，在合理护养原理指导下，定时检测土壤紧实状况和进行植物衰退诊断，确保及时实施补充和更新。 5. 维护高质园林的花卉生长，根据土壤肥沃程度、植物生长年限合理制定施肥量；掌握合理的施肥有效技术，确保及时实施园林施肥作业。 6. 做好高尔夫球场园林植物病虫害的诊断，实施有效防治技术。 7. 及时纠正员工在机械操作及园艺护养工序上的误差，提供正确的技术指导，保障员工及机械的安全。 8. 熟悉、了解员工的技术程度及其特长，合理安排工作，取长补短，提高工作效率；每月保证四小时对员工进行技术培训，提高其业务水平，对每位技工每年至少进行一次严格的技术考核。 9. 积极与部门经理和各班组沟通，发现问题，及时汇报。				
主要权限	1. 对本职日常管理工作的执行权。 2. 对管辖员工人事调动的建议权和工作指挥权。 3. 纠正下属不当行为及对违反企业制度行为的处置权。 4. 对本职工作中存在问题的反映权和改进的建议权。 5. 有权要求各部门配合与本岗位职责相关的工作。 6. 对本部门各项报表、文件的审核签发权。 7. 对上级不合理处罚的申诉权。				
编 制		审 核		批 准	

岗位名称	苗圃护养组主管	所属工序	园林护养	部门编号	002-08-10
直接上级	园林护养经理	直接下级	育苗育草技工、备草区护理技工	所辖人数	2~5人
职务性质	管理人员			岗位编制	1人

岗位职责	1. 保证苗圃护养设备安全使用，及时调整苗圃护养设备的使用时间和使用频率。 2. 协助经理监察苗圃护养组的工作状况，协调各岗位人力物力。 3. 与各部门保持密切联系，监督执行园艺护养工序和工作范围。 4. 维护高质和高尔夫球场草坪园林花卉生长，苗圃护养与园艺、草坪护养措施相结合，在合理护养原理指导下，确保及时实施补充而更新植物与草坪。 5. 做好高尔夫球场园林苗木病虫害的诊断，实施有效防治技术。 6. 做好高尔夫球场备草区植物病虫害的诊断，实施有效防治技术。 7. 及时纠正员工在机械操作及苗圃护养工序上的误差，提供正确的技术指导，保障员工及机械的安全。 8. 熟悉、了解员工的技术程度及其特长，合理安排工作，取长补短，提高工作效率；每月保证四小时对员工进行技术培训，提高其业务水平，对每位技工每年至少进行一次严格的技术考核。 9. 积极与部门经理和各班组沟通，发现问题，及时汇报。
主要权限	1. 对本职日常管理工作的执行权。 2. 对管辖员工人事调动的建议权和工作指挥权。 3. 纠正下属不当行为及对违反企业制度行为的处置权。 4. 对本职工作中存在问题的反映权和改进的建议权。 5. 有权要求各部门配合与本岗位职责相关的工作。 6. 对本部门各项报表、文件的审核签发权。 7. 对上级不合理处罚的申诉权。
编　制		审　核		批　准	

002-09-11　辅助作业组主管工作岗位说明书

岗位名称	辅助作业组主管	所属工序	辅助工程	部门编号	002-09-11
直接上级	辅助工程经理	直接下级	球穴变更技工、沙坑护理技工、球场清洁员	所辖人数	4~6人
职务性质	管理人员			岗位编制	1人
岗位职责	1. 场地护养辅助作业包括环圈和护圈护养、长草区护养、沙坑护养、洞杯更换、球车道保养、湖面水塘区域与观赏草坪区域清洁等作业。 2. 协助经理监察辅助作业组的工作状况，保证设备安全使用，及时调整设备的使用时间和使用频率；协调各岗位人力物力。 3. 与各部门保持密切联系，监督执行工序和工作范围。 4. 与高球运作部门保持密切联系，确保场地养护辅助工程管理与球场营运及赛事举办相互支持配合。 5. 及时纠正员工在机械操作及场地护养作业工序上的误差，提供正确的技术指导，保障员工及机械安全。 6. 熟悉、了解员工的技术程度及其特长，合理安排工作，取长补短，提高工作效率；每月保证四小时对员工进行技术培训，提高其业务水平，对每位技工每年至少进行一次严格的技术考核。 7. 积极与部门经理和各班组沟通，发现问题，及时汇报。				
主要权限	1. 对本职日常管理工作的执行权。 2. 对管辖员工人事调动的建议权和工作指挥权。 3. 纠正下属不当行为及对违反企业制度行为的处置权。 4. 对本职工作中存在问题的反映权和改进的建议权。 5. 有权要求各部门配合与本岗位职责相关的工作。 6. 对本部门各项报表、文件的审核签发权。 7. 对上级不合理处罚的申诉权。				
编　　制		审　核		批　准	

岗位名称	草坪改良组主管	所属工序	辅助工程	部门编号	002-09-12
直接上级	辅助工程经理	直接下级	草坪修复技工、球场排水技工	所辖人数	3～5人
职务性质	管理人员			岗位编制	1人
岗位职责	1. 保证场地护养草坪改良设备安全使用，及时调整设备的使用时间和使用频率。 2. 协助经理监察草坪改良组的工作状况，做好球场排水管理、草坪改良诊断、草坪特殊改良和草坪土壤改良工作，协调各岗位人力物力。 3. 与各部门保持密切联系，监督执行工序和工作范围。 4. 与草坪护养部门保持密切联系，确保场地养护辅助工程管理与球场营运及赛事举办相互支持配合。 5. 及时纠正员工在机械操作及草坪改良工序上的误差，提供正确的技术指导，保障员工及机械的安全。 6. 熟悉、了解员工的技术程度及其特长，合理安排工作，取长补短，提高工作效率；每月保证四小时对员工进行技术培训，提高其业务水平，对每位技工每年至少进行一次严格的技术考核。 7. 积极与部门经理和各班组沟通，发现问题，及时汇报。				
主要权限	1. 对本职日常管理工作的执行权。 2. 对管辖员工人事调动的建议权和工作指挥权。 3. 纠正下属不当行为及对违反企业制度行为的处置权。 4. 对本职工作中存在问题的反映权和改进的建议权。 5. 有权要求各部门配合与本岗位职责相关的工作。 6. 对本部门各项报表、文件的审核签发权。 7. 对上级不合理处罚的申诉权。				
编　制		审　核		批　准	

002-09-13   赛事工程组主管工作岗位说明书

岗位名称	赛事工程组主管	所属工序	辅助工程	部门编号	002-09-13
直接上级	辅助工程经理	直接下级	赛事工程技工、球场设施加工技工	所辖人数	3～5人
职务性质	管理人员			岗位编制	1人
岗位职责	1. 赛事工程主要是比赛场地护养作业管理，包括赛事举办前的筹备、比赛场地的养护和赛事辅助工作。 2. 协助经理监察赛事工程组的工作状况，协调各岗位人力物力；保证设备安全使用，及时调整设备的使用时间和使用频率。 3. 与各部门保持密切联系，监督执行工序和工作范围。 4. 与高球运作部门保持密切联系，确保赛事工程与球场营运及赛事举办相互支持配合。 5. 及时纠正员工在机械操作及场地护养赛事工程工序上的误差，提供正确的技术指导，保障员工及机械的安全。 6. 熟悉、了解员工的技术程度及其特长，合理安排工作，取长补短，提高工作效率；每月保证四小时对员工进行技术培训，提高其业务水平，对每位技工每年至少进行一次严格的技术考核。 7. 积极与部门经理和各班组沟通，发现问题，及时汇报。				
主要权限	1. 对本职日常管理工作的执行权。 2. 对管辖员工人事调动的建议权和工作指挥权。 3. 纠正下属不当行为及对违反企业制度行为的处置权。 4. 对本职工作中存在问题的反映权和改进的建议权。 5. 有权要求各部门配合与本岗位职责相关的工作。 6. 对本部门各项报表、文件的审核签发权。 7. 对上级不合理处罚的申诉权。				
编　　制		审　核		批　准	

岗位名称	工序培训主管	所属工序	统筹监督	部门编号	002-10-14
直接上级	统筹监督经理	直接下级	工序编制员、技能训练员	所辖人数	2~4人
职务性质	管理人员			岗位编制	1人
岗位职责	1. 依据场地养护工序操作标准、岗位职责以及各项管理制度，对场地养护工序操作进行全面检查，并对出现的问题督促整改。 2. 制定、完善工序操作与质量标准，配合做好场地养护质量管理教育。 3. 对场地养护常规作业进行质量检查，对存在的问题进行分析、纠偏并监督整改；对各区域工序操作与质量标准进行评估。 4. 确保工序操作与质量标准公平、有效地进行检测监督。 5. 工序检测监督的重要职责是对所有工序操作与质量标准进行监督指导。 6. 负责建设工序操作各环节的标准与规范，对执行情况进行督导检查，并对员工不断进行培训，使工序操作与质量管理工作走向规范化。 7. 通过对场地养护常规作业进行质量检查、监督、评估、指导，激励先进，发现后进，纠正错误，帮助提高，最终使球会场地养护质量和球会营运效率得到提高。 8. 积极与部门经理和各班组沟通，发现问题，及时汇报。				
主要权限	1. 对本职日常管理工作的执行权。 2. 对管辖员工人事调动的建议权和工作指挥权。 3. 纠正下属不当行为及对违反企业制度行为的处置权。 4. 对本职工作中存在问题的反映权和改进的建议权。 5. 有权要求各部门配合与本岗位职责相关的工作。 6. 对本部门各项报表、文件的审核签发权。 7. 对上级不合理处罚的申诉权。				
编　制		审　核		批　准	

第一篇　高尔夫球场场地养护管理概述

002-10-15 仓储主管工作岗位说明书

岗位名称	仓储主管	所属工序	统筹监督	部门编号	002-10-15
直接上级	统筹监督经理	直接下级	采购核货员、记账核算员、库存保管员	所辖人数	3~5 人
职务性质	管理人员			岗位编制	1 人
岗位职责	1. 负责场地养护部门物资材料的验收、发放、保管、回收工作以及购进、领用物品的账务处理工作环节。 2. 储备物资，保障部门作业需求。 3. 严把物资入库验收关，确保进库物资质量。 4. 严把物资出库审核关，确保物资的合理使用。 5. 编制物资最低库存量的申购计划，做到合理库存，不积压资金。 6. 加强与球场财务及采购员的联系，及时反馈存货余缺信息，避免物资断档、积压。 7. 认真做好仓库的安全及管理工作。 8. 协助财务部做好物资盘存及月末对账工作。				
主要权限	1. 对本职日常管理工作的执行权。 2. 对管辖员工人事调动的建议权和工作指挥权。 3. 纠正下属不当行为及对违反企业制度行为的处置权。 4. 对本职工作中存在问题的反映权和改进的建议权。 5. 有权要求各部门配合与本岗位职责相关的工作。 6. 对本部门各项报表、文件的审核签发权。 7. 对上级不合理处罚的申诉权。				
编　制		审　核		批　准	

第四节　高尔夫球场场地养护部门基层管理岗位设置与责任权限

草坪护养—修剪护养

003-02-01　草坪修剪技工工作岗位说明书

003-02-02　草屑处理员工作岗位说明书

草坪护养—特殊作业

003-03-03　疏草作业技工工作岗位说明书

003-03-04　打孔穿刺技工工作岗位说明书

003-03-05　铺沙加土技工工作岗位说明书

003-03-06　滚压拖平技工工作岗位说明书

草坪护养—营养护养

003-04-07　草坪施肥技工工作岗位说明书

003-04-08　营养诊断员工作岗位说明书

草坪护养—防治保护

003-05-09　药物施放技工工作岗位说明书

003-05-10　病虫杂草诊断员工作岗位说明书

草坪护养—水分管理

003-06-11　灌溉操作员工作岗位说明书

003-06-12　缺水诊断员工作岗位说明书

设备维护

003-07-13　工具与备件管理员工作岗位说明书

003-07-14　草坪机械高级技工工作岗位说明书

003-07-15　草坪机械初级技工工作岗位说明书

003-07-16　球车维护高级技工工作岗位说明书

003-07-17　球车维护初级技工工作岗位说明书

003-07-18　喷灌设备高级技工工作岗位说明书

003-07-19　喷灌设备初级技工工作岗位说明书

园林护养

003-08-20　整形修剪技工工作岗位说明书

003-08-21　花卉护理技工工作岗位说明书

003-08-22　水分管理技工工作岗位说明书

003-08-23　园林施肥技工工作岗位说明书

003-08-24　植物保护技工工作岗位说明书

003-08-25　育苗育草技工工作岗位说明书

003-08-26　备草区护理技工工作岗位说明书

辅助工程
003-09-27　球穴变更技工工作岗位说明书
003-09-28　沙坑护理技工工作岗位说明书
003-09-29　球场清洁员工作岗位说明书
003-09-30　草坪修复技工工作岗位说明书
003-09-31　球场排水技工工作岗位说明书
003-09-32　赛事工程技工工作岗位说明书
003-09-33　球场设施加工技工工作岗位说明书

统筹监督
003-10-34　工作协调员工作岗位说明书
003-10-35　设备出勤监督员工作岗位说明书
003-10-36　工序检测员工作岗位说明书
003-10-37　采购核货员工作岗位说明书
003-10-38　记账核算员工作岗位说明书
003-10-39　库存保管员工作岗位说明书
003-10-40　工序编制员工作岗位说明书
003-10-41　技能训练员工作岗位说明书

岗位名称	草坪修剪技工	所属工序	草坪护养—修剪护养	部门编号	003-02-01
直接上级	修剪护养组主管	直接下级	无	所辖人数	无
职务性质	管理人员			岗位编制	5～8人
岗位职责	1. 严格遵守工作流程和工序要求进行草坪修剪工作。 2. 在规定的修剪项目工作时间内，保质保量完成任务。 3. 遵守各项管理制度；努力学习，钻研专业知识，提高业务水平。 4. 遵守工序要求，正确操作机械设备及工具配件；核对工序要求，检查剪草高度是否正确。 5. 用完机械后要做好清洗工作，冲洗后加油并放置于指定停泊地点；剪草机有任何问题须向当值主管报告。 6. 注意工作安全，严防事故发生。 7. 完成主管安排的其他工作。				
主要权限	1. 对本职日常工作的执行权。 2. 对本职工作中存在问题的反映权和改进的建议权。 3. 有权要求各部门配合与本岗位职责相关的工作。 4. 对上级不合理处罚的申诉权。				
编　制		审　核		批　准	

003-02-02 草屑处理员工作岗位说明书

岗位名称	草屑处理员	所属工序	草坪护养—修剪护养	部门编号	003-02-02
直接上级	修剪护养组主管	直接下级	无	所辖人数	无
职务性质	管理人员			岗位编制	2~3 人
岗位职责	1. 严格遵守工作流程和工序要求进行草坪修剪草屑处理工作。 2. 在规定的修剪项目工作时间内，保质保量完成任务。 3. 遵守各项管理制度；努力学习，钻研专业知识，提高业务水平。 4. 遵守工序要求，正确操作机械设备，注意草屑不要超过车斗容积一半。 5. 配合草坪修剪技工，在完成修剪工序后，清除残留在果岭和发球台及周边的草屑。 6. 注意工作安全，严防事故发生。 7. 完成主管安排的其他工作。				
主要权限	1. 对本职日常工作的执行权。 2. 对本职工作中存在问题的反映权和改进的建议权。 3. 有权要求各部门配合与本岗位职责相关的工作。 4. 对上级不合理处罚的申诉权。				
编　制		审　核		批　准	

岗位名称	疏草作业技工	所属工序	草坪护养—特殊作业	部门编号	003-03-03
直接上级	特殊作业组主管	直接下级	无	所辖人数	无
职务性质	管理人员			岗位编制	2~3人
岗位职责	1. 严格遵守工作流程和工序要求进行疏草作业。 2. 在规定的疏草作业项目工作时间内，保质保量完成任务。 3. 遵守各项管理制度；努力学习，钻研专业知识，提高业务水平。 4. 遵守工序要求，正确操作机械设备、工具配件。 5. 疏草作业前检查芜枝厚度并与标准芜枝层进行对比；当芜枝层超过标准厚度后就应考虑垂直剪切。 6. 用完机械后要做好清洗工作，冲洗后加油并放置于指定停泊地点；设备有任何问题须向当值主管报告。 7. 注意工作安全，严防事故发生。 8. 完成主管安排的其他工作。				
主要权限	1. 对本职日常工作的执行权。 2. 对本职工作中存在问题的反映权和改进的建议权。 3. 有权要求各部门配合与本岗位职责相关的工作。 4. 对上级不合理处罚的申诉权。				
编　制		审　核		批　准	

003-03-04　打孔穿刺技工工作岗位说明书

岗位名称	打孔穿刺技工	所属工序	草坪护养—特殊作业	部门编号	003-03-04
直接上级	特殊作业组主管	直接下级	无	所辖人数	无
职务性质	管理人员			岗位编制	2~3人
岗位职责	1. 严格遵守工作流程和工序要求进行打孔穿刺作业。 2. 在规定的打孔穿刺作业项目工作时间内，保质保量完成任务。 3. 遵守各项管理制度；努力学习，钻研专业知识，提高业务水平。 4. 遵守工序要求，正确操作机械设备、工具配件。 5. 垂直型空心打孔机作业于果岭和发球台之后，必须做好清除草楔和铺沙的工序。 6. 用完机械后要做好清洗工作，冲洗后加油并放置于指定停泊地点；设备有任何问题须向当值主管报告。 7. 注意工作安全，严防事故发生。 8. 完成主管安排的其他工作。				
主要权限	1. 对本职日常工作的执行权。 2. 对本职工作中存在问题的反映权和改进的建议权。 3. 有权要求各部门配合与本岗位职责相关的工作。 4. 对上级不合理处罚的申诉权。				
编　　制		审　核		批　准	

岗位名称	铺沙加土技工	所属工序	草坪护养—特殊作业	部门编号	003-03-05
直接上级	特殊作业组主管	直接下级	无	所辖人数	无
职务性质	管理人员			岗位编制	2~3人
岗位职责	1. 严格遵守工作流程和工序要求进行铺沙加土作业。 2. 在规定的铺沙加土作业项目工作时间内，保质保量完成任务。 3. 遵守各项管理制度；努力学习，钻研专业知识，提高业务水平。 4. 遵守工序要求，正确操作机械设备、工具配件。 5. 合理使用铺沙材料，在果岭、发球台以及球道铺沙时，铺沙材料必须与原果岭、发球台以及球道的土壤质地相同。 6. 用完机械后要做好清洗工作，冲洗后加油并放置于指定停泊地点；设备有任何问题须向当值主管报告。 7. 注意工作安全，严防事故发生。 8. 完成主管安排的其他工作。				
主要权限	1. 对本职日常工作的执行权。 2. 对本职工作中存在问题的反映权和改进的建议权。 3. 有权要求各部门配合与本岗位职责相关的工作。 4. 对上级不合理处罚的申诉权。				
编　制		审　核		批　准	

003-03-06　滚压拖平技工工作岗位说明书

岗位名称	滚压拖平技工	所属工序	草坪护养—特殊作业	部门编号	003-03-06
直接上级	特殊作业组主管	直接下级	无	所辖人数	无
职务性质	管理人员			岗位编制	2~3 人
岗位职责	1. 严格遵守工作流程和工序要求进行滚压拖平作业。 2. 在规定的滚压拖平作业项目工作时间内，保质保量完成任务。 3. 遵守各项管理制度；努力学习，钻研专业知识，提高业务水平。 4. 遵守工序要求，正确操作机械设备、工具配件。 5. 草坪拖平是在草坪铺沙或打孔之后利用金属拉网或拖平毛刷通过草坪表面；为了获得一个平整的草坪面，并使叶丛紧密而平整地生长，增加场地硬度，提高草坪的使用价值，应实施草坪镇压措施。 6. 用完机械后要做好清洗工作，冲洗后加油并放置于指定停泊地点；设备有任何问题须向当值主管报告。 7. 注意工作安全，严防事故发生。 8. 完成主管安排的其他工作。				
主要权限	1. 对本职日常工作的执行权。 2. 对本职工作中存在问题的反映权和改进的建议权。 3. 有权要求各部门配合与本岗位职责相关的工作。 4. 对上级不合理处罚的申诉权。				
编　制		审　核		批　准	

岗位名称	草坪施肥技工	所属工序	草坪护养—营养护养	部门编号	003-04-07
直接上级	营养护养组主管	直接下级	无	所辖人数	无
职务性质	管理人员			岗位编制	3～4人
岗位职责	1. 严格遵守工作流程和工序要求进行草坪施肥作业。 2. 在规定的草坪施肥作业项目工作时间内，保质保量完成任务。 3. 遵守各项管理制度；努力学习，钻研专业知识，提高业务水平。 4. 遵守工序要求，正确操作机械设备、工具配件；完全理解如何测算各种类型的施肥机。 5. 依指示用量对有关区域进行均匀的施肥；施肥后当天余料应妥善退仓。 6. 正确施放液体及颗粒状的肥料；正确填写记录并汇报肥料的使用。 7. 用完机械后要做好清洗工作，冲洗后加油并放置于指定停泊地点；设备有任何问题须向当值主管报告。 8. 注意工作安全，严防事故发生。 9. 完成主管安排的其他工作。				
主要权限	1. 对本职日常工作的执行权。 2. 对本职工作中存在问题的反映权和改进的建议权。 3. 有权要求各部门配合与本岗位职责相关的工作。 4. 对上级不合理处罚的申诉权。				
编　制		审　核		批　准	

003-04-08　营养诊断员工作岗位说明书

岗位名称	营养诊断员	所属工序	草坪护养—营养护养	部门编号	003-04-08
直接上级	营养护养组主管	直接下级	无	所辖人数	无
职务性质	管理人员			岗位编制	1~2人
岗位职责	1. 严格遵守工作流程和工序要求进行草坪营养诊断工作。 2. 在规定的营养护养作业项目工作时间内，保质保量完成任务。 3. 遵守各项管理制度；努力学习，钻研专业知识，提高业务水平。 4. 不论采用哪种测试技术都应选择代表性或典型性的植株样品，而且必须选取适宜的部位，以期能明显地反映养分的丰缺程度。 5. 在进行化学诊断时，应进行多次测定以找出各种不同情况下的规律和相关性，必要时结合其他诊断方法，以便使诊断结果更符合实际；正确填写记录并汇报肥料的使用。 6. 发现草坪有任何问题须向当值主管报告。 7. 注意工作安全，严防事故发生。 8. 完成主管安排的其他工作。				
主要权限	1. 对本职日常工作的执行权。 2. 对本职工作中存在问题的反映权和改进的建议权。 3. 有权要求各部门配合与本岗位职责相关的工作。 4. 对上级不合理处罚的申诉权。				
编　制		审　核		批　准	

岗位名称	药物施放技工	所属工序	草坪护养—防治保护	部门编号	003-05-09
直接上级	防治保护组主管	直接下级	无	所辖人数	无
职务性质	管理人员			岗位编制	3~4人
岗位职责	1. 严格遵守工作流程和工序要求进行草坪防治保护作业。 2. 在规定的草坪防治保护作业项目工作时间内，保质保量完成任务。 3. 遵守各项管理制度；努力学习，钻研专业知识，提高业务水平。 4. 遵守工序要求，正确操作机械设备、工具配件。 5. 依指示用量配药并对有关区域进行均匀的施药；施药后当天余料应妥善退仓。 6. 正确施放液体及颗粒状的草坪保护剂和农药；正确填写记录并汇报草坪保护剂和农药的使用。 7. 用完机械后要做好清洗工作，冲洗后加油并放置于指定停泊地点；设备有任何问题须向当值主管报告。 8. 注意工作安全，严防事故发生。 9. 完成主管安排的其他工作。				
主要权限	1. 对本职日常工作的执行权。 2. 对本职工作中存在问题的反映权和改进的建议权。 3. 有权要求各部门配合与本岗位职责相关的工作。 4. 对上级不合理处罚的申诉权。				
编　制		审　核		批　准	

003-05-10 病虫杂草诊断员工作岗位说明书

岗位名称	病虫杂草诊断员	所属工序	草坪护养—防治保护	部门编号	003-05-10
直接上级	防治保护组主管	直接下级	无	所辖人数	无
职务性质	管理人员			岗位编制	1~2人
岗位职责	1. 严格遵守工作流程和工序要求进行草坪防治保护作业。 2. 在规定的草坪防治保护作业项目工作时间内，保质保量完成任务。 3. 遵守各项管理制度；努力学习，钻研专业知识，提高业务水平。 4. 遵守工序要求，正确操作机械设备、工具配件。 5. 草坪防治保护基本依据草坪有害生物的种类、活动规律、栖居地环境等因子的变化和差异来完成或实现对有害生物的灭杀和抑制。 6. 每天现场观察病虫害及杂草的发生与地形、地势、土壤、气候等；观察分布状况，是大面积均匀分布还是点、片分布，是否有发病中心等。 7. 正确填写记录并汇报草坪植物病害、虫害、杂草的发生及环境条件变化情况。 8. 注意工作安全，严防事故发生。 9. 完成主管安排的其他工作。				
主要权限	1. 对本职日常工作的执行权。 2. 对本职工作中存在问题的反映权和改进的建议权。 3. 有权要求各部门配合与本岗位职责相关的工作。 4. 对上级不合理处罚的申诉权。				
编　制		审　核		批　准	

岗位名称	灌溉操作员	所属工序	草坪护养—水分管理	部门编号	003-06-11
直接上级	水分管理组主管	直接下级	无	所辖人数	无
职务性质	管理人员			岗位编制	3～4人
岗位职责	1. 严格遵守工作流程和工序要求进行草坪水分管理作业。 2. 在规定的草坪水分管理作业项目工作时间内，保质保量完成任务。 3. 遵守各项管理制度；努力学习，钻研专业知识，提高业务水平。 4. 遵守工序要求，正确操作喷灌设备、工具配件。 5. 依指示用水量对有关区域进行均匀的喷灌。 6. 熟练掌握系统的运作方法及原理和每日维护保养工作，做好日报表；报告运行和保养过程中出现的问题。 7. 掌握保养维护过程中节约材料的方法；设备有任何问题须向当值主管报告。 8. 注意工作安全，严防事故发生。 9. 完成主管安排的其他工作。				
主要权限	1. 对本职日常工作的执行权。 2. 对本职工作中存在问题的反映权和改进的建议权。 3. 有权要求各部门配合与本岗位职责相关的工作。 4. 对上级不合理处罚的申诉权。				
编　制		审　核		批　准	

岗位名称	缺水诊断员	所属工序	草坪护养—水分管理	部门编号	003-06-12
直接上级	水分管理组主管	直接下级	无	所辖人数	无
职务性质	管理人员			岗位编制	1～2人
岗位职责	1. 严格遵守工作流程和工序要求进行草坪水分管理作业。 2. 在规定的草坪水分管理作业项目工作时间内，保质保量完成任务。 3. 遵守各项管理制度；努力学习，钻研专业知识，提高业务水平。 4. 遵守工序要求，正确操作喷灌设备、工具配件。 5. 了解草坪生长的好坏除其他因素外，土壤供水能力是否良好起着很重要的作用，诊断土壤含水量高低以及供水层深浅是土壤指标的重要内容，是衡量土壤供水能力大小的一个重要指标。 6. 每天现场观察病虫害及杂草的发生与地形、地势、土壤、气候等；当草坪草缺水时，草坪草会表现出各种症状，如萎蔫，颜色为蓝绿色或灰绿色，叶下垂；正确填写记录并汇报草坪土壤与水分管理作业中发生及环境条件变化情况。 7. 当发现球道区域地表层干透2厘米时，应及时灌溉；在果岭区和发球台采取五点法，将装满水的蒸发皿平置于果岭区五个地方，每天定时检查蒸发深度，做好缺水诊断，及时补给水分。 8. 注意工作安全，严防事故发生。 9. 完成主管安排的其他工作。				
主要权限	1. 对本职日常工作的执行权。 2. 对本职工作中存在问题的反映权和改进的建议权。 3. 有权要求各部门配合与本岗位职责相关的工作。 4. 对上级不合理处罚的申诉权。				
编　制		审　核		批　准	

岗位名称	工具与备件管理员	所属工序	设备维护	部门编号	003-07-13
直接上级	设备维护经理	直接下级	无	所辖人数	无
职务性质	管理人员			岗位编制	1 人
岗位职责	1. 严格遵守工作流程和工序要求进行设备部工具与备件管理工作。 2. 遵守各项管理制度；记录所有设备维修保养的工具与备件使用情况。 3. 遵守工具领用管理规定，规范并指导技工对维修工具的使用；保证工具的清洁和完好，严格执行每件工具的领用和归还手续，每天盘点核对工具返还情况，及时归位，清晰归位排放。 4. 遵守机械备件领用管理规定，规范并指导技工对机械备件的使用；做好工具与备件的存储和月库存，及时申报备件采购和库存信息。 5. 保证工作区的安全和清洁；密切注意、认真鉴定维修中备件的更换，做好贵重备件更换的审核。 6. 主动、及时纠正滥用贵重备件的行为，为其提供正确的操作指导。 7. 注意工作安全，严防事故发生；做好设备部工具与备件管理工作。 8. 完成主管安排的其他工作。				
主要权限	1. 对本职日常工作的执行权。 2. 对本职工作中存在问题的反映权和改进的建议权。 3. 有权要求各部门配合与本岗位职责相关的工作。 4. 对上级不合理处罚的申诉权。				
编　制		审　核		批　准	

岗位名称	草坪机械高级技工	所属工序	设备维护	部门编号	003-07-14
直接上级	草坪机械组主管	直接下级	无	所辖人数	无
职务性质	管理人员			岗位编制	2～3人
岗位职责	1. 严格遵守工作流程和工序要求进行草坪机械维护维修工作。 2. 遵守各项管理制度；努力学习，钻研专业知识，提高业务水平。 3. 指导初级技工准确判断设备的故障，在规定的维修项目工作时间内，保质保量完成维修任务。 4. 遵守机械备件、工具使用及油库等管理规定，规范并指导初级技工对维修工具的使用。 5. 独立完成各项设备的小修至大修工作；密切注意、认真鉴定维修中备件的更换，贵重备件必须经过部门主管的审核。 6. 主动、及时纠正机械操作者的错误操作，为其提供正确的操作指导。 7. 注意工作安全，严防事故发生。 8. 完成主管安排的其他工作。				
主要权限	1. 对本职日常工作的执行权。 2. 对本职工作中存在问题的反映权和改进的建议权。 3. 有权要求各部门配合与本岗位职责相关的工作。 4. 对上级不合理处罚的申诉权。				
编　制		审　核		批　准	

岗位名称	草坪机械初级技工	所属工序	设备维护	部门编号	003-07-15
直接上级	草坪机械组主管	直接下级	无	所辖人数	无
职务性质	管理人员			岗位编制	2~4人
岗位职责	1. 严格遵守工作流程和工序要求进行草坪机械维护维修工作。 2. 遵守各项管理制度；努力学习，钻研专业知识，提高业务水平。 3. 准确判断设备的故障，在规定的维修项目工作时间内，保质保量完成维修任务。 4. 严格按操作程序规范进行维修，控制维修成本，密切注意、认真鉴定维修中备件的更换，贵重备件必须经过部门主管的审核。 5. 在工作中必须穿戴球场及行业要求规定的工作服，使用规定的劳保用具。 6. 爱护和合理使用工作器具；注意工作安全，严防事故发生。 7. 完成主管安排的其他工作。				
主要权限	1. 对本职日常工作的执行权。 2. 对本职工作中存在问题的反映权和改进的建议权。 3. 有权要求各部门配合与本岗位职责相关的工作。 4. 对上级不合理处罚的申诉权。				
编 制		审 核		批 准	

003－07－16　球车维护高级技工工作岗位说明书

岗位名称	球车维护高级技工	所属工序	设备维护	部门编号	003－07－16
直接上级	球车维护组主管	直接下级	无	所辖人数	无
职务性质	管理人员			岗位编制	2～3 人
岗位职责	1. 严格遵守工作流程和工序要求进行球车维护维修工作。 2. 遵守各项管理制度；努力学习，钻研专业知识，提高业务水平。 3. 指导初级技工准确判断球车的故障；在规定的维修项目工作时间内，保质保量完成维修任务。 4. 遵守机械备件、工具使用及油库等管理规定，规范并指导初级技工对维修工具的使用。 5. 独立完成各项设备的小修至大修工作；密切注意、认真鉴定维修中备件的更换，贵重备件必须经过部门主管的审核。 6. 主动、及时纠正球车操作者的错误操作，为其提供正确的操作指导。 7. 注意工作安全，严防事故发生。 8. 完成主管安排的其他工作。				
主要权限	1. 对本职日常工作的执行权。 2. 对本职工作中存在问题的反映权和改进的建议权。 3. 有权要求各部门配合与本岗位职责相关的工作。 4. 对上级不合理处罚的申诉权。				
编　　制		审　核		批　准	

岗位名称	球车维护初级技工	所属工序	设备维护	部门编号	003-07-17
直接上级	球车维护组主管	直接下级	无	所辖人数	无
职务性质	管理人员			岗位编制	2~4人
岗位职责	1. 严格遵守工作流程和工序要求进行球车维护维修工作。 2. 遵守各项管理制度；努力学习，钻研专业知识，提高业务水平。 3. 准确判断球车的故障，在规定的维修项目工作时间内，保质保量完成维修任务。 4. 严格按操作程序规范进行维修，控制维修成本；密切注意、认真鉴定维修中备件的更换，贵重备件必须经过部门主管的审核。 5. 在工作中必须穿戴球场及行业要求规定的工作服，使用规定的劳保用具。 6. 爱护和合理使用工作器具；注意工作安全，严防事故发生。 7. 完成主管安排的其他工作。				
主要权限	1. 对本职日常工作的执行权。 2. 对本职工作中存在问题的反映权和改进的建议权。 3. 有权要求各部门配合与本岗位职责相关的工作。 4. 对上级不合理处罚的申诉权。				
编 制		审 核		批 准	

003-07-18　喷灌设备高级技工工作岗位说明书

岗位名称	喷灌设备高级技工	所属工序	设备维护	部门编号	003-07-18
直接上级	喷灌设备组主管	直接下级	无	所辖人数	无
职务性质	管理人员			岗位编制	2~3人
岗位职责	1. 严格遵守工作流程和工序要求进行喷灌系统和设备维护维修工作。 2. 遵守各项管理制度；努力学习，钻研专业知识，提高业务水平。 3. 指导初级技工准确判断喷灌系统和设备的故障，在规定的维修项目工作时间内，保质保量完成维修任务。 4. 遵守机械备件、工具使用及泵站维护等管理规定，规范并指导初级技工对维修工具的使用。 5. 完成喷灌系统和设备维护维修工作；密切注意、认真鉴定维修中备件的更换，贵重备件必须经过部门主管的审核。 6. 主动、及时纠正喷灌系统和设备操作者的错误操作，为其提供正确的操作指导。 7. 注意工作安全，严防事故发生。 8. 完成主管安排的其他工作。				
主要权限	1. 对本职日常工作的执行权。 2. 对本职工作中存在问题的反映权和改进的建议权。 3. 有权要求各部门配合与本岗位职责相关的工作。 4. 对上级不合理处罚的申诉权。				
编　制		审　核		批　准	

岗位名称	喷灌设备初级技工	所属工序	设备维护	部门编号	003-07-19
直接上级	喷灌设备组主管	直接下级	无	所辖人数	无
职务性质	管理人员			岗位编制	2～4 人
岗位职责	1. 严格遵守工作流程和工序要求进行喷灌系统和设备维护维修工作。 2. 遵守各项管理制度；努力学习，钻研专业知识，提高业务水平。 3. 准确判断喷灌系统和设备的故障，在规定的维修项目工作时间内，保质保量完成维修任务。 4. 严格按操作程序规范进行维修，控制维修成本；密切注意、认真鉴定维修中备件的更换，贵重备件必须经过部门主管的审核。 5. 在工作中必须穿戴球场及行业要求规定的工作服，使用规定的劳保用具。 6. 爱护和合理使用工作器具；注意工作安全，严防事故发生。 7. 完成主管安排的其他工作。				
主要权限	1. 对本职日常工作的执行权。 2. 对本职工作中存在问题的反映权和改进的建议权。 3. 有权要求各部门配合与本岗位职责相关的工作。 4. 对上级不合理处罚的申诉权。				
编　制		审　核		批　准	

003-08-20　整形修剪技工工作岗位说明书

岗位名称	整形修剪技工	所属工序	园林护养	部门编号	003-08-20
直接上级	园艺护养组主管	直接下级	无	所辖人数	无
职务性质	管理人员			岗位编制	2~4 人
岗位职责	1. 严格遵守工作流程和工序要求进行整形修剪工作。 2. 在规定的整形修剪项目工作时间内，保质保量完成任务。 3. 遵守各项管理制度；努力学习，钻研专业知识，提高业务水平。 4. 遵守工序要求，正确操作机械设备，准备好整形修剪球场园林工具；核对工序要求，检查整形修剪标准是否正确；按规定对不同季节、不同形状的树木花卉进行修剪。 5. 整形修剪完毕，挪走枯死、病害和有虫害严重的枝条；确保工作之处整洁，垃圾运走至指定地点；将工具还回仓库。 6. 注意工作安全，严防事故发生。 7. 完成主管安排的其他工作。				
主要权限	1. 对本职日常工作的执行权。 2. 对本职工作中存在问题的反映权和改进的建议权。 3. 有权要求各部门配合与本岗位职责相关的工作。 4. 对上级不合理处罚的申诉权。				
编　制		审　核		批　准	

岗位名称	花卉护理技工	所属工序	园林护养	部门编号	003-08-21
直接上级	园艺护养组主管	直接下级	无	所辖人数	无
职务性质	管理人员			岗位编制	2~4人
岗位职责	1. 知道高尔夫园林花卉护理包括花卉分类、花卉繁殖、花卉栽培管理、花卉配置等。 2. 在规定的花卉护理项目工作时间内，保质保量完成任务。 3. 遵守各项管理制度；努力学习，钻研专业知识，提高业务水平。 4. 遵守工序要求，正确操作机械设备、工具配件；核对工序要求，检查花坛护理标准是否正确。 5. 了解花卉护理作业包括栽植、灌溉、施肥、病虫害防治、中耕除草、修剪等内容；完成每日的花坛和盆景花卉的保养工作；确保工作之处整洁，垃圾运走至指定地点；将工具还回仓库。 6. 注意工作安全，严防事故发生。 7. 完成主管安排的其他工作。				
主要权限	1. 对本职日常工作的执行权。 2. 对本职工作中存在问题的反映权和改进的建议权。 3. 有权要求各部门配合与本岗位职责相关的工作。 4. 对上级不合理处罚的申诉权。				
编　制		审　核		批　准	

岗位名称	水分管理技工	所属工序	园林护养	部门编号	003-08-22
直接上级	园艺护养组主管	直接下级	无	所辖人数	无
职务性质	管理人员			岗位编制	2~4人
岗位职责	1. 依指示用水量对有关区域进行均匀的喷灌和浇水。 2. 在规定的园林水分管理项目工作时间内，保质保量完成任务。 3. 遵守各项管理制度；努力学习，钻研专业知识，提高业务水平。 4. 熟练掌握园林水分管理的运作方法及原理；执行每日维护保养工序，做好日报表，报告运行和保养过程中出现的问题。 5. 掌握保养维护过程中节约材料的方法；设备有任何问题须向当值主管报告。 6. 注意工作安全，严防事故发生。 7. 完成主管安排的其他工作。				
主要权限	1. 对本职日常工作的执行权。 2. 对本职工作中存在问题的反映权和改进的建议权。 3. 有权要求各部门配合与本岗位职责相关的工作。 4. 对上级不合理处罚的申诉权。				
编　制		审　核		批　准	

岗位名称	园林施肥技工	所属工序	园林护养	部门编号	003-08-23
直接上级	园艺护养组主管	直接下级	无	所辖人数	无
职务性质	管理人员			岗位编制	2~4 人
岗位职责	1. 严格遵守工作流程和工序要求进行园林施肥作业。 2. 在规定的园林施肥作业项目工作时间内，保质保量完成任务。 3. 遵守各项管理制度；努力学习，钻研专业知识，提高业务水平。 4. 遵守工序要求，正确操作机械设备、工具配件；完全理解如何测算各种类型的施肥机械。 5. 依指示用量对有关区域进行均匀的施肥；施肥后当天余料应妥善退仓。 6. 正确施放液体及颗粒状的肥料；正确填写记录并汇报肥料的使用。 7. 用完机械后要做好清洗工作，冲洗后加油并放置于指定停泊地点；设备有任何问题须向当值主管报告。 8. 注意工作安全，严防事故发生。 9. 完成主管安排的其他工作。				
主要权限	1. 对本职日常工作的执行权。 2. 对本职工作中存在问题的反映权和改进的建议权。 3. 有权要求各部门配合与本岗位职责相关的工作。 4. 对上级不合理处罚的申诉权。				
编　制		审　核		批　准	

003-08-24　植物保护技工工作岗位说明书

岗位名称	植物保护技工	所属工序	园林护养	部门编号	003-08-24
直接上级	园艺护养组主管	直接下级	无	所辖人数	无
职务性质	管理人员			岗位编制	2~4人
岗位职责	1. 严格遵守工作流程和工序要求进行园林植物防治保护作业。 2. 在规定的园林植物防治保护作业项目工作时间内，保质保量完成任务。 3. 遵守各项管理制度；努力学习，钻研专业知识，提高业务水平。 4. 遵守工序要求，正确操作机械设备、工具配件。 5. 依指示用量配药并对有关区域进行均匀的施药；施药后当天余料应妥善退仓。 6. 正确施放液体及颗粒状的植物保护剂和农药；正确填写记录并汇报园林植物保护剂和农药的使用情况。 7. 用完机械后要做好清洗工作，冲洗后加油并放置于指定停泊地点；设备有任何问题须向当值主管报告。 8. 注意工作安全，严防事故发生。 9. 完成主管安排的其他工作。				
主要权限	1. 对本职日常工作的执行权。 2. 对本职工作中存在问题的反映权和改进的建议权。 3. 有权要求各部门配合与本岗位职责相关的工作。 4. 对上级不合理处罚的申诉权。				
编　制		审　核		批　准	

高尔夫球场场地养护管理

岗位名称	育苗育草技工	所属工序	园林护养	部门编号	003-08-25
直接上级	苗圃护养组主管	直接下级	无	所辖人数	无
职务性质	管理人员			岗位编制	2～3 人
岗位职责	1. 按计划完成高尔夫球场园林花卉所需的苗木培植和保养工作。 2. 在规定的育苗育草项目工作时间内，保质保量完成任务。 3. 遵守各项管理制度；努力学习，钻研专业知识，提高业务水平。 4. 做好育苗育草的苗圃区域浇水、施肥和喷药工作；在指定的苗圃地带正确地施放液体及颗粒状的杀虫剂和肥料。 5. 保证苗圃的清洁卫生和苗木繁殖，在苗圃范围内控制杂草。 6. 注意工作安全，严防事故发生。 7. 完成主管安排的其他工作。				
主要权限	1. 对本职日常工作的执行权。 2. 对本职工作中存在问题的反映权和改进的建议权。 3. 有权要求各部门配合与本岗位职责相关的工作。 4. 对上级不合理处罚的申诉权。				
编　制		审　核		批　准	

岗位名称	备草区护理技工	所属工序	园林护养	部门编号	003-08-26
直接上级	苗圃护养组主管	直接下级	无	所辖人数	无
职务性质	管理人员			岗位编制	2～3人
岗位职责	1. 做好草坪草品种种植区域与周围其他植物之间的区域间隔。 2. 在规定的备草区管理项目工作时间内，保质保量完成任务。 3. 遵守各项管理制度；努力学习，钻研专业知识，提高业务水平。 4. 做好备草区坪床准备，安装喷灌和铺沙。 5. 对备草区场地进行清理、平整和建造排水系统；定期检查水质的变化。 6. 对土壤进行熏蒸；防止本地生长的草进入球场，以避免病虫害的发生。 7. 协助球场建设和场地养护保养工作；做好备草区域浇水、施肥和喷药工作；按指定要求正确施放液体及颗粒状的杀虫剂和肥料。 8. 注意工作安全，严防事故发生。 9. 完成主管安排的其他工作。				
主要权限	1. 对本职日常工作的执行权。 2. 对本职工作中存在问题的反映权和改进的建议权。 3. 有权要求各部门配合与本岗位职责相关的工作。 4. 对上级不合理处罚的申诉权。				
编　制		审　核		批　准	

岗位名称	球穴变更技工	所属工序	辅助工程	部门编号	003-09-27
直接上级	辅助作业组主管	直接下级	无	所辖人数	无
职务性质	管理人员			岗位编制	2~4人
岗位职责	1. 严格遵守工作流程和工序要求进行球穴变更工作。 2. 在规定的球穴变更项目工作时间内，保质保量完成任务。 3. 遵守各项管理制度；努力学习，钻研专业知识，提高业务水平。 4. 更换新洞杯的位置必须混合于果岭的前、中、后之间，所有果岭洞杯深度一致；新洞杯须放置稳妥，确保旗杆竖直。 5. 更换洞杯作业完成必须清洗所有机械及设备；设备入库后，操作员须在设备登记卡上做好登记。 6. 注意工作安全，严防事故发生。 7. 完成主管安排的其他工作。				
主要权限	1. 对本职日常工作的执行权。 2. 对本职工作中存在问题的反映权和改进的建议权。 3. 有权要求各部门配合与本岗位职责相关的工作。 4. 对上级不合理处罚的申诉权。				
编　制		审　核		批　准	

003-09-28 沙坑护理技工工作岗位说明书

岗位名称	沙坑护理技工	所属工序	辅助工程	部门编号	003-09-28
直接上级	辅助作业组主管	直接下级	无	所辖人数	无
职务性质	管理人员			岗位编制	2～4人
岗位职责	1. 严格遵守工作流程和工序要求进行沙坑护理工作。 2. 在规定的沙坑护理项目工作时间内，保质保量完成任务。 3. 遵守各项管理制度；努力学习，钻研专业知识，提高业务水平。 4. 沙坑护理耙沙时需以不同方向转动，转动的半径需经常变动，避免沙积聚不均或板结；结束耙沙前需用沙耙修边；沙坑边的宽度需保持一致且围绕整个沙坑；修边完毕，检查沙坑顺畅状况，检查有无沙留到沙坑边的草坪上，做好清理工作。 5. 用完机械后须清洗，冲洗后加油并放置于指定停泊地点；设备有任何问题须向当值主管报告。 6. 注意工作安全，严防事故发生。 7. 完成主管安排的其他工作。				
主要权限	1. 对本职日常工作的执行权。 2. 对本职工作中存在问题的反映权和改进的建议权。 3. 有权要求各部门配合与本岗位职责相关的工作。 4. 对上级不合理处罚的申诉权。				
编　制		审　核		批　准	

岗位名称	球场清洁员	所属工序	辅助工程	部门编号	003-09-29
直接上级	辅助作业组主管	直接下级	无	所辖人数	无
职务性质	管理人员			岗位编制	3～5人
岗位职责	1. 严格遵守工作流程和工序要求进行球场清洁工作。 2. 在规定的球场清洁项目工作时间内，保质保量完成任务。 3. 遵守各项管理制度；努力学习，钻研专业知识，提高业务水平。 4. 保持球车道地面清洁无杂物和积水，及时清理道路上所有杂草，保持相关湖面水塘区域全天清洁，无垃圾杂物，无异味；保持观赏草坪区域的基本干净，视野基本开阔，空气清新，无异味；及时收集垃圾，运往垃圾场。 5. 用完机械后须清洗，冲洗后加油并放置于指定停泊地点；设备有任何问题须向当值主管报告。 6. 注意工作安全，严防事故发生。 7. 完成主管安排的其他工作。				
主要权限	1. 对本职日常工作的执行权。 2. 对本职工作中存在问题的反映权和改进的建议权。 3. 有权要求各部门配合与本岗位职责相关的工作。 4. 对上级不合理处罚的申诉权。				
编　制		审　核		批　准	

第一篇　高尔夫球场场地养护管理概述

岗位名称	草坪修复技工	所属工序	辅助工程	部门编号	003-09-30
直接上级	草坪改良组主管	直接下级	无	所辖人数	无
职务性质	管理人员			岗位编制	3~5人
岗位职责	1. 严格遵守工作流程和工序要求进行草坪修复工作。 2. 在规定的草坪修复项目工作时间内，保质保量完成任务。 3. 遵守各项管理制度；努力学习，钻研专业知识，提高业务水平。 4. 了解草坪修补是在原草坪的基础上，对局部一些因管理不当或遭到意外事故而发生损坏性的草坪进行处理的一种护养技术；原草坪的覆盖度为50%以下，并且出现难以控制的杂草与病害，草质极度衰退时就应该考虑重建问题。 5. 对修复的草坪应精心养护，使之早日与周围草坪的颜色一致；因病虫害或其他原因严重退化的草坪应重新建植。 6. 注意工作安全，严防事故发生。 7. 完成主管安排的其他工作。				
主要权限	1. 对本职日常工作的执行权。 2. 对本职工作中存在问题的反映权和改进的建议权。 3. 有权要求各部门配合与本岗位职责相关的工作。 4. 对上级不合理处罚的申诉权。				
编　　制		审　核		批　准	

岗位名称	球场排水技工	所属工序	辅助工程	部门编号	003-09-31
直接上级	草坪改良组主管	直接下级	无	所辖人数	无
职务性质	管理人员			岗位编制	3~5人
岗位职责	1. 严格遵守工作流程和工序要求进行排水改良工作。 2. 在规定的排水改良项目工作时间内，保质保量完成任务。 3. 遵守各项管理制度；努力学习，钻研专业知识，提高业务水平。 4. 高尔夫球场排水的设置，可采用地下排水系统；注沙排水法主要用于土壤质地较好的高尔夫球场果岭区；旱井主要是为排泄场地低洼处的积水而设置的；沟渠排水技术主要是为排水不良的湿地而设置的；拦截排水法只用于球道边缘处斜度较大的地方。 5. 遵守工序要求，正确操作机械设备、工具配件；设备有任何问题须向当值主管报告。 6. 注意工作安全，严防事故发生。 7. 完成主管安排的其他工作。				
主要权限	1. 对本职日常工作的执行权。 2. 对本职工作中存在问题的反映权和改进的建议权。 3. 有权要求各部门配合与本岗位职责相关的工作。 4. 对上级不合理处罚的申诉权。				
编　制		审　核		批　准	

003-09-32 赛事工程技工工作岗位说明书

岗位名称	赛事工程技工	所属工序	辅助工程	部门编号	003-09-32
直接上级	赛事工程组主管	直接下级	无	所辖人数	无
职务性质	管理人员			岗位编制	3～5人
岗位职责	1. 严格遵守工作流程和工序要求进行赛事工程作业。 2. 在规定的赛事工程项目工作时间内，保质保量完成任务。 3. 遵守各项管理制度；努力学习，钻研专业知识，提高业务水平。 4. 对比赛场地草坪养护采取剪草、施肥、病虫害治理、水分控制、打孔、疏草、切根、铺沙、滚压等措施。 5. 果岭草坪在养护初期要留高草坪，随着比赛时间的临近逐渐降低草坪高度，直至达到比赛草坪高度要求；一旦确定需要后移发球台就要尽快实施，以便为移动后的发球台留出更多的养护时间；大型比赛如果要求球道的宽度收窄，必须对相应的球道进行改造；如果需要增加果岭和球道沙坑数量，必须加大沙坑边缘坡度；改善球场内湖的水质，对湖的边缘要进行美观修整；在球场的会所、进场道路、练习场等附近增加花卉景点，移植造型美观的树木；做好练习场地草坪养护。 6. 注意工作安全，严防事故发生；遵守工序要求，正确操作机械设备、工具配件；设备有任何问题须向当值主管报告。 7. 完成主管安排的其他工作。				
主要权限	1. 对本职日常工作的执行权。 2. 对本职工作中存在问题的反映权和改进的建议权。 3. 有权要求各部门配合与本岗位职责相关的工作。 4. 对上级不合理处罚的申诉权。				
编　　制		审　核		批　准	

岗位名称	球场设施加工技工	所属工序	辅助工程	部门编号	003-09-33
直接上级	赛事工程组主管	直接下级	无	所辖人数	无
职务性质		管理人员		岗位编制	2~3人
岗位职责	1. 严格遵守工作流程和工序要求进行场地养护设施加工工作。 2. 遵守各项管理制度；努力学习，钻研专业知识，提高业务水平。 3. 准确执行场地养护设施加工的工序，在规定的加工项目工作时间内，保质保量完成任务。 4. 遵守备件、工具使用等管理规定，规范使用设备与工具。 5. 独立完成各项场地养护设施加工工作；密切注意、认真鉴定设施中备件的更换，贵重备件必须经过部门主管的审核。 6. 主动、及时提出场地养护设施加工工艺的改良建议。 7. 注意工作安全，严防事故发生。 8. 完成主管安排的其他工作。				
主要权限	1. 对本职日常工作的执行权。 2. 对本职工作中存在问题的反映权和改进的建议权。 3. 有权要求各部门配合与本岗位职责相关的工作。 4. 对上级不合理处罚的申诉权。				
编　制		审　核		批　准	

岗位名称	工作协调员	所属工序	统筹监督	部门编号	003-10-34
直接上级	统筹监督经理	直接下级	无	所辖人数	无
职务性质	管理人员			岗位编制	1 人
岗位职责	1. 严格遵守工作流程和工序要求进行各班组协调工作；协助各部门班组有效贯彻部门管理规程，并检查各部门班组贯彻落实情况；协调各部门班组之间的关系，做好上传下达工作。 2. 负责办理确认员工入职与离职手续、帮工申请与安排、部门成本核算与资产核对的管理与协调工作。 3. 负责安排办公会议，编写会议纪要和决议；负责起草部门工作规划、计划、报告和总结等公文函件；负责组织有关人员做好公文收发、打字、复印以及文书档案等工作的管理；负责处理相关的来信、来函、来访和投诉。 4. 记录和协助各班组做好工时记录，在规定的作业项目工作时间内，保质保量完成工序和作业任务。 5. 协调和定期更换球场及行业要求规定的员工穿戴的工作服和使用的劳保用具；提示部门员工爱护和合理使用工作器具；注意工作安全，严防事故发生。 6. 完成主管安排的其他工作。				
主要权限	1. 对本职日常工作的执行权。 2. 对本职工作中存在问题的反映权和改进的建议权； 3. 有权要求各部门配合与本岗位职责相关的工作。 4. 对上级不合理处罚的申诉权。				
编　　制		审　核		批　准	

岗位名称	设备出勤监督员	所属工序	统筹监督	部门编号	003-10-35
直接上级	统筹监督经理	直接下级	无	所辖人数	无
职务性质	管理人员			岗位编制	1 人

岗位职责	1. 负责检查机器编号，核对工序要求，正确配备机械设备、工具配件；检查和确认机械设备与工具为正常使用状态。 2. 负责检查机油是否适当，油量是否充足，若油量不充足，先确定所使用油的类型，再加油。 3. 负责检查和确认机械设备与工具为正常使用状态；保证刀片已经上紧，盘片已经上紧；保证所有的安全部件都已经到位；将机械小心推上运输车或拖斗并用绑带绑紧。 4. 负责检查操作者上机时是否身着合身的工装、防滑平底工作鞋；检查女性员工的着装标准；严禁操作者酒后或服用药物后操作机械，严禁机械上搭乘其他人员。 5. 规范操作机器，提醒在雨天、坡地、湿滑等情况下驾乘机器时务必高度小心，在确保安全的情况下实施设备出勤记录和监管。 6. 检测监督设备出勤即完成作业后须清洗，清洗时注意要等机械冷却后才能清洗，使用低压力冲洗；冲洗后加油并放置于指定停泊地点。 7. 与高球运作部门保持密切联系，确保球车安全运作，及时分析会员及员工损坏球车责任、费用，并报送有关部门；监督草坪设备维修部、球车维修部、加工中心、喷灌设备维修部的工作效率和质量，确保安全、高效运作。 8. 主动、及时纠正设备、球车操作者的错误操作，为其提供正确的操作指导。 9. 注意工作安全，严防事故发生；设备有任何问题须向当值主管报告。 10. 完成主管安排的其他工作。
主要权限	1. 对本职日常工作的执行权。 2. 对本职工作中存在问题的反映权和改进的建议权。 3. 有权要求各部门配合与本岗位职责相关的工作。 4. 对上级不合理处罚的申诉权。

编　制		审　核		批　准	

第一篇　高尔夫球场场地养护管理概述

003-10-36　工序检测员工作岗位说明书

岗位名称	工序检测员	所属工序	统筹监督	部门编号	003-10-36
直接上级	统筹监督经理	直接下级	无	所辖人数	无
职务性质	管理人员			岗位编制	1~2人
岗位职责	1. 严格遵守工作流程和工序要求进行各区域作业质量的检测监督工作，记录所有实施情况。 2. 遵守各项管理制度进行设备工具与备件管理的检测监督工作，记录所有实施情况。 3. 依据场地养护工序操作标准、岗位职责以及各项管理制度，对场地养护工序操作进行全面检查，以确保工序操作与质量标准公平、有效地进行检测监督。 4. 对场地养护常规作业进行质量检查、监督、评估、指导。 5. 注意工作安全，严防事故发生。 6. 完成主管安排的其他工作。				
主要权限	1. 对本职日常工作的执行权。 2. 对本职工作中存在问题的反映权和改进的建议权。 3. 有权要求各部门配合与本岗位职责相关的工作。 4. 对上级不合理处罚的申诉权。				
编　制		审　核		批　准	

岗位名称	采购核货员	所属工序	统筹监督	部门编号	003-10-37
直接上级	仓储主管	直接下级	无	所辖人数	无
职务性质	管理人员			岗位编制	1~2人
岗位职责	1. 定期编制采购计划，保证提高采购工作效率；制定符合质量要求的物资采购统一标准，以保证采购物资的质量。 2. 进行市场调查研究，不断开发货源渠道，提供市场信息，制定降低物资采购成本的措施并付诸实施；保证按时按量采购供应，以适应使用部门和仓库申购原材料的时间和数量要求。 3. 开发市场新产品并及时提供给使用部门参考，配合部门场地养护作业顺畅实施；保证购买的物资质优价廉，安排好物资的采购渠道，以最合理的价格进行采购。 4. 征询各班组对进购物资使用情况的反馈信息；统筹兼顾计划采购与临时采购，保证采购工作有条不紊。 5. 根据采购工作的具体情况，不断总结经验，实行采购质量标准化、采购成本最低化和工作效率最高化的采购模式，从而降低企业的采购成本。 6. 完成主管安排的其他工作。				
主要权限	1. 对本职日常工作的执行权。 2. 对本职工作中存在问题的反映权和改进的建议权。 3. 有权要求各部门配合与本岗位职责相关的工作。 4. 对上级不合理处罚的申诉权。				
编　　制		审　　核		批　　准	

003-10-38 记账核算员工作岗位说明书

岗位名称	记账核算员	所属工序	统筹监督	部门编号	003-10-38
直接上级	仓储主管	直接下级	无	所辖人数	无
职务性质	管理人员			岗位编制	1人
岗位职责	1. 严格遵守工作流程和工序要求进行仓储记账核算工作。 2. 遵守各项管理制度；努力学习，钻研专业知识，提高业务水平。 3. 准确执行场地养护仓储记账核算的工序，保质保量完成任务。 4. 负责仓储所有物资的入库、发放、盘存账目的记录。 5. 及时与采购员、仓库保管员、财务人员进行信息沟通，积极配合各相关岗位做好工作。 6. 开具物品申领单；登记账本；保管原始凭证。 7. 完成上级交办的其他工作任务。				
主要权限	1. 对本职日常工作的执行权。 2. 对本职工作中存在问题的反映权和改进的建议权。 3. 有权要求各部门配合与本岗位职责相关的工作。 4. 对上级不合理处罚的申诉权。				
编　制		审　核		批　准	

岗位名称	库存保管员	所属工序	统筹监督	部门编号	003-10-39
直接上级	仓储主管	直接下级	无	所辖人数	无
职务性质	管理人员			岗位编制	1~2 人
岗位职责	1. 严格遵守工作流程和工序要求进行库存保管工作。 2. 遵守各项管理制度；努力学习，钻研专业知识，提高业务水平。 3. 准确执行场地养护库存保管的工序，保质保量完成任务。 4. 负责编制物资申购计划，做到合理库存，不积压资金。 5. 负责仓库物资的妥善保管；负责办理物品出库手续。 6. 积极配合财务部做好定期盘点工作，做到账、卡、物三相符。 7. 做好仓库的安全保卫工作。 8. 完成上级交办的其他工作任务。				
主要权限	1. 对本职日常工作的执行权。 2. 对本职工作中存在问题的反映权和改进的建议权。 3. 有权要求各部门配合与本岗位职责相关的工作。 4. 对上级不合理处罚的申诉权。				
编　制		审　核		批　准	

003-10-40　工序编制员工作岗位说明书

岗位名称	工序编制员	所属工序	统筹监督	部门编号	003-10-40
直接上级	工序培训主管	直接下级	无	所辖人数	无
职务性质		管理人员		岗位编制	1 人
岗位职责	1. 了解球场发展规划与目标对场地养护工序与质量的需求；分析目前人员素质与球场工作要求之间的差距；了解同业场地养护工序与质量管理的最新信息；针对存在的问题，研究工序内容与实施操作方案；制定本部门的岗位工作程序与标准以及各项规定。 2. 确保工序操作与质量标准公平、有效地进行检测监督，制订部门工作计划。 3. 依据场地养护工序操作标准、岗位职责以及各项管理制度，对场地养护工序操作进行规范编写。 4. 对场地养护常规作业进行质量检查，对存在的问题进行分析，编写工序操作与质量标准，配合做好场地养护质量管理教育。 5. 对各区域工序操作与质量标准进行评估、纠偏，实施改良与整改。 6. 完成主管安排的其他工作。				
主要权限	1. 对本职日常工作的执行权。 2. 对本职工作中存在问题的反映权和改进的建议权。 3. 有权要求各部门配合与本岗位职责相关的工作。 4. 对上级不合理处罚的申诉权。				
编　制		审　核		批　准	

岗位名称	技能训练员	所属工序	统筹监督	部门编号	003-10-41
直接上级	工序培训主管	直接下级	无	所辖人数	无
职务性质	管理人员			岗位编制	1～2人
岗位职责	1. 严格遵守工作流程和工序要求进行技能训练工作。 2. 遵守各项管理制度；努力学习，钻研专业知识，提高业务水平。 3. 了解球场发展规划与目标对场地养护工序与质量的需求；分析目前人员素质与球场工作要求之间的差距；了解同业场地养护工序与质量管理的最新信息；针对存在的问题，研究培训内容与培训方案；确定培训目标及培训内容；根据培训拟达到的效果设计培训教材。 4. 严格按操作程序规范进行培训，会同各部门负责人制定业务等级标准；协助和组织业务等级考试。 5. 每月对培训工作进展情况进行一次总结上报；根据主管提供的各部门培训活动记录分析当月培训活动取得的成绩、存在的问题、原因及解决方案。 6. 完成主管安排的其他工作。				
主要权限	1. 对本职日常工作的执行权。 2. 对本职工作中存在问题的反映权和改进的建议权。 3. 有权要求各部门配合与本岗位职责相关的工作。 4. 对上级不合理处罚的申诉权。				
编　制		审　核		批　准	

第二篇

高尔夫球场草坪修剪护养流程

阅读重点

第四章　高尔夫球场草坪修剪护养职能概述

第一节　高尔夫球场草坪修剪护养范畴

一、部门功能

高尔夫球场草坪的修剪可以增强草坪的实用效能。草坪美观实用的功能是通过日常和定期的修剪作业来实现的。草坪植物作为一种典型的人工生态群落，与自然生态群落有着极大的差异。作为人工生态群落，如不进行强制性管理与护养，往往有长势不一、高矮不齐、杂乱粗糙、草种变异等问题产生。作为高尔夫球场，杂乱粗糙的劣质草坪会严重影响运动的进行，草坪如果不进行修剪就会立即失去其实用性和观赏价值。

高尔夫球场草坪的修剪可以延长其使用年限。草坪植物生长到一定阶段就会进入老化阶段，这时形态上表现出旁枝增多，茎根木质化，绿度降低，抽穗、开花、结穗以至枯黄进入生长低潮期。合理的修剪是防止草坪衰退、延长使用年限的有效措施，剪去草坪草的枯枝老叶，可以刺激其增生新叶和新枝。

高尔夫球场草坪的修剪可以控制杂草数量，增强病虫害抵抗力。多年生人工群落不进行合理的强制性管理和护养会极易衰老。草坪衰老后特别容易招惹病虫害以及杂草滋生。对草坪进行一定的修剪，可以增强草坪的生命力和抗病虫害能力。同时经常进行修剪能有效地抑制阔叶杂草和莎草入侵。因为它们的生长点都位于植株的顶部，通过修剪剪取其生长点，可以控制其生长。草坪草植物具有耐低刈的习性，同样低的修剪，可对一些耐低刈性差的植物进行清除。修剪使植物更新增强，抗病虫害能力提高。

高尔夫球场草坪的修剪可以改善生态环境，修剪能消除相当一部分枯枝落叶，从而大大改善近地面的生境条件；草坪植物接受更多的太阳光照，则使通风更加流畅，地表温度也会提高等；有利于调节植物群落内部的微环境，刺激草坪草均衡生长。

草坪的修剪可以改变草坪草的生长习性。修剪改变了草坪草地表及地下的生长习性：增强植物地表部分的分蘖，使其密度增加，但也减少了根和茎的生长。原因是新茎叶生长需要更多的营养，而根组织生长所需养分必然减少，因此草坪的修剪需要掌握一个量和度的问题。一旦量和度失衡，极易降低草坪质量，许多草坪质量下降就是由于修剪不当引起的，如剪草太低，齐根剪，次数太多、太少或刀片不锋利等。这些问题应引起每个高尔夫球场管理者的高度重视。

二、职能概述

草坪修剪是高尔夫球场草坪护养管理的核心内容。草坪修剪的目的在于保持草坪整齐、美观以及充分发挥草坪的使用功能。修剪给草坪草以适度的刺激，可抑制其向上生长，促进枝条密度加大，还有利于改善表层的通风透光，使草坪草健康生长。

草坪修剪的原则一般遵循"1/3"的原则（果岭除外），即对于每一次修剪，被剪去的部分应控制在草坪草垂直高度的 1/3 以内。如果一次修剪得太多将会使叶面积大量损失从而导致草坪草光合作用能力减弱，现存碳水化合物大部分被用于形成新的幼嫩组织，致使根系无足够养分维持而大量死亡，最终的结果是草坪退化。

草坪修剪高度也称留茬高度，是指草坪修剪后立即测得的地上枝条的垂直高度。不同类别的草坪草忍受修剪的能力是不同的。因此，草坪草的适宜留茬高度应依草坪草的生理、形态特征和使用目的来确定，以不影响草坪草正常生长发育和功能发挥为原则。

草坪的修剪频率取决于多种因素，修剪时期和次数与草坪草的生育相关，也和草坪草的类型、草坪草的品质、天气、土壤肥力、草坪草在一年中的生长状况等相关。

2500E

混合动力驾驶式果岭剪草机
E-CUT HYBRID RIDING GREENS MOWER

高品质草坪，低油耗，低噪音，
完成三项完美指标，实现最佳动力分配。

率先应用的混合动力技术的 2500E 日趋完善，装配新型 QA5 快速调节剪草刀具如虎添翼。
剪草刀具相对于主机中心位置向左偏移，这一简单巧妙的结构
避免了三联剪草机工作时前后车轮在果岭环重复碾压留下的永久轨迹。

约翰迪尔是"PGA 巡回赛高尔夫球场设备官方供应商"，为 PGA 巡回赛拥有并经营的每一家 TPC 球场独家供应全线的高尔夫球场草坪养护设备、多功能车辆、高尔夫喷灌设备以及草种、肥料和农药。随着全球 TPC 网络球场的增加，每一家新球场也都将装备约翰迪尔设备。

JOHN DEERE
175
SINCE 1837

第五章　高尔夫球场草坪修剪工序管理

第一节　高尔夫球场草坪修剪工序

一、高尔夫球场草坪修剪留茬高度与修剪频率

高尔夫球场草坪在不同季节的留茬高度和修剪频率*

	春　季 （3月、4月、5月）	夏　季 （6月、7月、8月）	秋　季 （9月、10月、11月）	冬　季 （12月、1月、2月）
果　岭	留茬高度：2.8~3.5毫米 修剪频率：每天1次	留茬高度：3.2~4.2毫米 修剪频率：每天1次	留茬高度：3.8~4.2毫米 修剪频率：每天1次	留茬高度：4.5~5.5毫米 修剪频率：每天1次
果岭环	留茬高度：7~9毫米 修剪频率：每周3次	留茬高度：6~8毫米 修剪频率：每周3次	留茬高度：6~8毫米 修剪频率：每周3次	留茬高度：8~10毫米 修剪频率：每周2次
发球台	留茬高度：10~12毫米 修剪频率：每周3次	留茬高度：10~12毫米 修剪频率：每周3次	留茬高度：10~12毫米 修剪频率：每周3次	留茬高度：12~14毫米 修剪频率：每周2次
球　道	留茬高度：12~15毫米 修剪频率：每周2~3次	留茬高度：12~15毫米 修剪频率：每周2~3次	留茬高度：12~15毫米 修剪频率：每周2~3次	留茬高度：14~16毫米 修剪频率：每周1次
球道环	留茬高度：20~25毫米 修剪频率：每周2~3次	留茬高度：20~25毫米 修剪频率：每周2~3次	留茬高度：20~25毫米 修剪频率：每周2~3次	留茬高度：25~30毫米 修剪频率：每周2次
护围区	留茬高度：12~13毫米 修剪频率：每周3次	留茬高度：12~13毫米 修剪频率：每周3次	留茬高度：12~13毫米 修剪频率：每周3次	留茬高度：14~16毫米 修剪频率：每周1次
长草区	留茬高度：35~40毫米 修剪频率：每周1次	留茬高度：35~40毫米 修剪频率：每周1次	留茬高度：35~40毫米 修剪频率：每周1次	留茬高度：40~45毫米 修剪频率：每周1次

* 以南方球场、冷季型草为例。

不同级别草坪修剪频率*

级　别	草坪区域	修剪频率	备　注
特级草	果　岭	每周修剪6~7次	生长季节
一级草	发球台	每周修剪2~4次	生长季节
二级草	球　道	每周修剪2~3次	生长季节
三级草	球道、长草区	球道每周修剪2~3次， 长草区每周修剪1次	生长季节（结缕草球道）

* 以北方球场为例。

二、球场草坪修剪质量要求

（1）草坪草叶剪割后整体效果平整，无明显起伏和漏剪，剪口平齐。

（2）障碍物处及树头边缘用割灌机式手剪补剪，无明显漏剪痕迹。

（3）四周不规则及转弯位无明显交错痕迹。

（4）现场清理干净，无遗漏草屑、杂物。

（5）球场草坪修剪可大致分为几个区域：果岭、果岭边、发球台、球道、长草区、林带、备草区、练习场、会所周围草坪等。备草区及会所周围每周修剪两次，高度和发球台一致。练习场每周修剪一次，用高卡车修剪。林带用高卡车、背负式剪草机进行修剪，高度和长草区一致。

三、果岭区域修剪

（1）手推果岭剪草机通常用在果岭的修剪，核对工序要求并检查剪草高度是否正确。

（2）检查机油是否适当，燃油是否充足，若油量不充足，先确定所使用油品的类型，再加油。

（3）将机械小心推上运输车或拖斗，并固定。

（4）到达目标剪草果岭后小心放下剪草机。

（5）移去果岭旗杆并放置在不阻碍剪草的操作区域内。

（6）修剪草坪前先检查果岭一遍，检查果岭上是否存在异物并清除，如草枝、球标、石块等；用吹风机清除积在果岭上的沙坑沙。

（7）启动机械，将剪草机推到果岭边，卸下运输轮。

（8）打开行走开关，并打开刀片运作开关。

（9）从果岭中间线（或洞杯口）开始修剪果岭，来回修剪保证剪草方向成直线，完成半个果岭后回到中间位置（或开刀修剪位置）再剪另一半；或两个人共同修剪一个果岭，一个人从中线开始修剪后，另一个人从另一端反向修剪另一半。最后绕果岭修剪果岭外缘，剪草时步伐轻快，尽量保持匀速和方向的直线度。

（10）在空间允许情况下，果岭剪草机掉头或转方向时，机械开出果岭护环范围尽量大，这样可以更好地保护草坪；沿果岭环剪一圈，保证不漏草又平整。

（11）为确保无漏剪，在剪草时尽量压过刚完成的剪草线条的 0~2.5 厘米的宽度。

（12）注意草屑不要超过集草斗容积一半。

（13）修剪完果岭后须清除残留在果岭及果岭边的草屑，放回果岭旗杆。

（14）设备有任何问题或剪草效果不正常、草坪有特别现象，如发黄、枯死、损坏等时，须向当值主管报告。

（15）完成当天修剪后，将机械清洗干净，加满燃油，并摆放到指定停泊地点。

四、发球区域修剪

（1）检查和确认机械设备与工具是否为正常使用状态。

（2）核对工序要求，检查剪草高度是否正确。

（3）到达目标剪草发球台后小心放下剪草机。

（4）移去发球台标志，把它们放在与剪草方向平行的长草里。

（5）修剪草坪前先检查发球台一遍，清除发球台上的异物，如草枝、球标、石块等。

（6）从发球台中间线开始对角线修剪，来回方向修剪保证剪草方向成直线，剪草时步伐轻快，尽量保持匀速。

（7）沿发球台内圈剪一次，小心不要剪到长草里。

（8）注意操作安全；转圈必须缓慢，并注意与发球台的距离，以免对草坪有任何损伤。如果发球台周围有绿化或者别的原因不能离开发球台再转弯，可将内圈剪两刀，在发球台上转圈。

（9）发球台剪完后，放置发球台标志：在标准3杆洞上朝向旗杆；在4杆及5杆洞上朝向第一落球区。

（10）注意草屑不要漏出集草箱；修剪完成后须清除残留在发球台及周边的草屑。

（11）下雨天或草坪积水处需停止修剪。

（12）设备有任何问题须向当值主管报告。

（13）完成当天修剪后，将机械清洗干净，加满燃油，并摆放到指定停泊地点。

五、球道区域修剪

（1）检查和确认机械设备与工具是否为正常使用状态；保证刀片和盘片已经上紧。保证所有的安全部件都已经到位；穿戴保护的物品。

（2）核对工序要求与检查剪草高度是否正确，开机时保证机器运作正常。

（3）将机械开到指定的球道区域；剪草时应随时注意检查和清除球道上的异物，如树枝、球标、石块等。

（4）成直线修剪球道；剪草方向应每次不同。

（5）剪草时不要漏剪，完成一个区域后须回头检查，若有漏剪须补剪。

（6）如附近有客人在打球，操作员应降低转速或关掉机器以免影响到客人打球。

（7）操作员要注意安全，留意安全警报。

（8）如有漏油现象必须立即对现场进行清理和清洗，并对受影响的范围进行铺沙，以利于草坪恢复生长。

（9）下雨天或草坪积水处须停止修剪。

（10）设备有任何问题须向当值主管报告。

六、长草区域修剪

（1）检查和确认机械设备与工具是否为正常使用状态。

（2）核对工序要求并检查剪草高度是否正确，开机时观察机械运转是否正常。

（3）将机械开到指定的剪草区；剪草时应随时注意检查并清除剪草区的树枝、球标、杂物、垃圾等剪草障碍物，以免损坏机械。

（4）确定剪草范围，开始剪草。

（5）剪草过程中须保持匀速行驶，以保证剪草质量及避免损坏机械。

（6）剪草时尽量不要漏剪，完成一个区域后须回头检查，若有漏剪须补剪。

（7）如附近有客人在打球，操作员应降低转速或关掉机器，以免影响到客人打球。

（8）操作员要注意安全，留意安全警报；剪陡坡时更要特别小心操作，确保安全。

（9）下雨天或草坪积水处须停止修剪。

（10）设备有任何问题须向当值主管报告。

七、沙坑边缘区域手剪修整

（1）检查和确认机械设备与工具是否为正常使用状态。

（2）检查设备的背带是否适用。

（3）检查刀片是否紧固和锋利。

（4）试启动，确保机械处于良好的工作状态。

（5）操作时要戴安全用具，如防护眼镜、耳塞等。

（6）沙坑边缘区域手剪修整，须依沙坑现存边线切出平滑边线，剪切时不允许改变原有沙坑边轮廓。

（7）沙坑边缘区域手剪修整完成后清理沙坑，清走垃圾、草屑、石粒等并按要求处理。

（8）用沙耙将沙坑边耙整齐，将沙耙到沙坑边缘区域，但不可耙到沙坑边的草坪上。

（9）重置沙坑边所有沙耙，齿向下，均衡平放于沙坑周围上。

（10）设备有任何问题须向当值主管报告。

第二节　高尔夫球场草坪修剪设备使用

一、剪草刀具准备

（1）修剪草坪前滚刀和刀片要打磨锋利，滚刀和刀板之间松紧要调节适当，两端要调节平衡，试刀以能剪下报纸不留毛口为标准。

（2）刀片打磨之后要固定好，在磨刀过程中，将剪草高度调整好。

（3）果岭机、发球台机、果岭边机磨刀用磨刀器，磨刀时旋转方向与剪草时方向相反，七联剪草机用逆转键进行磨刀，中拖带剪草机要用机床打磨滚刀，刀片式剪草机用砂轮机打磨刀片。

二、机械设备操作前准备

（1）操作者上机时必须身着合身的工装、防滑平底工作鞋，女性员工严禁着裙装、佩戴饰品、穿高跟鞋，留长发者工作期间要将长发盘固在头顶并用工作帽压住。

（2）严禁操作者酒后或服用药物后操作机械，严禁机械上搭乘其他人员。

（3）操作人员工作前必须查看场地，消除一切危害机器的隐患，在不良天气和恶劣环境下须谨慎使用机器。

（4）规范操作机器，尤其是在雨天、坡地、湿滑等情况下驾乘机器时务必高度小心，在确保安全的情况下方可工作。

（5）对于设备厂家提出的特殊要求，一定要严格执行。

三、座驾式剪草设备操作

（1）检查机器编号，核对工序要求，正确配备机械设备、工具配件；使用前须检查引擎冷却水、润滑油、燃油储存量是否足够，如不够，须严格按指定的油类加至标准位置，方可启动引擎（注意：润滑油之油平面过高或过低，都会导致设备损坏），加油时引擎必须熄火。

（2）引擎预热：冷车启动引擎时不可将油门开太大，应在低于中速的位置使引擎预热几分钟后再行驶；必须使用正确的机匙开机，勉强用代用匙开机，会导致马达烧毁。

（3）出车前须检查方向盘是否灵活，刹车是否有效，轮胎气压是否正常，不开带故障的车。

（4）严格执行用机登记制度。操作者在使用前、收车后都必须准确、工整地在用机登记卡上填写姓名和时间。

（5）使用过程中，须注意观察设备上的报警装置及显示装置。注意感觉机身是否出现异常、异响、异味等问题。如有异常，须立即停机上报。

（6）操作中，严禁将脚长时间置于离合器或刹车踏板上；不得无故使用紧急刹车，以免造成轮胎不正常磨损。

（7）严禁挂空挡下坡，严禁超速行驶。

（8）在水泥地面行驶时，严禁使用四轮驱动。

（9）车辆必须靠道路右边行驶；转弯时注意三件事：减速、观望、靠右行；对面来车时注意先慢、先让、先停；支线车让干线车先行，下坡车让上坡车先行。

（10）剪草设备不应牵引重物。

（11）设备使用完毕后，操作员须对设备进行整体清洗，加油后方可入库。

（12）按照设备厂商提供的保养时间表按要求进行保养。

（13）如设备有任何异常或损坏，须及时通知当值主管。

四、气垫式和旋刀式剪草设备操作

（1）检查机器编号，核对工序要求，正确配备机械设备、工具配件。

（2）气垫剪草机和旋刀式剪草机通常用在陡坡上、沙坑边、小块草坪上的修剪。

（3）检查和确认机械设备与工具是否为正常使用状态；保证刀片已经上紧，保证所有的安全部件都已经到位。

（4）穿戴保护的物品，开机时保证机器运作正常。

（5）在使用气垫式剪草机或者旋刀式剪草机剪陡坡时，要穿戴好安全绳；气垫式剪草机（俗称乌龟机）严禁在水泥地面拖行，严禁反向折合手柄。

（6）到达目的地时，把剪草机放到地上，用脚踩住剪草机上合适的部位再发动它。

（7）修剪完毕后，清理剪出的草屑，把机械设备送回指定停泊地点，保证发动机冷却后再用低压水管清洗。

（8）注意气垫式剪草机不能用水冲洗发动机，用气吹干净即可。

（9）把机械送到设备维护组检查，如有任何问题，要告诉当值主管。

（10）保护物品如眼罩、耳塞、带有铁皮的鞋、安全绳等应妥善保管。

五、小型手动式剪草设备操作

（1）检查机器编号，核对工序要求，正确配备机械设备、工具配件；使用前检查润滑油、燃油是否足够，如缺少，须严格按指定油类添加至标准位置；绿篱剪的牙箱每次使用前须注入润滑油。

（2）二冲程引擎的机械，如割灌割草机、绿篱机、气浮式剪草机、油锯等，燃油须严格使用专用的混合油，随意添加纯汽油，将会导致引擎烧坏；汽油和机油的混合比例须认真查看设备的使用说明书。

（3）领用设备前，须先检查设备是否完好，刀具、引擎是否工作正常；操作者须在用机登记卡上准确、工整地填上使用时间、姓名，方可领用。

（4）用拖斗运载小型设备时，必须用绑带将设备固定于拖斗内，严防碰撞。

（5）作业前必须检查工作范围是否有铁丝、空罐、石头等杂物，清除后方可进行。

（6）操作者穿着须紧身，不能穿裙子，戴围巾、领带，长发须扎起。要穿防滑鞋子、戴眼镜、耳塞和手套。

（7）绿篱剪只能用于修剪绿篱，不能用于修剪树枝，如有树枝须先用树枝剪剪除。

（8）绿篱剪等设备的使用：绝不允许在梯子上工作；严禁在地基不稳的地方工作；绝对不能高于肩膀位置工作；绝对不能单手操作。

（9）使用疏草机时，在疏草刀升高之前，必须先停止刀具转动。

（10）在作业中，须留意工作范围15米内人员活动情况；如发现工作范围内有人员活动时，应及时停止作业，以防伤人。

（11）刀具如卷入杂物或卡住时，务必先关掉引擎，将杂物除去。

（12）燃料补给时必须熄火，冷却后进行。严禁在草地上加油，以防燃料溢出。一旦溢出，须立即擦洗干净。

（13）使用中须留意设备有无任何异响、异味或异常，如有则立即停机并报维修；操作员不得带病工作。

（14）设备使用后须清洗，加油后方可入库。

（15）设备入库后，操作员须在设备登记卡上登记入库时间及姓名。

（16）如设备有任何异常或损坏，须及时通知当值主管。

第六章　高尔夫球场草坪修剪作业规则

第一节　高尔夫球场草坪修剪技术要点

（1）修剪一定要遵循1/3原则，如果草坪因故生长过高，应逐渐修剪到留茬高度，而不能一次修剪到标准高度，否则，将使草坪上部营养器官损失太多，致使光合作用能力减弱，过多地失去贮藏的营养物质，使草坪变黄、变弱甚至死亡。

（2）修剪机具的刀片一定要锋利，以防因刀片钝而使草坪草刀口出现丝状。

（3）同一草坪，每次修剪要更换修剪方向，防止在同一地点、同一方向多次重复修剪，否则，草坪草将逐渐退化，使草坪生长不均衡。

（4）修剪应在露水消退以后进行，修剪后应间隔2~3小时浇水。

（5）在病害多发季节，修剪前对刀片进行消毒，防止病害的传播。

（6）避免在温度较高的中午时间进行修剪，因天气特别热将造成草坪发白，同时还容易使伤口感染，引起草坪病害发生。

（7）修剪完的草屑一定要清理干净，尤其当草坪草湿度较大时，清理草屑特别重要，因为留下的草屑利于杂草滋生，易造成病虫害感染和流行，也易使草坪通气受阻而使草坪生长不良。

（8）剪草机不得在草坪上急转弯，以防伤害草坪。

第二节　高尔夫球场草坪修剪作业规则

一、球场草坪修剪方式

正确的草坪修剪方式包含两个方面：一是行进路线的正确；二是行进方向的正确。

行进路线和行进方向有时含义相同，但行进路线多强调剪草的式样，而行进方向则着重于草坪的质量。

在隶属关系上，行进路线总是随着剪草行进方向的变化而变化。但无论行进方向如何变化，行进路线在绝大部分情况下总是采用既定的模式。

在高尔夫球场草坪修剪作业中，无论球道、发球台还是果岭，大多采用直线式剪草路线，在接近边缘时考虑到机器的运行和边缘可能存在的漏剪现象，为了整齐起见才进行转圈剪草路线。

行进方向采用"米"字形交替进行剪草。要防止在同一地点、同一方向进行多次重复刈剪，否则，草坪草易向剪草的方向倾斜生长。

草叶横卧向一个方向的现象称为草坪纹理。纹理现象的形成是剪草机对草坪施加外力强制性改变的结果。纹理常造成剪草不平整或外表呈条纹状，导致高尔夫球场草质不良，进而影响球员击球。改变剪草路线和方向可减少纹理现象发生。一般果岭剪草机前部都带有刷子，有利于将草扶起，进而协助草坪草垂直生长。

二、"土墙"和"土沟"预防方法

所谓"土墙"和"土沟",是指在果岭土壤很湿时,如下雨期间,剪草机在果岭边缘转圈掉头时,所形成的沙墙和沙沟。沙墙和沙沟主要是因强制性转圈调头造成的。

沙墙和沙沟对草坪质量危害较大,它破坏了坪面的匀整性,应尽量避免。防止"土墙"和"土沟"的办法是果岭土壤太湿时应缓慢行走,并在果岭外边缘地带转圈调头。通过变换修剪方式可减轻剪草机压实土壤和压成"土墙"和"土沟"。

三、树木周围草坪修剪方法

球场修剪护养时,应特别注意林带中的树木,尤其对树木周围草坪修剪时,操作人员必须特别小心。如果让剪草机碰到树干,会导致树木微管组织损伤,病原物就有可能乘机进入树体损伤树木而造成死亡。为了防止这一现象发生,背负式尼龙绳剪草机是修剪树木周围草坪的理想机器。有的球场在树根部采取护围措施。

四、轮廓剪草方式

在修剪作业方式中,使用轮廓修剪可降低剪草费用。所谓轮廓修剪,即按球道要求的高度,简单地剪割一个较小的面积,以减少整个球道的面积。其具体过程为:从开球区起,低剪球道,离发球台越远,低剪宽度越窄。这样使长草的面积增加,而球道面积减小。因为长草区养护费用比球道区要小得多。

重点提示:在具体运用轮廓剪草这一技术时,应结合球场的竞技需要造成一个富于刺激的局面。但必须考虑修剪作业的难易度和落球区的问题。

五、防止"齐根剪"措施

"齐根剪"是高尔夫球场草坪修剪作业中的错误刈剪操作。

只要草在生长,就需要修剪,有时甚至在草停止生长的情况下,也要进行适当的修剪。其修剪主要是使果岭区、发球台和球道的草坪光滑,为球员准确击球创造一个良好的草坪环境。

高尔夫球场草坪修剪与一般草坪的修剪不同,具有更为广泛的概念。"1/3剪草理论"的创立,证明草坪护养已进入科学管理的轨道,然而对于许多高尔夫球场来说,仍经常发生错误的修剪行为,其中齐根剪的情况尤为突出。

齐根剪发生的原因主要有两种:一是操作人员虽知道齐根剪的害处,但为了省事,一次将长得过高的草剪到标准高度,结果导致去除叶片过多,地表留下了大面积的黄棕色斑块。这种黄棕色斑块一般持续15~30天后才能消失,严重时导致草坪枯死。二是操作人员不清楚齐根剪的危害,因无知而造成。

草坪在齐根剪之后,由于叶片的大量减少,随之而来的问题便是光合作用的急剧下降,草坪草的生长发生暂时性的能源危机,进而运用贮备养料用于新茎叶组织的重建,这种情况如果频繁发生就会引发各种副作用,严重的将会导致草坪草大量死亡。

根据植物营养和能量平衡原理,正确的剪法即逐渐降低法,即每次剪去的部分都应遵守剪草1/3原理,通过数次刈剪逐渐达到标准高度。

逐渐降低法的效果特别显著,虽然较之齐根剪费时费力,但为了维持高质草坪,还是值得肯定和推广的。

六、纠正"不足剪"行为

"不足剪"是高尔夫球场草坪修剪作业中的错误刈剪操作，即剪除顶端部远不够1/3，没有遵守"1/3剪草理论"进行工序作业。

"不足剪"虽然对击球有益处，但过频的剪草对草坪不利。"不足剪"的发生时间，对暖季型草坪来说大约是春、秋和冬季；而冷季型草坪通常在春、夏季。另外，缺肥、缺水时期也有此种现象发生。"不足剪"是由草坪管理者为了使每天的留茬高度保持同一水平而忽视了新生茎叶是否达到可要求的1/3而造成的，实际上是对人力、物力的一种空耗。

第三节　高尔夫球场草屑处理与利用

高尔夫球场的草屑是剪草机修剪下的草坪草组织，称为草坪修剪物。剪下的修剪物通常由被附在果岭剪草机上的草斗所收集。

草屑是草坪剪后组织的叶茎组织。它是一种暂时还不能被草坪植物利用的肥源。这种肥源何时能被草坪草利用与修剪时气候、土壤质地、微生物以及修剪物的大小有关。

如果在温度较高，草叶较少，土壤透气好，pH值适中的情况下，一切主要因子有利于微生物活动时将修剪物留于地表，则很快被分解，因而可作为一种重要肥源推广。反之，气温低，草段长，土壤紧实，pH值不利于微生物活动时，微生物分解较慢，长时间留在地表确实造成一系列不良影响，此时应将其收集除去。

草屑是重要的肥源之一。球道剪草机通常不附带集草箱，有的球场剪下草后用专门的收草机收草。但有些则不进行收集，让修剪物在地表自行腐烂、分解，为草坪提供久效肥料。

研究证明：风干的草坪修剪物中常含有3%~5%的氮，并富集大量的磷和钾，施肥之后剪下的草叶含肥料尤高。施肥后的二次修剪物中约有60%~70%的营养能被植物很快吸收作用。

高尔夫球场常见的肥源即自制高温堆肥，或是直接剪后不收集草叶，使其留于草坪中自行分解，参与养分循环。

目前这种做法争议较大。一种观点认为，草屑应及时收集运出场外，然后进行高温堆肥，再返回草坪土壤中，否则只剪不收易形成芜枝层，影响美观，感染病害并影响准确击球。特别是一些设计较差的球道，对排水问题考虑较少，长期累积，易形成较厚的芜枝层。芜枝层有较强的疏水性，降雨期间易堵塞水分下渗，造成排水不畅，影响雨季打球，这些都是客观存在的事实。另一种观点认为，球道剪草不应当收集草屑，应该让它随剪草机撒于草坪地表。因为大部分修剪物能很快腐烂分解，特别是较小的小片段草坪修剪物分解更快，且随剪草机撒于地表并不影响美观，极少形成积聚的芜枝层，而收集后进行再加工易导致养护费用的增加。如果球场在设计上考虑到排水性这一因素采用拱形球道或有利于排水的坡度，其修剪物副作用极小。

关于高球场剪草养护中修剪物是否应该及时运出场外的问题，应具体问题具体分析才能作出正确的判断。应该弄清修剪物的作用特点，了解属于何种草坪类型的修剪物，分析是何时的修剪物，并且结合球道排水等实际情况进行全面考虑以决定取舍。

如果球道采用拱形设计，本身排水良好，加之如经费充足，定期杀菌杀虫，则遗留草屑可以被利用。反之，球道平坦，经费有限，则不宜遗留修剪物。

高尔夫球场草坪由四个区域组成：果岭、发球台、球道和长草区。

果岭和发球台不允许将剪下的草叶留在该区域。因为果岭、发球台留茬高度太矮，一方面遗草有损美观，另一方面影响击球，还会招惹病虫害。特别在夏季高温高湿季节更易引发果岭和发球台的病虫害，因此，应及时将修剪物运出场地进行处理。

球道区草坪留茬高度较高，修剪物留于地表不但不会影响击球和美观，还可为大面积球道区提供自养性肥料，通常会收集草屑，偶尔可有遗留，只是待芜枝层超过 1.3 厘米时每年春秋两季利用疏草机进行耙疏作业管理。

长草区的护养更为粗放，可不经常收集修剪物。

第三篇

高尔夫球场草坪特殊作业流程

阅读重点

第七章　高尔夫球场草坪特殊作业职能概述

第一节　高尔夫球场草坪特殊作业范畴

一、部门功能

高尔夫球场场地养护作业，除了草坪常规护养的一系列技术措施，如合理的施肥、控制病虫杂草、灌水、修剪外，还需要进行一套特殊作业工序，这些作业对球场草坪草的生长发育不仅是必须的，而且对维护球场营业正常的运转具有重要作用。离开了这些特殊作业，球场管理就是不完整的，因为高尔夫球场场地养护工序管理是讲究整体效果的。特殊作业与草坪护养措施相结合，形成了在合理护养原理指导下的高尔夫球场草坪护养作业链。

作业链是指从草坪护养作业开始到完成所施行的一系列相互需要、相互协作的作业程序。草坪不同于工业产品，也不同于农产品，更不同于产生农产品的农作物，它有自身发生发展的规律。借助农业生产的某些古老耕作技术或利用其原理，可以培育出合乎理想的高质草坪。

根据自然界因子限制规律的原理，影响草坪生长的因子并非是单一的，而是既有相互促进的一面，也有相互制约的一面。因而要想增强护养效率，必须采用综合护养技术。

关于高尔夫球场的场地养护，已形成了一套自身的管理办法。高尔夫球场草坪作业链一般包括球道作业链、果岭作业链和发球台作业链。

特殊作业包括草坪土壤特殊作业、草坪铺沙特殊作业、草坪疏松特殊作业、草坪拖平特殊作业和球场草坪改良作业。

二、职能概述

草坪土壤特殊作业主要是针对土壤紧实和不良气候条件所施行的一系列作业。这类作业包括打孔、切开、穿刺、垂直刈剪等。

草坪铺沙特殊作业是高尔夫球道、果岭和发球台，特别是果岭经常性的作业，而且是一项很重要的作业。草坪建设使用一段时间后，由于频繁的活动和自然环境的因素，使大量的根系外露，地表凹凸不平等现象发生，为了不影响击球，维护草坪的正常生长和发育，就需要进行铺沙作业。

草坪疏松特殊作业是针对草坪表层芜枝层太厚，苔藓杂草生长旺盛而施行的一系列清除护养综合技术。

草坪拖平特殊作业是在草坪铺沙或打孔之后利用金属拉网或拖平毛刷通过草坪表面的过程。

当草坪质量出现某些问题时，进行草坪改良就成为场地养护的重要工作。通过一定项目耐心细致的详查，找出问题症结，再采用合适的作业内容进行调理，称为高尔夫球场草坪特殊改良。

220E 混合动力手扶式果岭剪草机
E-CUT HYBRID WALK GREENS MOWER

适应任何起伏的浮动式果岭剪草机

约翰迪尔 220E 手扶式果岭剪草机，将仿形功能提高到崭新的境界。
球头链接结构与电动滚刀技术完美的组合，给剪草刀具提供了最大限度的全方位浮动空间，
真正适应所有起伏的果岭剪草机。

约翰迪尔是"PGA 巡回赛高尔夫球场设备官方供应商"，为 PGA 巡回赛拥有并经营的每一家 TPC 球场独家供应全线的高尔夫球场草坪养护设备、多功能车辆、高尔夫喷灌设备以及草种、肥料和农药。随着全球 TPC 网络球场的增加，每一家新球场也都将装备约翰迪尔设备。

JOHN DEERE

第八章　高尔夫球场草坪土壤特殊作业管理

第一节　高尔夫球场草坪解除土壤紧实管理措施

一、草坪土壤特殊作业正负作用比较

正作用	负作用
草坪土壤经过一系列特殊的作业后，不仅通气性和透水性得到了明显的改善，而且还具有相应的场地养护效应： （1）疏草作用。防止过密引起早衰。 （2）有利于毒气释出。土壤中的有毒气体如二氧化碳、沼气和氨气等得以释出。 （3）缩短干燥过程。缩短潮湿土壤的干燥过程。 （4）增强渗透能力。增强土壤的渗透能力。 （5）促进生长。促进作业点或面下部周围的草坪生长和地面枝条的生长。 （6）加速分解。加速草坪表面芜枝层的分解。 （7）增加肥效。增加施肥效果。 （8）提高保水保肥能力。改善草坪生长层土壤结构，提高保水保肥能力。	草坪土壤作业的正效应是明显的，然而也伴随着一些不利影响出现： （1）草坪损伤。机械对草坪草的部分伤害，如脱水、部分草坪草枯黄等。 （2）破坏草坪表面。暂时破坏了草坪表面的光滑和匀整性。 （3）引发苔藓和藻类。引发苔藓和藻类的出现。 （4）引发地下虫害。通气条件的改善造成了地下害虫的危害。

二、果岭和球道土壤紧实测定

高尔夫球场草坪土壤紧实主要来源于三个方面的因素：人员践踏、机械施工时的碾压、浇水和降雨。当果岭、球道土壤使用一段时间之后就会变得紧实起来，对果岭和球道土壤紧实情况进行测定可采用土壤测紧计和刀插法。

程序一：土壤测紧计

（1）通过测针和仪表结合直接显示土壤紧实程度。
（2）由于采用仪表测定，数据较为准确可靠。

程序二：刀插法

（1）用一把小刀插入土壤中，若土壤紧实则刀很难插进。
（2）当土壤松软时，刀片易插进土壤。
（3）对于无经验的操作人员来说，可以用不同紧实度的土壤样品，进行反复训练来体会，直到熟练为止。这种方法简单实用，准确性也较高。

三、解除土壤紧实的管理措施

防止土壤紧实最有效的方法是减少草坪活动的人群及机械流量。

由于高尔夫球场的宗旨是为球员提供一个良好的击球场所，所以不能以限制人员活动次数来减低人员流动造成的土壤紧实现象发生，只有采取一些定期措施来协助场地养护。

（1）在高尔夫球场道路边设置告示牌标明，禁止员工在果岭区、开球区、护围和环圈行车。

（2）浇水应同球员击球及剪草错开一定时间，以免潮湿带来的副作用。

（3）通行频繁的草坪应该建立在沙质土壤上，使土壤紧实的可能性降到最小。

（4）对于频繁活动的草坪区如果岭、发球台或过道端草坪区，建议采用含有80%或者更多的粗沙质土壤，30厘米厚沙层最理想，使用这种含沙量较高的基质，应在上层2.6~10.2厘米厚的沙质内混入有机物，如泥炭土、锯末或椰糠，增加保水、保肥性能。

（5）当土壤已经出现紧实后，就必须采用相应的技术措施来解除紧实。

第二节 高尔夫球场草坪土壤打孔工序

一、打孔作业

打孔是高尔夫球场用来解除紧实最有效的办法，打孔一般分空心打孔和实心打孔两种。二级以上的草坪，应每年打孔2~5次。打孔的步骤如下：

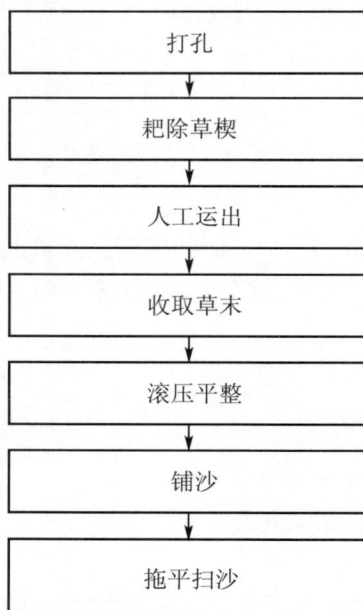

```
打孔
 ↓
耙除草楔
 ↓
人工运出
 ↓
收取草末
 ↓
滚压平整
 ↓
铺沙
 ↓
拖平扫沙
```

程序一：空心打孔

（1）空心打孔亦称打洞或心土作业，它是通过打孔机来完成的。

（2）打孔机上携带有中空的金属管或空心尖叉，这些空心针被压进土壤后，提上来时就会带有草坪的柱形土块，而同时在土壤中遗留一些穴洞，穴洞密度及直径、深度，依机械类型而有所不同。

（3）打孔机穴洞间距一般是 5.1～15 厘米，直径 8.3～19.1 毫米不等，穴洞最大深度则为 7.6～10.2 厘米。一般来说，穴洞越深，心土作业的效果越好，保持的时间也越长。

（4）心土作业不仅能使土壤紧实状况得到缓解，而且洞穴的形成使水分、空气、肥料、石灰和农药等材料更好地进入根系层，使草坪植物更加根深苗壮、生长旺盛。

程序二：实心打孔

（1）实心打孔指采用的打孔机的孔针为实心的多头金属。

（2）通过机器将这些实心针压入土壤打出穴洞，由于穴孔是将土壤挤紧而不挖出，所以这些穴孔的底部和侧边也是极为紧实的。

（3）实心孔深度在果岭区一般为 5～15 厘米。

（4）实心打孔的透气效果远差于空心作业，一次空心作业的效果相当于四次实心作业的效果。

（5）实心作业对草坪表面的破坏极小，对球场正常营业不会造成太大影响。

程序三：打孔操作

（1）步骤：打孔—耙除草楔—人工运出—收取草末—滚压平整—铺沙—拖平扫沙。

（2）先进行打孔，然后耙除草楔，由人工运出果岭区，再用果岭收草机收取草末，然后用滚压机压平表面，最后铺沙与拖平扫沙等。

（3）滚动式打孔机中空针是安装在空心的圆筒上，当空心针插入土壤提起时，就会将楔形土块推进圆筒里倒掉。

（4）在高尔夫球场球道作业时，可以用金属拖网或链条网多次拉过草坪表面来破碎草楔（也可以用土芯破碎机），然后进行铺沙作业。在修剪较高的草坪时，若人员机械不足也可以不清除楔形土块。

二、打孔作业与设备使用

（1）无论是实心的打孔机还是空心的打孔机均称为垂直型打孔机。

（2）垂直型打孔机一般适宜于发球台、果岭区和较小面积的打孔。

（3）垂直型空心打孔机作业于果岭和发球台之后，必须清除草楔和铺沙。

（4）滚动式打孔机。这类打孔机携带有空心金属管针头，不过它是安装在一个圆筒式金属轮子上。当圆筒式轮子转动时，带动空心针进入土壤。其作业效率要高于垂直型打孔机。

（5）滚动式打孔机适宜于较大面积的通气作业。

（6）滚动式打孔机虽工作效率高，但对草坪的破坏性较大，通气效果也不如垂直型打孔机。可在机身上增加重量以适当提高穿入深度。

三、打孔作业技术重点

（1）当土壤过干或过湿时，不宜进行打孔作业。土壤过干，由于紧实难以穿入，且针头磨损过快；土壤过湿，草坪受损严重。

（2）炎热季节进行心土作业易出现草坪脱水现象，应尽早缩短作业链，尽快灌溉。

（3）暖季型草进行心土作业的最佳时间是晚春和早夏；冷季型草坪则是早春和仲秋。

（4）对果岭心土作业大约是 2～3 个月一次。

（5）如果人流量过大，通气效果可能只有两个月时间，因此活动频繁的果岭一年之中需进行若干次心土作业。

（6）如果土壤紧实情况严重，打孔作业可在草坪上沿数个方向交叉进行操作，这样能产生较多数量的穴洞，通气效果能得到大大改善。

（7）实心打孔应与空心打孔交替进行，实心打孔可在不利于空心打孔的时间进行作业。

第三节　高尔夫球场草坪土壤切开与穿刺工序

一、切开与穿刺作业

切开和穿刺也是破除土壤紧实，增加通气透水的一种方法。以刀片刺入草坪，切开和穿刺的深度视土壤紧实程度而有较大出入。

程序一：切开

（1）借助安装在圆盘上的刀片刺入草坪，刺入深度可达 5~10 厘米，以达到改善草坪通气透水的效果。

（2）切开是连续性的切口，视 V 形刀片安装在圆盘上的密度而有所不同。

程序二：穿刺

（1）穿刺的过程与切开类似，不同之处在于刀片长度不同，刺入深度为 3~5 厘米。

（2）穿刺是不连续的切口，视 V 形刀片安装在圆盘上的密度而有所不同。

二、切开穿刺作业与设备使用

（1）果岭上使用小型切片机。

（2）球道上使用大型切片机。

（3）作业时按十字形走向效果较好。

三、切开与穿刺作业技术重点

（1）切开和穿刺虽然同打孔作业一样都是为了减轻土壤紧实而使用的一系列土壤作业技术，但同打孔相比切开和穿刺的作用是暂时的，不像打孔特别是空心作业那样有效。

（2）切开和穿刺不需要清除草楔。这种作业对草坪的破坏性极小。

（3）在仲夏炎热季节进行作业也有脱水现象发生，但程度较小。

（4）切开和穿刺用于球道或其他践踏严重致使土壤过硬而不便于进行心土作业的草坪。

（5）切开和穿刺的作用是更新草坪，防止草坪老化和衰退。

（6）因为草坪经多年生长后，地下根系絮结在一起，这时进行此项作业可切断匍匐根和根茎，有助于新枝条的产生和生长发育。

（7）切开和穿刺在任何时间都可进行，作业次数视草坪生长状况而定，通常与打孔等作业交替进行。

第九章　高尔夫球场草坪铺沙特殊作业管理

第一节　高尔夫球场草坪铺沙特殊作业对草坪的护养作用

一、球场草坪铺沙作用

草坪铺沙特殊作业是高尔夫球道、果岭和发球台，特别是果岭经常性的作业，而且是一项很重要的作业。草坪建设使用一段时间后，由于频繁的活动和自然环境的因素，使大量的根系外露，地表凹凸不平等现象发生，为了不影响击球，维护草坪的正常生长和发育，就需要进行铺沙作业。

根据草坪的生长情况，草坪在生长过程中会逐渐老化，产生大量的枯草层，铺沙可以抑制上述情况的发生。同时铺沙可以促进草坪加快生长、更新、繁殖，降低草坪密度等。铺沙后再进行滚压，滚压是将沙层紧实，有利于草坪的生长，还可以起到光滑、平整、美观的效果。通过铺沙可起到调整地形沉降，修补球斑、草痕等作用。

护养作用	具体内容
平滑击球面	（1）高尔夫球场每日接待许多球员击球。球员希望有一个匀整平滑的草坪表面能准确击球，使球平稳地滚动。 （2）较长时间的活动如践踏、不准确的击球，常引起草坪表面凹凸不平。这时需要铺沙来恢复光滑的表面及良好的击球环境。
维护草坪生长	（1）铺沙维护草坪的正常生长发育。无论是新球场，还是老球场，草坪在生长发育过程中都受自然环境的制约，如降雨、辐射、干旱等，与这些因子都有密切的关系。 （2）高尔夫球场果岭的生长基质是由沙土构成的，沙子具有流动性的特点，因而，对草坪根系浇水、降雨等极易使沙松散，草坪根系的沙子遇高空落下的降水后极易散开，特别是密度不够的草坪这种现象更为显著。 （3）高尔夫球场草坪不同于一般景观草坪和运动场草坪，它受到的作业频繁，每天接受修剪、浇水，这些均能造成草坪根系浅表化，并且，浇水和降雨使草坪草根部外露更易发生。 （4）草坪发生根露后，相当一部分根毛死亡，进一步限制吸水和吸肥，导致草坪植物生长不良，退化成劣质草坪。 （5）铺沙能够弥补流失的沙土，覆盖草坪已裸露的根部，促进根系生长，增加密度，延长草坪使用寿命。
分解芜枝层	（1）铺沙可以增加枯草的腐烂率，但作用不是直接的，而是间接实现的。 （2）铺沙可以给土壤微生物创造一个良好的分解环境，其原理与高温堆肥过程一样。

（续上表）

护养作用	具体内容
提高肥效	（1）无论是铺沙前施肥，还是铺沙后施肥，肥料施用后的效果都非常显著。 （2）铺沙后：一是覆盖了外裸根系；二是形成了一层微弱阻隔层，可减弱肥料浇水后淋洗下渗；三是沙子中带有部分泥土，通过负电荷作用能保留部分正电荷肥料。 （3）在南方的泛酸土壤中由于沙子呈中性可部分调整土壤 pH 值，有利于元素处于可给态，便于植物吸收。 （4）高尔夫球场果岭铺沙后的施肥作业应作为一项常规技术来施行。因为它能间接提高肥料利用率，延长肥料利用时间，从而减少护养费用。
抑制苔藓、藻类生长	（1）苔藓、藻类是一种低级植物，常侵入草坪而生长，且在干旱时常形成不透水不透气的层次，阻绝养分、氧气的透入，影响草坪植物生长。 （2）由于苔藓和藻类的生长需要阳光来完成能量制造，因而适量铺沙可形成一层覆盖层阻绝阳光来源。一旦得不到阳光，苔藓、藻类就会大量死亡。

二、铺沙材料选择

（1）在高尔夫球场的果岭、发球台以及球道铺沙中，必须提及的是若干铺沙材料的问题。铺沙材料必须与原果岭、发球台以及球道的土壤质地相同。按质地相同原则选用的材料，必须持续不断地使用下去，如果中途选择了异质材料就会产生问题。常见的问题是出现分层，即土壤质地的分层现象。土壤质地的分层现象对空气、水分和肥料进入草坪生长层产生极大的阻碍。沙子被广泛应用，因为许多果岭和发球台都建在沙子上。球道使用沙子效果也很好，对球道进行多年连续铺沙，能大大改善细质土壤的结构。纯沙性土显然有许多优点，如易排水、抗践踏，但保水保肥性很差，为了给草坪植物创造一个更适合生长发育的生活环境，可将80%沙土与20%有机质混合作为铺沙材料。

（2）对沙的粒径要求较前批次最小粒径沙含量减少≤10%，其次粒径增加后，又可增加草地的淋溶速度，对改良土壤有很大帮助，以减少剪草刀片对草叶的损伤程度。

（3）水洗河沙较山石粉碎沙硬度高，不容易产生风化。

（4）河沙经水洗后含土量低，使高尔夫草坪不容易泥泞。

（5）海沙盐碱度高，不宜选用。

三、铺沙准备工作

（1）在铺沙前准备好机械、工具、人员定位、充足的沙量。一般使用的机械有滚筒式、拖拉式、配带式、甩盘式等铺沙机。

（2）在果岭铺沙时最好使用滚筒式铺沙机，这样有利于果岭的平滑，使用的工具一般有铁锹、沙耙、刮板、拖垫等。

（3）铺沙前必须将所有沙过筛，铺沙最好选在晴天，使沙尽快干燥。

（4）铺沙操作可视情况决定是否封场。

四、铺沙注意事项

（1）根据铺沙机的容量而定，禁止超载进行。

（2）铺沙往返行进时注意边界不要重复铺沙。

（3）重载的铺沙机行走时注意绕开喷头、阀箱等球场设施。

（4）铺沙中一定要保持铺沙厚度，不得越位或遗留。

（5）因球场有高低不平的起伏、沙坑、树桩等，所以在铺沙过程中注意速度不要过快，转弯时要降速。

（6）草地上行驶的车辆禁止急刹车和急转弯。

五、铺沙作业完成后及时清理

（1）及时清理喷头上的沙，否则再开启喷头时可能将喷头堵死或损坏。

（2）铺沙后要将球道中的码数牌恢复原样。

（3）清扫草地上的小石子，以防在剪草过程中损坏刀具。

（4）沙在运输过程中可能会掉落在球车路上，为保障球场的整洁，要安排人员进行清扫。

（5）铺沙后剩下的沙不得遗留在草地上，防止将草捂死。

六、补沙

（1）果岭沉降时就会出现不平整的问题，这时就需要进行补沙（一定要用干沙）。

（2）对地形调整后由于不平整或草皮之间可能有空隙，通过补沙可达到平整的效果。

（3）对球道、发球台被打的草痕也要及时进行补沙，使草地迅速愈合。

（4）在打孔后出现局部铺沙量不够或浇水后孔内的沙子下沉等现象时需进行补沙（最好是干沙）。

（5）沙可混入染色剂、草种，补在草痕或草密度不足处。

（6）北方球场在草坪冬季休眠后可对其铺一层沙，保护草坪安全越冬，翌年将其清除。

七、滚压

一般在草坪铺沙后都要进行滚压，以保证铺沙区域的沙层紧实、光滑、美观。

（1）滚压要选择双向交叉操作。

（2）要事先确定滚筒的重量，检查场地是否湿滑、是否刚施过肥等。

（3）注意滚压操作的正确性，禁止漏滚、转弯过快，以防造成对草坪的损伤。

（4）滚压机减少在硬化路面上行驶。

（5）注意保持滚筒的清洁。

（6）在坡度较大的区域滚压时要注意安全。

第二节　高尔夫球场草坪铺沙特殊作业工序

一、果岭区、发球区、球道区域铺全沙

（1）铺全沙是指整个果岭区、发球区或球道都需进行铺沙的一种作业类型。

（2）高尔夫球场果岭、发球台铺全沙的次数、数量取决于球员推杆、草坪草长势、草坪土壤结构、草种选择、地表凹凸情况、芜枝层厚度和苔藓、藻类等因素。

（3）果岭区铺沙：每年大约 12 次，每 3~4 周一次，每次铺沙厚度大约在 1.5~3 毫米之间。

（4）若铺沙与施肥计划同步：每年大约 24 次，每两周 1 次，每次铺沙厚度为 0.75~1.5 毫米。目

的是提高肥料利用率。

（5）要兼顾球员的正常推杆，如果铺沙太厚会影响球员准确击球，并且在果岭上留下许多微小的沙堆。

（6）由于环境条件随时在变化，铺沙次数、数量都要随时修改。

（7）发球台铺沙与果岭铺沙相近，不同的是铺沙次数少，但铺沙量大。

（8）发球台铺沙：每年 3～4 次，每次铺沙厚度增加到 3.2～6.4 毫米。

（9）球道铺沙：每年 2 次，每次铺沙厚度在 10 毫米左右。

二、果岭边缘铺边沙

（1）果岭边缘铺边沙作业主要针对果岭边缘区域。

（2）果岭边缘铺边沙可以改良由于果岭边缘修剪次数增加、高度降低、果岭剪草机（在环圈）转圈等造成土壤的紧实度增加的情况。

（3）果岭边缘铺边沙可以解决由于果岭边缘肥料漏施等造成草坪草衰退，形成缺草、草弱等问题。

（4）通过打孔通气、铺边沙、施肥，正确修剪能在一段时间内恢复果岭边缘区域的良好状态。

三、疤沙与疤沙修补

（1）疤沙是针对果岭和发球台区域进行的。疤沙修补的对象主要是果岭、发球台边缘地带。

（2）病虫所引起的如钱斑病、褐斑病、黑斑病以及黄斑病等病的危害以及球击伤害，如未能及时治疗可能引起草坪草死亡，造成一些类圆形斑块，中心稀疏地生长一些草坪植物，在果岭、发球台这些斑块显得很突出。铺疤沙、施肥是一种很有效的恢复措施。

四、铺沙特殊作业技术重点

（1）高尔夫球场铺沙作业的时间：任何季节都可进行铺沙，但生长季节铺沙多些。发球台为春季 1 次、夏季 2 次、秋季 1 次，球道主要是在早春和仲夏进行。北方地区一般在 3～11 月份均可铺沙。

（2）疤沙与边沙，适宜于根茎型草坪草，这些草具有匍匐茎。铺沙是为了保护这些茎不受剪草的伤害。施肥则可刺激休眠芽的快速生长和扩繁能力。

第十章　高尔夫球场草坪疏松特殊作业管理

第一节　高尔夫球场草坪疏松特殊作业管理措施

一、草坪芜枝层正负作用比较

正作用	负作用
分别处于厚约1.3厘米和0.76厘米以下的球道和果岭芜枝层，对草坪和高球运动来说是有益处的。 （1）覆盖和保护土壤，避免过于干燥。 （2）缓解温度的剧烈变化，防止草坪草根茎受损。 （3）减轻践踏引起的土壤紧实。 （4）减少运动伤害。 （5）防止杂草种子萌发。	当球道、发球台芜枝层厚度超过1.3厘米，果岭芜枝层超过0.76厘米时就会对草坪的生长带来消极影响。 （1）减缓水分、养分、农药的流动性。 （2）加剧草坪植物的浅根化过程。 （3）芜枝层给昆虫和病原体的生存和生长提供了良好的生活环境。 （4）影响修剪，造成齐根剪。

二、草坪疏草作业管理

（1）当微生物分解过程小于芜枝层积累过程时就会产生芜枝层积累。根据草坪长势要求每年进行疏草。当球道芜枝层厚度超过1.3厘米，果岭芜枝层超过0.76厘米时就会对草坪草产生危害，这时应采取一系列清除芜枝层的措施来弥补微生物分解不足的缺陷。球场清除芜枝层技术包括机械疏草、铺沙、打洞等作业。

（2）球场在举行大型活动后，草坪应局部疏草并铺沙。

（3）局部疏草：用铁耙将被踩实部分耙松，深度约5厘米，清除耙出的土块杂物，施上土壤改良肥、铺沙。

（4）大范围打孔疏草：准备机械、沙、工具，先用剪草机将草重剪一次，用疏草机疏草，用打孔机打孔，用人工扫除或用旋刀剪草机吸走打出的泥块及草渣，施用土壤改良肥、铺沙。

第二节　高尔夫球场草坪清除芜枝层作业工序

一、解决芜枝层疏草作业

程序一：作业频率

（1）疏草作业是解决芜枝层最有效的方法之一。

（2）疏草作业的频率取决于芜枝层积累的速度。

程序二：检查厚度

（1）疏草作业前检查芜枝厚度并与标准芜枝层进行对比。
（2）当芜枝层超过标准厚度后就应考虑垂直剪切。

程序三：选择时间

（1）疏草时间与草坪种类、土壤状况有关，有利的气候条件能加速草坪草疏后的快速生长。
（2）暖季型草疏草的时间最适宜在晚春或初夏，冷季型草则宜在夏末或早秋，这个时候气候状况最有利于草坪草疏后的恢复。

程序四：关注湿度

因为疏草将造成草坪植物的伤害，如果土壤和芜枝层太湿，对草坪的伤害会更大。

程序五：疏草作业与设备使用

（1）疏草作业采用疏草机，亦称通气刀片机或垂直刈剪机。
（2）疏草机先靠一系列安装在高速旋转的水平轴上刀片来切进枯草层，然后再靠旋转惯性扯出枯草，水平轴可根据枯草层厚度上下转动用以控制切深。
（3）疏草机有各种大小不同的型号：果岭疏草机和球道疏草机。

二、解决芜枝层铺沙作业

程序一：铺沙作用

（1）与疏草作业相比，铺沙对芜枝层的清除更为彻底。
（2）在高尔夫球场，无论是在球道还是果岭铺沙，都不仅能使芜枝层加速腐烂，而且还能为草坪植物提供大量的有机质肥源。

程序二：作业频率

（1）解决芜枝层的铺沙作业，切忌加沙的次数超过实际需要的次数。
（2）如果芜枝层已完全分解，果岭和球道表面就会变得太硬，致使高尔夫球跳动太多，影响球员准确击球。

程序三：铺沙作业与设备使用

（1）在球道使用大型铺沙机实施铺沙作业来控制芜枝层。
（2）在果岭使用果岭铺沙机并自带拖平刷完成铺沙作业。

三、解决芜枝层打孔作业

程序一：打孔作用与注意事项

（1）打孔的作用与铺沙作用相似，对清除芜枝层较为彻底。

（2）打孔之后不再使用疏草机，因为两种作业同时使用将对草坪草造成伤害。

程序二：土壤处理方式及目的

（1）打孔后用金属拖网就可将破碎的土壤拖进芜枝层内。

（2）目的是给微生物的生长发育创造一种有利的生活环境，加速芜枝层的分解。

第十一章　高尔夫球场草坪护养特殊作业管理

第一节　高尔夫球场草坪特殊作业链工序

一、果岭和发球台完整作业链

（1）果岭和发球台作业链指发生于该区域内的一系列作业程序。

（2）果岭、发球台作业链一般有两种：一种是完整作业链，另一种则是部分作业链。

（3）完整作业链即综合考虑了果岭、发球台整个状况后所施行的整套作业程序。

（4）完整作业链常见的形式（如下图所示）为：

① 打孔+滚压+铺沙+拖平+浇水。

② 打孔+滚压+施药+施肥+铺沙+拖平+浇水。

③ 切开或穿刺也可为疏草。

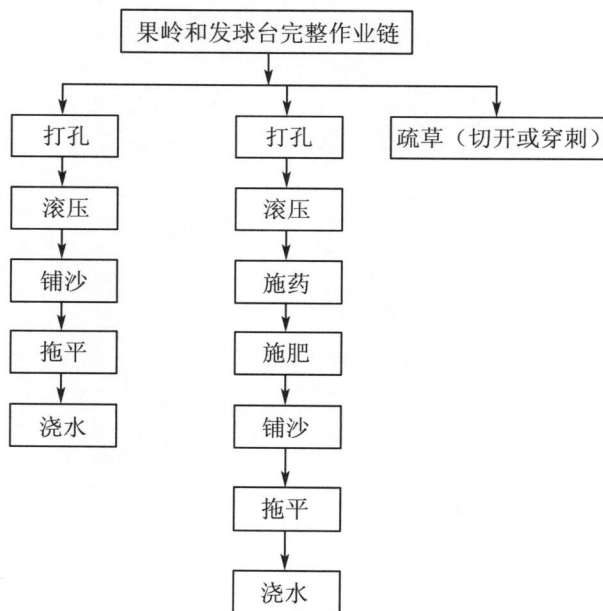

二、果岭和发球台部分作业链

（1）部分作业链是针对草坪生长的某一阶段出现的某一特殊状况所施行的两个或两个以上作业内容。

（2）部分作业链常见的形式（如下图所示）为：

① 铺沙+拖平+施肥+浇水。

② 切开或穿刺+浇水。

③ 切开或穿刺+水肥+施药。

④ 打孔+水肥。

⑤ 果岭边缘实心打孔。

```
                    ┌──────────────────────┐
                    │   果岭和发球台部分作业链   │
                    └──────────┬───────────┘
     ┌──────────┬───────┬──────┼──────┬──────────────┐
┌─────────┐┌─────────┐┌─────┐┌─────┐┌────────────────┐
│ 切开或穿刺 ││ 切开或穿刺 ││ 铺沙 ││ 打孔 ││  果岭边缘实心打孔   │
└────┬────┘└────┬────┘└──┬──┘└──┬──┘└────────────────┘
  ┌─────┐   ┌─────┐  ┌─────┐ ┌─────┐
  │ 水肥 │   │ 浇水 │  │ 拖平 │ │ 水肥 │
  └──┬──┘   └─────┘  └──┬──┘ └─────┘
  ┌─────┐            ┌─────┐
  │ 施药 │            │ 施肥 │
  └─────┘            └──┬──┘
                     ┌─────┐
                     │ 浇水 │
                     └─────┘
```

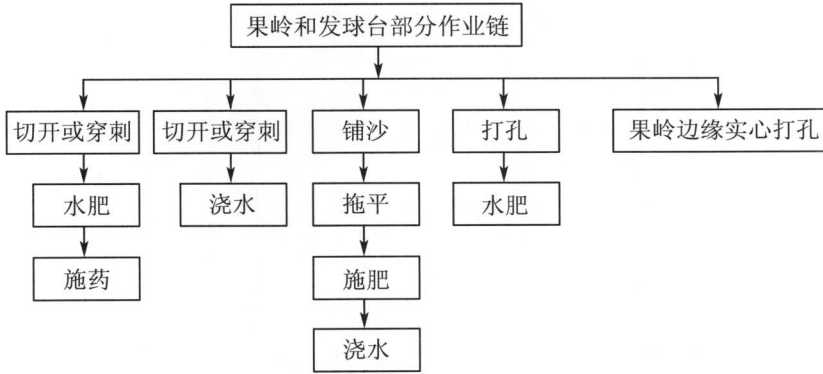

三、球道完整作业链

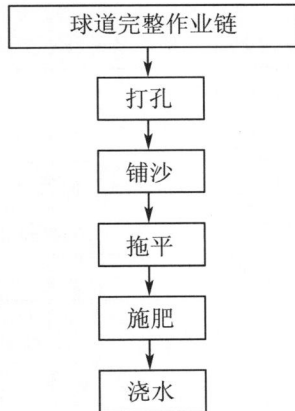

```
        ┌──────────────┐
        │   球道完整作业链  │
        └──────┬───────┘
           ┌─────┐
           │ 打孔 │
           └──┬──┘
           ┌─────┐
           │ 铺沙 │
           └──┬──┘
           ┌─────┐
           │ 拖平 │
           └──┬──┘
           ┌─────┐
           │ 施肥 │
           └──┬──┘
           ┌─────┐
           │ 浇水 │
           └─────┘
```

（1）球道完整作业链每年进行 1 次或两年进行 1 次。

（2）在完整作业链中，球道最常采用的作业链为：打孔+铺沙+拖平+施肥+浇水。

四、球道部分作业链

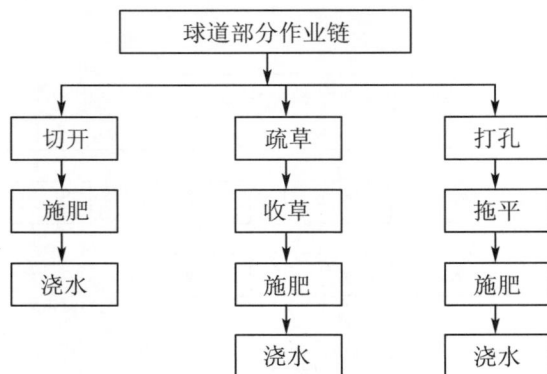

```
                    ┌──────────────┐
                    │  球道部分作业链  │
                    └──────┬───────┘
         ┌─────────────────┼─────────────────┐
    ┌────┴────┐       ┌────┴────┐       ┌────┴────┐
    │  切开   │       │  疏草   │       │  打孔   │
    └────┬────┘       └────┬────┘       └────┬────┘
    ┌────┴────┐       ┌────┴────┐       ┌────┴────┐
    │  施肥   │       │  收草   │       │  拖平   │
    └────┬────┘       └────┬────┘       └────┬────┘
    ┌────┴────┐       ┌────┴────┐       ┌────┴────┐
    │  浇水   │       │  施肥   │       │  施肥   │
    └─────────┘       └────┬────┘       └────┬────┘
                      ┌────┴────┐       ┌────┴────┐
                      │  浇水   │       │  浇水   │
                      └─────────┘       └─────────┘
```

（1）部分作业链无论暖季型草还是冷季型草在生长的任何季节都可进行。

（2）在部分作业链中，球道最常采用的作业链为：

① 切开+施肥+浇水。

② 疏草+收草+施肥+浇水。

③ 打孔+拖平+施肥+浇水。

高尔夫球场草坪护养特殊作业频率[*]

	疏草作业	打孔作业	铺沙作业
果　岭	每2个月1次	每2个月1次	在疏草、打孔作业后同时进行
发球台	每半年1次	每半年1次	在疏草、打孔作业后同时进行
球　道	每年1~2次	每年1~2次	局部铺沙，每年1~2次，主要是提高平整度
长草区	视情况而定	视情况而定	一般不铺沙

[*] 以南方球场为例。

第二节　高尔夫球场草坪拖平与镇压作业工序

一、草坪拖平作业

（1）拖平工序与操作。

① 草坪拖平是在草坪铺沙或打孔之后利用金属拉网或拖平毛刷通过草坪表面的过程。

② 主要用于果岭区，每次果岭铺沙后，为了给击球和刈剪创造一个平滑的表面，首先需要将不平整的沙子拖平。

③ 为使其进入草坪根部，就必须进行反复拖耙，直至草叶露出地表。

④ 球道上进行打孔作业后如不进行铺沙作业，则可利用金属拉网来回进行耙磨，就能将草楔磨碎，恢复原来平整的表面。

⑤ 利用种子建坪后，地表会出现凹凸不平的现象，也需要进行滚压拖平，播种后进行拖平可使种子更紧密地和土壤结合在一起，有利于种子的萌发和成活。

（2）拖平适宜时间。

① 在土壤不干不湿时拖平效果最好。

② 如果沙子潮湿的话，果岭每次铺沙后晾晒 1.5 小时左右拖沙较好。

③ 如果在阴天可推迟一段时间进行拖平。

④ 表面沙子颜色发白时进行最适宜。

（3）注意事项。

当土壤过干或过湿时，拖平效果较差。

二、草坪镇压作业

草坪镇压是为了获得一个平整的草坪坪面，并使叶丛紧密而平整地生长，增加场地硬度，提高草坪的使用价值所采取的一项措施。

（1）镇压工序与操作。

① 可用人力或机械拉碾子进行。

② 在空心的铁轮里装沙、石子或水来改变碾子的重量，对坪床进行适度镇压。

③ 目前高尔夫球场多用专业的自走式滚压机来进行草坪镇压。

（2）镇压适宜时间。

① 草皮铺植后。

② 幼坪第一次修剪后。

③ 成坪春季解冻后。

④ 果岭偏软时。

⑤ 打孔作业后。

⑥ 生长季需叶丛紧密平整时。

（3）注意事项。

① 土壤过黏，水分过多时不可镇压。

② 草坪较弱时不可镇压。

第四篇

高尔夫球场草坪营养护养流程

阅读重点

第十二章　高尔夫球场草坪营养护养职能概述

第一节　高尔夫球场草坪营养护养范畴

一、部门功能

高尔夫球场草坪是一次种植、多年利用。在草坪营养调理上不同于一般农作物的施肥，施肥技术、方法等都有其独特性。要达到平滑、稠密、均匀、浓绿的标准，不但需要充足的养料，而且要合理用肥。了解草坪施肥的原理、施肥技术以及营养诊断方法，是草坪营养护养作业管理的关键。

草坪营养护养作业与灌溉、修剪等护养措施一样，对维护草坪的生长发育和质量起着极为重要的作用。施肥是高尔夫球场草坪营养护养的一项重要手段，是保证高质球场的重要手段和技术措施。要维护高质球道草坪生长，需要掌握合理的施肥有效技术。而合理的施肥技术又涉及施肥时间、施肥量和施肥次数。

草坪生长期需肥较多，再加上高尔夫球场草坪多次修剪，易引起土壤肥力不足的问题。合理施肥有利于草坪的生长，但为了避免真菌类疾病的滋生，施肥应尽量在春秋两季进行。施肥量应根据草坪的颜色、土壤肥沃程度、草坪密度及草坪生长年限等因素确定。

草坪营养护养作业具有不同于作物的独特性，除受草种限制外，主要受环境影响。当草坪的种类确定下来后，生境因素是草坪生长主要应考虑的对象。因为营养生长阶段这一条件不会变化或变化甚微。关键是它所处的气候、土壤、水分、热量和养分条件会随生长季节发生重大变化，因此，草坪施肥一般不是一次就能满足整个营养生育期的需要，而是由多次不同目的的施肥方式如基肥、种肥和追肥所组成。不同种类的草坪草由于其生长阶段气候不同，对肥料的要求也不相同，施肥方式也有区别。各种施肥方式并不是孤立地起作用，而是相互影响的。必须在摸清草坪草养分特性及当地条件的基础上，总结出合理的施肥方式，才能形成一定条件下合理的施肥。

二、职能概述

高质高尔夫球场的草坪外表光滑，草坪稠密，表面平整，颜色翠绿，这种诱人的外观是通过合理浇水，适当修剪，经常打孔和有效施肥而获得的。施肥，特别是合理有效的施肥对维持高质高尔夫球场有极重要的意义。

高尔夫球场属于营业性质的运动场所，将草修剪到理想的击球高度符合高球场的营业构思。然而长此以往，带来的后果是草坪根系浅表化，暴露出抗逆性差的弊端，草坪生长在一个十分不稳定的生活环境中。为草坪创造一个良好的生活环境，使这种脆弱的生境减小到最低限度，这是草坪营养的护养重点之一。

由于高尔夫球场的面积大，施肥总量大，因而施肥的方式和时间就显得格外重要。此外，在施肥时必须考虑水的配合。这是草坪营养护养的重点之二。

高尔夫球是一个运动性较强的体育项目，频繁的客流活动是高尔夫球场的自然属性。这种属性带来的直接后果则是草坪磨损，包括球员用球杆击伤草坪、球车和场地养护设备车辆形成较大压力，造成土壤紧实之后所引起的土壤恶化，导致草坪长势很差。特别是雨季，球员频繁活动带来的负面影响更甚，此时土壤紧实的问题更严重。如果是管理不善的球场，常在球道和发球台等处形成明显可见的人迹线，日积月累这些地方草坪大量死亡，只留下裸地。由于土壤紧实影响了草坪五大生活条件中空气因子的匮乏，抑制了土壤微生物的活动，所以修复土壤是草坪营养护养的重点之三。

施肥有助于降低脆弱性。但在具体施用上必须根据草坪施肥原理制定出合理的施肥配套措施，才能发挥最大肥效。

第二节　高尔夫球场草坪护养（年度）作业安排表*

工作项目	1月	2月	3月	4月	5月	6月	7月	8月	9月	10月	11月	12月	备　注
果岭修剪	●	●	●	●	●	●	●	●	●	●	●	●	
发球台修剪	●	●	●	●	●	●	●	●	●	●	●	●	
球道修剪			●	●	●	●	●	●	●	●	●	●	
果岭、发球台疏草		●	●	●	●	●	●	●	●	●	●		
果岭、发球台切根				●	●	●	●	●	●	●			
果岭、发球台铺沙				●	●	●	●	●	●	●			
果岭、发球台穿刺				●	●	●	●	●	●	●			
果岭、发球台施肥		●	●	●	●	●	●	●	●	●	●		
果岭、发球台、球道虫害防治			●	●	●	●	●	●	●	●			
果岭、发球台、球道病害防治	●	●		●		●		●		●		●	
萌前除草剂		●	●		●		●	●					
萌后除草剂			●		●		●		●	●	●		
球道铺沙				●	●	●	●	●	●	●	●		
球道切根				●	●	●	●	●	●	●			
球道施肥		●	●		●		●		●	●	●		
球道打孔				●	●					●	●		
长草区虫害防治				●	●	●	●	●	●	●			
杂草人工防除		●	●	●	●	●	●	●	●	●			
剪长草	●	●	●	●	●	●	●	●	●	●	●		
长草区施肥			●	●		●			●	●	●		
长草区打孔			●		●					●	●		
沙坑切边整理	●	●	●	●	●	●	●	●	●	●	●	●	
道路切边			●	●	●	●	●	●	●	●	●		
球道虫害防治			●	●	●	●	●	●	●	●			
球道病害防治			●		●	●			●	●	●	●	
球道特殊作业链			●	●	●	●	●	●	●	●	●	●	

*此表主要适用于华南和华东地区。

第十三章　高尔夫球场草坪营养诊断管理

第一节　高尔夫球场草坪营养元素

草坪植物体内含有大量水分及各种化合物，如将草坪植物烘干即得干物质，其中包括有机物和无机物。有机物来自于光合作用，无机物来自于土壤。二者共同构成植物体，其数量因不同植物、器官和环境的影响而异。草坪植物干物质约占干重的20%。

草坪植物生长发育和完成其生命周期需要16种基本元素，其中碳、氢、氧来自于空气和水中，很快为草坪植物利用，余下13种元素需由植物根系从土壤中吸收。基于植物对每种养分的需要可将13种无机营养元素分为三类。

草坪植物需要的基本元素

序　号	获得渠道	主要元素	次要元素	微量元素
1	自空气和水中获得	碳		
2		氢		
3		氧		
4	自土壤中获得	氮		
5		磷		
6		钾		
7			钙	
8			镁	
9			硫	
10				铁
11				锰
12				铜
13				锌
14				硼
15				钼
16				氯

第二节　高尔夫球场草坪营养诊断技术要点

草坪需肥诊断是通过各种方法对草坪进行调查和观察来判断草坪的营养状况，为拟建合理施肥措施提供依据，以达到改进草坪品质的目的。

草坪需肥诊断方法一般有形态诊断、化学诊断、施肥诊断、酶学诊断和生物培养诊断等，形态诊断直观、简便，不需专门仪器设备；化学诊断结果较为可靠，能较好地反映草坪营养状况。

一、草坪形态诊断

（一）草坪缺乏某种元素时的症状

草坪缺乏某种营养元素或发生中毒，将在形态上表现出特有的症状。由于不同营养元素的生理功能不同，症状出现的部位和形态常有其特点和规律，通过肉眼观察草坪形态的变化判断草坪营养元素的丰缺状况称为形态诊断。

序　号	缺乏元素	草坪缺乏某种元素时的症状表现
1	氮	当草坪氮素缺乏时，草坪草首先表现生长受阻，叶片和分蘖的减少使单个植株长势变弱，草坪密度明显下降。叶色表现为草坪草老叶首先褪绿，进而变黄。对于狗牙根草坪，缺氮首先表现出茎叶生长缓慢，接着变为金黄，如果氮素继续缺乏，叶色将变为淡紫色，随之坏死。当氮素缺乏，狗牙根易于结穗，极大影响草坪质量。
2	磷	磷在植物体内易于移动。当磷供应不足时，磷由老叶向新叶移动，使磷缺乏症首先在草坪草的老叶出现。老叶片变成深绿色，接着变成暗绿色，叶脉基部和整个叶缘变成紫色。草坪草表现为植株矮小，叶片窄细，分蘖少。
3	钾	钾素缺乏在匍匐翦股颖、紫羊茅品种上的最初表现为叶片下垂，倾斜方向更加水平。用手摸时叶片发软，下部老叶片的叶尖和叶片脉间变黄，叶尖卷曲、枯萎。如钾继续缺乏，叶脉也变黄。当狗牙根缺钾时，最初特征是茎变细，随之老叶叶尖坏死，如继续缺钾，狗牙根和结缕草表现出生长缓慢，叶片变为棕色。
4	钙	草坪钙缺乏时，首先出现在幼嫩叶片，叶片边缘变为红棕色，逐渐延伸到中脉。但缺钙的症状表现常因植株年龄而异，在较老的植株上，首先是脉间部分变为红棕色，接着变为淡红色，再变为玫瑰红色，最后叶尖枯萎。
5	镁	缺镁的草坪草色泽变化有点像缺钙，但缺镁是发生在下部的老叶，叶片呈带状樱桃红色，最后叶片坏死。狗牙根缺镁时表现出叶片灰绿，茎生长减慢，如镁继续缺乏，则老叶片变黄、坏死。
6	硫	在匍匐翦股颖、紫羊茅品种的草坪中，缺硫与缺氮症状相似。在下部的老叶首先出现，叶片由灰绿转为黄绿，叶缘枯萎，最后整个叶片枯死。
7	铁	草坪色泽受组织中有效铁水平的影响，当铁缺乏时最初表现是生长旺盛的叶片和幼嫩叶片脉间变黄，这与缺氮症状很相似，但缺铁首先出现在幼叶上。如继续缺铁，叶片变白或象牙白色，并扩展到老叶片，但一般叶片不会坏死。

序　号	缺乏元素	草坪缺乏某种元素时的症状表现
8	锰	缺锰导致草坪草叶子下垂，叶片脉间失绿（这与缺铁相似），有些小的坏死斑点布满叶片。若继续缺锰，则整个叶片失绿、萎蔫、卷曲。草坪草组织中锰的含量相当低。锰元素缺乏有时会在高淋溶性或碱性土壤中发生，土壤含磷过高或叶面喷施过多的铁都会引起锰元素缺乏。
9	锌	缺锌伴随着幼叶变薄、出现皱褶，同时叶片色泽变暗、脱水。在狗牙根草坪中，由于渗出液结晶，草坪草叶片上常出现白斑。草坪草组织中锌的含量极低，高量则会产生毒害。锌参与植物中某些生长促进物质的合成，因此，生长受阻是缺锌的首要症状。
10	钼	当钼缺乏时，下部的老叶褪绿变灰，脉间有黄色斑点，最后叶片坏死，生长受阻。草坪草对钼的需求极低。
11	硼	缺硼时草坪草生长点的发育受阻，叶片脉间失绿、变红。在狗牙根草坪中偶有缺硼现象，但在草地早熟禾与匍匐翦股颖草坪中很少发生。

（二）形态诊断的鉴定

程序一

（1）察看症状出现的部位。
（2）如果症状先在老叶上出现，说明缺乏的是氮、磷、钾、镁、锌。
（3）如果症状出现在新生组织上，说明缺乏的是钙、铁、硼、硫等。

程序二

（1）察看茎叶症状是否为出现病斑，新叶出现症状者是否顶枯。
（2）在茎叶出现症状的情况下，若无病斑，可能是缺磷或氮；若有病斑，可能是缺钾和锌。
（3）若症状从新叶开始，且顶芽易枯死，可能是缺硼或钙。
（4）若顶叶不易枯死，可能是缺铁、硫、锰、钼、铜。

程序三

（1）根据具体症状最后确定所缺元素。
（2）根据缺乏元素关键症状来确定。

（三）土壤化学诊断

程序一：土壤化学测定

（1）根据被测物质分为土壤营养元素和土壤障碍物质两种来测定。
（2）通常包括采样，分析和对分析结果作出解释，提出施肥或采取其他措施的建议。

程序二：土壤营养测定

（1）目的在于准确地测出土壤中各种营养成分的含量，了解其变化规律。

（2）采用常规分析和速测法。

（3）测定需要的土壤多为混合样品，可按土壤类型、草坪草种类和地块分别采集，要选有代表性的地块，使分析结果正确地反映草坪土壤真实养分含量情况。

（4）采土深度一般为 5 ~ 10 厘米。

程序三：土壤养分测定时期

（1）在建坪前进行，测定土壤有机质及主要养分的含量和有效含量，作为施肥的依据。

（2）在草坪草生长过程中进行。

（3）以有效养分为主，了解当时土壤养分的供应水平、养分变化规律、养分中限制因素，结合草坪长相、长势为确定追肥提供依据。

程序四：土壤障碍物测定

（1）在某些条件下草坪生长不正常，不完全是由于养分不足引起的。

（2）有时因某种物质过多，使草坪草代谢受限后抑制生长，或影响草坪正常吸收养分，甚至发生中毒现象。一般称这类物质为障碍物质。

（3）土壤障碍物质测定：

① 盐害：主要指盐碱工业中的含盐量等。离子浓度过高便会发生盐害，影响草坪草正常生长和养分吸收，诊断时主要测定含盐量和阴离子含量。

② 酸害：南方泛酸土的表土呈强酸性反应（pH 值为 2 ~ 3），易使根系受害，影响草坪草的生长和营养吸收。这类土壤为一种酸性硫酸盐土，土壤表面常有氢氧化铝或硫酸铝的白色沉淀，严重时还会有暗棕色或黑色铁锰的氢氧化物存在。一般诊断氢氧根离子和硫酸根离子的含量。

③ 还原物毒害：在地势低洼或地下水位高、排水不良的地区，由于土壤还原作用增强，致使亚铁离子或硫化物累积，影响根系活力及呼吸作用，抑制根对养分的吸收。长期积水所产生的还原物，对磷钾吸收的抑制作用最显著，氮锰次之，钙和镁的影响最轻，当发生危害时可出现缺磷症状。

④ 有机酸毒害：施用未腐熟的农家肥料时，可在土壤中生成有机酸类，如甲酸、乙酸、丙酸和丁酸等，尤其在通气性差的土壤中，由于抑制了根的呼吸作用，也影响草坪对养分的吸收，首先是磷，其次为钾、氮。

⑤ 亚硝酸盐毒害：根据国内试验资料，容易引起亚硝酸盐积累的情况大体有三种：大量施用化肥造成氨的大量产生；硝化作用的两个阶段失调，导致亚硝酸盐暂时累积；施用碳酸氢铵、尿素等肥料不匀引起局部土壤 pH 值增高，造成硝酸盐危害。

（四）植株化学诊断

植株的化学诊断因分析技术不同，有植株常规分析和组织测定之分。植株常规分析是指对植株的全量分析或某一部位如叶片、叶柄等的常规分析，多采用干样品。组织测定指相对量或半定量地分析鲜株组织汁液或浸提液中活性离子的浓度。前者是评价草坪植物营养的主要技术，随着仪器分析的发展，这种技术将得到广泛的应用。后者因其简便、迅速和具有一定可靠性的优点，所以又称组织速测。

在植株诊断中，应根据形态特征推断或按施肥要求，通过与正常植株营养成分进行比较来确定具体的分析项目。诊断时期视需要而定。草坪植物化学诊断主要根据气候变化来决定。

程序一：春季诊断

（1）春季草坪植物刚从冬季休眠状态恢复过来，对外界环境条件具有较高的敏感性。

（2）春季诊断主要是分析研究草坪体内营养丰缺状态，便于采取相应措施促弱株赶壮株，同时要控制壮株徒长，达到整体一致的水平。

（3）具体诊断时间因草坪草而异，冷季型草大约在 3 月中旬，暖季型草大约在 2 月初。

程序二：夏季诊断

（1）夏季诊断是在草坪吸收养分最多、生长最旺盛的时期进行。

（2）夏季草坪草生长状况、体内养分含量水平和土壤的养分状况影响草坪草全年生长发育状况。

（3）夏季诊断对及时追肥和加强管理护养至关重要，冷季型草大约在夏初，暖季型草主要在春末进行。

程序三：秋季诊断

（1）为了防止因某种养分供应不足或妨碍吸收而出现冬季缺肥早衰现象，常需进行秋季诊断。

（2）冷季型草诊断时间大约在夏末，暖季型草大约在仲秋进行。

（3）如果进行草坪营养规律的研究，可在草坪每一生长月和特殊气候如降雨时采样进行诊断。

（4）了解施肥效果，可在施肥前后进行诊断。

（5）为了确定施肥的诊断指标，可采取生长正常和不正常的植株进行诊断比较。

二、草坪营养诊断

（1）通过土壤和植株的化学诊断能在短时期内了解若干地块和各种养分的含量，做到及时指导施肥。然而应当注意：

① 不能单纯依靠分析数据去解决施肥问题。

② 不能企图用一次测定结果完全说明某种现象。

（2）土壤和植株中养分含量不是固定不变的，尤其在草坪草生长过程中，土壤有效养分除不断被吸收外，还因潜在养分的补充和受土壤理化、生物学性状、气温和施肥等措施的影响而不断变化。植株中的养分含量也因土壤供应能力和草坪生长势而不同。

（3）即使同一草坪在相同生长期采样，由于分析的器官部位不同，分析结果也有差异，同时，环境条件的改变使体内养分的含量发生变化，有时还因草坪生长异常引起养分的浓缩或稀释的干扰。

（4）在进行化学诊断时，应进行多次测定找出各种不同情况下的规律和相关性。必要时结合其他诊断方法，以便使诊断结果更符合实际。

（5）除形态诊断和化学诊断外，还有酶学诊断、施肥诊断、生物测定以及培养法等，但这些方法由于技术复杂，对草坪施肥都不太适宜。

（6）不论采用哪种测试技术都应选择代表性或典型性的植株样品，而且必须选取适宜的部位，以期能明显地反映养分丰缺程度。

（7）组织测定多采取输导组织和叶绿素含量少的部位，如茎、叶鞘、叶柄等，但是幼叶和失去生理活性的枯叶、枯茎、霉鞘都不适用。

（8）为了便于结果的比较，采样草坪的生长期、生理年龄应当相同。

总之，诊断方法虽多种多样，但都各有其利弊。因为草坪的生长过程比较复杂，草坪生长的构成是各种护养措施和自然条件综合作用的结果。各生长因子之间又存在相互联系、相互制约的关系。任何一个因素在一定条件下都可能成为影响草坪草生长的限制因素。

　　另外，土壤和植株中的养分含量也不是固定不变的。草坪形态变化不单纯是养分单因素影响。因此进行养分诊断时最好采用几种诊断方法相结合的综合诊断技术，最后将各方面的结果加以综合分析，从中找出影响草坪生长的主要矛盾，这样才能为当时当地草坪施肥和草坪护养准确地提出合理的建议。

第十四章　高尔夫球场草坪营养护养工序

第一节　高尔夫球场施肥工序

一、确定施肥量与频率

根据季节和草坪施肥状况制定，施肥量的确定与下列因素相关：
（1）草坪类型（包括冷季型草、暖季型草、草坪品种及生理特点等）。
（2）天气状况（包括气候、当日及前后几天的天气状况）。
（3）长季长短。
（4）土壤特性。
（5）提供灌溉量大小。
（6）是否对客人造成影响，例如气味、可溶性等。
（7）氮、磷、钾以及微量元素的含量及肥料中各种元素的特性。

二、施肥前准备

（1）检查施肥工具，并确保在此施肥过程中不出现大的机械故障，因为要保证在尽量短的时间内完成一次施肥，保证施肥的品质一样。
（2）在一个定量的面积内做施肥实验，以保证施肥的准确性和均衡性。
（3）根据施肥的溶解速度，来掌握肥料可在空气中暴露时间的长短，通知灌溉人员浇水。

三、施肥操作

（1）果岭与发球台撒施颗粒肥。
①使用手推或施肥机进行施肥操作。
②在果岭、发球台施肥时要注掌握施肥行宽，不同的撒肥料斗有不同的宽度。
③预先拔旗杆。
④施肥行进步伐均匀，保持宽度一致，忌中途停止，先关后停步。
⑤掌握风向，最好在风小或无风的时候进行。
⑥在果岭上采取双向交叉施肥，在果岭外围采取环施。
（2）球道及长草区施肥。
①掌握施肥宽度，不得漏施或重施。
②在长草区施肥时应将漏施处及时进行人工补施（包括树木之间、沙坑与果岭之间、湖边等区域），保证色泽均匀。
③当行驶速度平衡时才开撒肥开关，掉头时应关掉施肥斗。
（3）叶面喷施。

① 先选用一定量的水稀释后，再装入喷洒容器内。
② 严格掌握浓度、及时洒水。

四、施肥后注意事项

（1）施肥后应及时喷水 10 ~ 15 分钟，难溶解的肥料要间隔喷水 2 ~ 3 次。
（2）在肥料溶解时忌剪草，必要时必须停止使用果岭、停止租用球车。
（3）如肥料过多应及时收集或用水管冲开。
（4）及时冲洗施肥机械，防止腐蚀。

第二节　高尔夫球场果岭和发球台施肥工序

果岭和发球台施肥方式主要以表施追肥为主。由于环境的原因，使用有机肥和化肥兼施。果岭、发球台施用有机肥以腐熟的家禽肥料为佳，要经磨碎过筛处理。在施用量上有所限制，这与果岭的排水问题有关。

一、果岭和发球台有机肥料的有效施用

有机肥料多以原质畜禽粪肥或球场修剪物在不加或少量添加土壤的情况下经高温堆熟而成。结合打孔和铺沙作业将该肥料施放在果岭和发球台区域。

程序一

（1）将加工过的有机肥料和沙子按 4∶1 的比例备用。
（2）直接用铺沙机铺到果岭和发球台区域。

程序二

（1）用撒肥机先将肥料均匀地撒到果岭和发球台区域。
（2）铺沙。

程序三

（1）打空心孔。
（2）铺沙。
（3）果岭和发球台区域施肥。

二、果岭和发球台化学肥料的有效施用

果岭和发球台区域化学施肥常以追肥方法进行。根据果岭护养作业的内容，如心土作业、垂直切剪、铺沙等进行深施覆土、表施灌水、灌溉施肥。

程序一：表施灌水

（1）将肥料直接撒入草坪地表，然后结合灌水。

（2）这种施肥虽然简单，但由于果岭和发球台结构的独特性，造成肥料极大浪费。

（3）果岭和发球台采用表施灌水施肥，肥料大量流失，主要表现如下：

① 草坪植物吸收后还来不及利用就被剪去和带走，这一部分损失占整个施入肥料的30%左右。

② 肥料施入后的挥发作用，大约10%的肥料施入后由于降雨和浇水的淋洗作用使养分下移到果岭根系有效吸收层外，这是因为球场的果岭草坪根系主要集中在2~3厘米处，这样短的根系层在施入肥料后，由于沙子介质保水保肥性能相当差的缘故，遇水很快就下移，这部分损失占35%以上。

③ 部分养分将会在掺有少量土的沙子介质中，由于土壤pH值的关系，很快产生一种暂时不溶解的无效态，约占5%。

④ 结果每次施入果岭和发球台的肥料利用率只有20%左右。

程序二：灌溉施肥

（1）为了提高肥效，间接地降低球场护养费用，可采用灌溉施肥的方法。

（2）将肥料溶于灌溉水中，随灌溉水经灌溉管道通过喷头而均匀地撒布于草坪。

（3）灌溉施肥能使呈液体状的肥料较快地渗入根区，可以很快地被草坪吸收利用。

（4）灌溉施肥可以多次少量施肥，防止一次大量施肥给草坪带来危害和肥料的大量损失，从而节约肥料，与表施灌水比较，喷灌施肥节约氮肥11%~29%。

（5）灌溉施肥可减少机械和人流量，从而降低对草坪生长层土壤结构的破坏。

程序三：打孔深施覆土

（1）打孔深施覆土是针对表施灌水易大量损失肥料的缺陷，通过深施将肥料直接送到草坪根系层，然后覆土以减少肥料损失。

（2）通过空心打孔机进行果岭表面打孔。草坪叶面应干，如潮湿则待稍干后进行施肥。在沙子干的情况下，可立即在打孔之后施肥。

（3）将固体颗粒肥料施入果岭。肥料最好用复合肥，切忌用尿素等易溶性的肥料。

（4）用扫把将肥料扫进小孔。扫把应选用软性材料制成的，以免扫肥时刷伤草叶。

（5）铺沙和浇水。

程序四：根外追肥

（1）根外追肥是用量小、收效快的一种辅助性施肥措施。

（2）对于氮、磷、钾等大量元素来说，在草坪生长缓慢期，根系吸收养分能力减弱，根外追肥就能通过叶片吸收及时补充根系吸收养分之不足。

（3）对于微量元素肥料来说，根外追肥具有特别重要的意义。

（4）根外追肥一般以尿素为主，施用易溶性磷肥、微量元素肥料和生长素等。

（5）适宜浓度：氮肥类为0.5%~1%，磷肥类为3%，钾肥类为0.5%。

三、果岭和发球台施肥技术要点

（1）施肥时间与施肥次数。

① 果岭的施肥时间与施肥次数基本上是同一个概念，有时因肥料的性质和球场赛事而稍有不同。

② 在果岭上进行根外追肥时必须在早晨进行，如不这样就会出现肥料损失的问题，主要原因是其他时间易造成挥发性损失。

③ 离翌日修剪时间越短，叶部吸收的可能性越小。

④ 果岭施肥时间一般在星期一、二、三进行或在赛事前三天进行。

⑤ 果岭施肥时间应根据每个生长月相应的因素而定，在生长季节，通常每隔 2~4 周施肥一次。

⑥ 当施用迟效性肥料时，可以间隔较长的时间。

⑦ 对于冷季型草构成的果岭区，在夏季炎热季节和冬季休眠前，应减少施肥次数。

⑧ 对于暖季型草构成的果岭区，在冬季休眠前，应适当减少施肥次数。

（2）施肥量应用。

① 氮肥的施肥量基本以每个生长月每 100 平方米草坪约需施纯氮 0.37~0.73 千克为参考数据。因为每一生长月所需的精确施肥量还受到草坪类型、生长情况、土壤混合物、气候、肥类等因素左右。例如狗牙根是一种重肥草，可以忍耐推荐范围内的最高比率。

② 磷肥和钾肥的施肥量要根据土壤分析结果来决定。

③ 完全肥料包括氮、磷、钾在果岭上的使用都是必须的。不要仅使用氮肥如硝酸铵、尿素等，这样有违施肥原则。

④ 果岭和发球台施肥常见的氮、磷、钾比率以 2：1：1 为适宜。

⑤ 果岭和发球台通常每次施入的肥料只有 20% 供草坪利用，80% 将会流失。

⑥ 在条件许可的情况下可利用"一二三不论，四五六分明"的原则进行果岭和发球台区域剪草，可使养分再利用，挽回部分损失。

⑦ 挥发部分可利用深施覆土挽回大部分损失。

⑧ 固结部分可通过调整 pH 值的方法来解决。

⑨ 高尔夫球场尽管构造了生长层最佳土壤结构，但由于果岭和发球台草根系浅化的弱点，大部分养分也不易利用，可采用少量多次法解决此种养分"回收"问题。

（3）果岭和发球台施肥技巧应用。

① 采用"直线施肥"技术较为适宜。

果岭施肥一般采用转圈和直线施肥路径。"转圈"技术性要求较高，稍有不慎，就会造成重叠和遗漏；"直线施肥"技术较易掌握，效果好。果岭最好是十字形交叉分两遍施肥较为适宜。

② 合理调配可以提高工作效率。

果岭施肥所用机械包括小型果岭自动撒播机和人工撒播机。人工撒播机的使用较为简便，易操作。使用人工撒播机时应注意步法一致。装料桶保持前高后低。另外应注意果岭施肥的整体性问题，要求长相差的多施，长相强的均衡。这就需靠步法来完成。坚持数次就会形成整体一致的外观。为了提高工作效率，应使用自动撒播机。

③ 预防烧苗现象发生。

为避免烧苗现象发生，装肥时要远离果岭。如在施肥途中出现故障，必须立即停止，将撒播机移离果岭。当遗漏大量肥料时，应先用适当工具轻轻拾去，然后用大水冲散。施肥后立即灌溉。施肥当天禁止任何人在果岭上活动，否则踏后易留下烧伤印迹，在施肥后休场一天最为合适。

高尔夫球场草坪施肥量与施肥频率

护养区域	施肥频率	施肥量
果　岭	每年 12~18 次	每次 15 克/平方米
发球台	每年 8~12 次	每次 20 克/平方米
球　道	每年 6~8 次	每次 30 克/平方米
长草区	每年 3~6 次	每次 25 克/平方米

第三节　高尔夫球场球道施肥工序

一、球道基肥的施用

基肥的作用是很大的，能培育地力，改良土壤，提供植物养分。

基肥是草坪草建植前结合土壤耕作施用的肥料。目的是为草坪草生长发育创造一个良好的土壤生长层，满足草坪草整个生长期大部分营养要求。

作为基肥使用的肥料主要是农家肥料如厩肥、堆肥等，基肥的施用量较大，是维持草坪草正常生长发育的重要肥源基础，为充分发挥基肥的作用，必须综合考虑草坪植物、肥料、土壤、气候和建植技术等因素，采用有效的施肥方法。

程序一：结合深耕使用

（1）在未建植草坪前，应结合深耕将有机肥料施在主要根系分布层，使肥料处于经常湿润的土层中，做到土肥相融，起到培肥土壤和供给草坪草生长期所需要的养分的作用。

（2）在土壤水分不足的地区，增施基肥不能很好地发挥有机肥料的增长作用。

（3）可用化肥作基肥。对磷肥、钾肥来说，由于它们在土壤中移动性极小，其肥效首先决定于肥料与根系的接触面积。表施时肥料不能充分接触根系，因而在苗期或草坪营养期土壤营养充足的地块上表施肥料利用率较低。磷钾肥的有效施用方法以深施为好。但在养分贫瘠的地块上进行适当的浅施、表施，能解决苗期和建植期营养的急需。

（4）在基肥用量大，草坪要求稠密的情况下，均宜结合深耕使用。施肥深度应根据草坪介质、气候和护养技术等条件而定。

（5）为了适应草坪根系不断增长对养分的吸收，应结合深耕将迟效肥料施于土壤耕层的中下部。在土壤耕层的上部施用速效肥料，做到分层施肥，迟效与速效结合，以适应不同时期根系的吸收能力，充分发挥肥料的增长作用。

（6）对于挥发性氮肥来说，采取追肥措施时易引起氮的挥发，损失量大，宜结合深耕施用，减少肥料与空气的接触。做到利用土壤胶粒保持肥分、减少挥发。

程序二：集中使用

（1）为了提高肥料效果，如果肥料施用量较少，则往往采用集中使用。

（2）磷肥与有机肥料混合集中施用，可以减少与土壤的接触面，防止肥料磷被土壤大量固定，从而提高磷肥的利用率。这样可令用肥量较少，肥效高，起到改良坪床的作用。

（3）适宜在肥料较少的情况下采用。

程序三：多种肥料混合使用

（1）为了保证草坪草在较长的生长期内持续不断地得到所需的各种营养，基肥采用多种肥料混合使用的方法。

（2）将肥效迟速不同的肥料混合使用，使基肥更加平稳持久，起到延长肥效时间的作用。

（3）有机肥料与氮、磷、钾肥配合作基肥使用，能更有效地按照各种草坪的营养特性和土壤供肥特点，调配肥料中的养分比例，互相促进，提高肥效。

二、球道种肥的施用

程序一：作用

（1）种肥是播种或营养体建坪时施于种子或营养体附近或与种子混播的肥料，目的是为幼苗或营养体生长创造良好的条件。

（2）种肥的作用是双重的：一是满足幼苗对养分的需要，二是改善种子床或坪床的物理性状。

程序二：肥效

（1）种肥肥效取决于施肥水平、土壤、气候条件以及护养技术等因素。由于种肥与种子或营养体距离较近，对肥料种类和用量的要求比较严格。

（2）如果施用不当，易引起烧种和烂种造成缺苗。

程序三：有效施用

（1）在施肥水平较低、基肥不足、有机肥料腐熟程度较差的情况下施用种肥的效果较好。种肥常常与杀菌剂或生长调节剂混合使用。

（2）土壤贫瘠和草坪苗期因低温、潮湿、养分转化慢，幼根和新根吸收力弱，不能满足草坪对养分需要时，施用种肥也有较明显的成坪效果。

（3）种肥施用可根据种肥种类和具体要求采用拌种、浸种、撒施等方法。

程序四：种类

（1）用作种肥的肥料应当是易被幼苗吸收利用的速效肥料。

（2）肥料酸碱度要适宜。

（3）对于种子发芽无毒害作用。

（4）用高度腐熟的有机肥料或速效性化肥等。

（5）氮肥用硫酸铵作种肥比较合适，有养分浓度不高、吸湿性不大、副作用较小等优点。

（6）碳酸氢铵、氯化铵、硝酸铵、尿素均不宜直接接触种子，不宜用作种肥。

（7）磷肥用过磷酸钙作种肥较为适宜。

（8）微量元素肥料一般可用作种肥，但应严格控制用量，以免发生肥害。

程序五：用量

（1）种肥的用量不宜过大，氮肥以 5～10 斤/亩为宜，过磷酸钙以 15～20 斤/亩为宜。

（2）将化肥与腐熟有机肥料混合施用效果更好。

三、球道追肥的施用

程序一：作用

（1）追肥是在草坪草生长期间施用的肥料。

（2）目的是满足草坪植物生长期间对养分的要求。

程序二：肥效

（1）多施用速效性化肥。

（2）腐熟好的有机肥料也可用作追肥。

程序三：有效施用

（1）用作追肥的氮肥应尽量使用化学性质相对稳定的，如硫酸铵、硝酸铵、尿素等。

（2）用作基肥的应使用易挥发的氮肥，如碳酸氢铵等。

（3）在建坪初期基肥中已经施用了磷肥的，在当年生长期不必再施磷肥。但在土壤明显表现缺磷症状时，应及时追施过磷酸钙补救。

（4）为了充分发挥追肥的增长作用，除了确定适宜的追肥时期外，应用合理的施用方法。

（5）深施覆土是为了保证草坪植物及时吸收所需要的养分。为减少肥料损失，追肥的位置很重要，应深施在根系密集层附近。特别是磷肥和钾肥，在土壤中移动性很小，应注意施用深度，以有利于草坪草对养分的吸收利用，充分发挥肥效。

（6）在石灰性土壤上，无论施用化学性质不稳定的氮肥或化学性质稳定的氮肥，均应遵守深施覆土的施肥原则，以免造成挥发损失、降低肥效。例如，碳酸氢铵深施于 6 厘米处，7 天内无氮素损失，7 天后才有少量损失，而撒施于土表的损失可达 20% 以上，尤其在施后的短时间内损失极为严重。

（7）为了发挥追肥的效果，必须保证适宜的土壤含水量，应结合追肥进行灌溉，使水肥密切配合，充分发挥肥效。

（8）为了解决草坪深施肥的问题，可结合打孔、人工助扫等进行，然后再铺沙，这样效果很好。

（9）撒施结合灌水。草坪是一个特殊的产业，一次种植多年使用，由于养护费用问题，打孔深施覆土应是有限度的，采用撒施，随撒随灌水，效果很显著。

（10）根外追肥是用量小、收效快的一种辅助性施肥措施。对于氮、磷、钾等大量元素来说，在草坪生长缓慢期，根系吸收养料能力减弱，根外追肥就能通过叶片吸收及时补充根系吸收养分之不足。对于微量元素肥料来说，根外追肥具有特别重要的意义。

（11）根外追肥一般以尿素为主，施用易溶性磷肥、微量元素肥料和生长素等。适宜浓度，氮肥类为 0.5% ~1%，磷肥类为 3%，钾肥类为 0.5%。

第十五章　高尔夫球场草坪营养与施肥技术

第一节　高尔夫球场草坪营养与肥料分类

凡施入土壤或喷洒于草坪草叶片上，能直接或间接地供给草坪草养分，而获得高质草坪；或能改善土壤理化、生物性状，逐步提高土壤肥力，而不产生对环境有害影响的物质称为草坪肥料。根据肥料的来源，性质不同，一般可分为三大类，即化学肥料（化肥）、农家肥料（农肥）、微生物肥料（菌肥）。

一、化学肥料（化肥）

化肥亦称为无机肥料，它是一种肥效快、使用普遍的草坪肥料。根据所含营养元素种类以及化合物的形态或溶解性可分为氮肥、磷肥、钾肥、复合肥、微肥。其中使用最多的为氮肥、磷肥和钾肥。

（1）氮肥。

① 土壤中的氮素营养分为有机氮和无机氮两种。有机氮主要为草坪植物残体，即土壤有机物，是一类草坪草暂时还无法利用的氮素，需要靠土壤微生物的分解，才能缓慢释放出来为植物所吸收。有机氮约占土壤总氮量的 99%，肥效长、肥效慢是其特点。另外 1% 的氮素为无机氮，主要是（硫酸铵、硝酸铵、尿素）铵盐、硫酸盐和少量硝酸盐，易被植物利用、肥效快、肥效短是这类氮肥的明显特征。

② 由于土壤中有机氮和无机氮数量的明显差异，仅靠自然供给，草坪植物要维持正常的生长发育是不可能的，因此它常常处于氮饥饿状态。人工补充氮肥就显得极为重要。

③ 草坪护养中，最常使用的氮肥均为铵盐态氮，主要包括硫酸铵、硝酸铵、碳酸铵、氨化物、铵水、尿素。这类氮肥的好处是损失极少，因为它易为土壤所暂时持有。其特点是易溶于水，易被植物吸收，肥效反应快，因此称这类肥料为速效氮。

④ 在高尔夫球场草坪护养技术和植物生境的特殊性上，速效氮的损失和浪费特别严重，自然降低了氮肥的使用效用。迟效氮的产生解决了速效氮这一问题，它属于缓慢释放或控制释放的一种氮肥类型。迟效氮包括石灰氮、脲甲醛、脲异丁醛草酰胺、包膜碳铵、硫化尿素等。其成分一部分氮不溶于水，模拟了有机氮的释放形式，植物反应的时间长，肥效较高，然而这种肥料造价较高。

⑤ 在草坪植物上为防止草坪草氮肥脱节，可将速效氮和迟效氮混合以保证肥料供应既迅速又长久。

（2）磷肥。

① 磷肥是一类含磷的化学肥料。磷肥的有效含量以 P_2O_5 的质量分数表示。

② 磷肥有两个问题需要注意：第一，土壤化学反应：土壤 pH 值在 6～6.5 之间，磷元素处于溶解态，很容易被草坪植物吸收利用；在 6 以下或 6.5 以上，磷便结合为无效的不溶态。磷酸盐在碱性土壤中不溶态为磷酸二钙；酸性土壤中为磷酸镁、磷酸铝等。被固定的磷酸盐只有靠以后土壤微生物活动释放供植物利用，因而肥效较长、肥效慢，故为迟效性肥料。北方盐碱地、南方红砖土类等均为磷缺乏土壤，即为此故。第二，pH 值在 6～6.5 的情况下，磷易于淋洗，其原因是土壤表面带电荷，同

性排斥，不易被土壤所持有，因而需要补充磷。

③草坪中使用的磷肥有过磷酸钙、重过磷酸钙、钙镁磷肥、钢渣磷肥、氟磷肥、偏磷酸钙、沉淀磷酸钙、碱性磷肥、骨粉磷矿粉等。其中过磷酸钙使用最为广泛，是一种速效性磷肥。

（3）钾肥。

①钾肥是草坪植物护养中常用的化学肥料之一。

②钾肥的特点：能降低因施氮量过多所引起的对冷、热、干旱和病害的消极作用，如果对草坪植物施以适量钾，即可增加其抗御不利因素的能力。

③钾肥极易淋溶，若和氮一起施用问题就更严重了，植物所吸收的钾要比它们所需要的多得多，即所谓超量吸收，目前草坪植物上广泛使用的钾肥为硫酸钾、碳酸钾、氯化钾、窑灰钾肥以及草木灰。

（4）复合肥。

①复合肥是含有两种以上元素的一类化肥，这类肥料是根据植物营养学的原理，按照一定比例和营养元素配制而成。复合肥大致有磷铵、硫磷铵、硝磷铵、偏磷酸铵、氯磷钾肥、钾镁肥、钾钙肥等，此外还有一种完全肥料，即含有植物所需要的 13 种元素在内的一类肥料。

②复合肥的特点是使用方便。但由于植物种类具有复杂性，且处在不同生长发育阶段所需肥料不同，与已经配制好的复合肥必然存在着不协调性，特别对草坪植物来说使用复合肥局限性很大，适用于草坪草的复合肥比例往往是 2：1：1 或 5：2：3。

③在实践上使用单一肥料要比复合肥料好，为了解决营养平衡的问题，使用上可交替进行或临时自配。

（5）微量元素肥料。

①微量元素常以不同化合物形态使用于草坪草。

②微量元素肥料的显著特点是用量少，一般常作追肥使用。

③在土壤反应不是太剧烈的情况下，草坪植物不会出现微量元素缺乏症，因为它很易从土壤中获得维持正常生长的数量。

④微量元素肥料有铁肥、锰肥、钼肥、锌肥、铜肥、硼肥等。

二、农肥

农肥是一类肥效慢、供肥时间长的有机肥料。这类肥料对改善土壤质地，形成团粒结构，促进草坪植物旺盛生长具有重要作用。农家肥可分为三类：厩肥、堆肥、绿肥。

（1）厩肥。

①厩肥除含有大量有机质和氮、磷、钾营养元素外，还含有许多次量元素和微量元素。故在草坪应用上称之为完全肥料。

②厩肥主要指人畜粪尿。包括人类粪尿、猪粪尿、牛粪尿、马粪尿、家禽粪尿等。

③农家肥料在草坪应用中以不妨碍球场公共卫生为原则，做到充分腐熟后再施。特别用于建植草坪初期的基肥效果最好。

（2）堆肥。

①堆肥在草坪中用于改善盐碱土及酸度较大的土壤和贫瘠的沙壤及砖红壤类土壤。一般含氮1% ~2%，磷 0.5% ~0.8%，钾 0.4% ~0.5%。

②堆肥多为迟效肥，养分总量接近厩肥。它是将杂草、皮壳、垃圾、灰土及部分粪尿等混合堆积起来，通过微生物的分解作用制成的有机肥料。其有效成分取决于掺土多少以及有机物和粪尿类的含量等，掺土少的堆肥肥效高。

③堆肥是一类来源十分广泛的肥料，在高尔夫球场场地养护作业中，每天剪下的草屑甚多，可用之堆肥，能节省大量养护费用。

三、其他草坪肥料

草坪上经常使用的肥料还包括石灰、石膏、稀土，还有一些微生物肥料。石灰在草坪草上用于调节土壤酸度、补充钙等，主要用作基肥，用量为 10 千克/100 平方米。不能与人粪尿、铵态氮肥、水溶性磷肥混合或混用。

第二节　高尔夫球场施肥适合时期

一、生长期

（1）施肥时期应以维持草坪草生长旺盛为原则。不同施肥时期的肥效，取决于在一定的土壤、质地、生长期长短、灌溉量、修剪物移走与否、气候和护养水平等条件下，草坪草对肥料的吸收利用及其构成草坪草增长的效率。

（2）草坪植物在生长期对养分的要求和土壤的供肥特性是确定施肥时期的基本依据。

二、气候

（1）草坪植物在生长期对养分的要求实际是指气候条件。草坪植物不同于作物，它仅仅维持的是营养生长期，因而气候条件对施肥时期的影响关系最大，当温度和水分条件有利于草坪植物生长时，草坪生长旺盛，正是最需要营养的时期，应抓紧进行施肥。

（2）当环境不适或发生病虫害时，应避免施肥。冷季型草要避免仲夏施肥，否则会降低对环境的抗性。

（3）冷季型草坪最主要的施肥时间是夏末、十月或十一月。春季也可施肥，但主要是在对质量要求较高的草坪进行。

（4）暖季型草坪最主要的施肥时间是春末，其次是夏季施肥，早春和夏末施肥也有必要。

（5）春末施肥及秋初施肥对草坪护养有利。原因是夏季由于高温、高湿的影响，草坪施肥更易患病，或夏末施肥数量有偏少的趋势。对于利用年限已久的草坪，如它表现出有相当数量的芜枝期，草坪的缺肥情况就不严重，施肥应在初秋或仲秋进行。

三、土壤养分

（1）土壤供肥的特性主要是指土壤养分释放情况。如果在土壤养分释放较快、供肥充足时施肥，则施肥效果极差，应当推迟施肥时期。反之，在土壤养分释放较慢、供肥不足时施肥，则效果较好。

（2）由于土壤养分的转化及供肥特性受土壤、气候和护养条件等因素的影响，施肥时期的确定必须综合考虑相关因素。在不同条件下，施肥时期不应千篇一律。

（3）在肥料不足的情况下应当将肥料集中在草坪植物营养的最大效率期。

（4）在土壤供肥良好、植株生长旺盛和肥料充足的情况下，施肥时期则应采取分期施肥，侧重于最大效率期的方法。

第三节　高尔夫球场施肥量控制要点

各种草坪草肥料施用量*　　　　　单位：千克/100 平方米

序　号	草　种	所需氮量
1	美洲雀稗	0.05 ~ 0.19
2	细弱翦股颖	0.25 ~ 0.48
3	匍匐翦股颖	0.25 ~ 0.63
4	普通狗牙根	0.25 ~ 0.48
5	改良狗牙根	0.34 ~ 0.69
6	早熟禾	0.25 ~ 0.48
7	草地早熟禾	0.19 ~ 0.48
8	普通早熟禾	0.19 ~ 0.48
9	野牛草	0.05 ~ 0.19
10	地毯草	0.05 ~ 0.19
11	假俭草	0.05 ~ 0.15
12	细羊茅	0.05 ~ 0.19
13	苇状羊茅	0.19 ~ 0.48
14	格兰马草	0.05 ~ 0.15
15	多花黑麦草	0.19 ~ 0.48
16	多年生黑麦草	0.19 ~ 0.48
17	钝叶草	0.25 ~ 0.48
18	结缕草	0.25 ~ 0.39
19	沟叶结缕草	0.25 ~ 0.39

＊此表所列为一个生长季所需氮量。

一、球场草坪草养分需求

（1）高尔夫球场草坪草的建坪目的，不是为了获取籽粒或饲草，而是要在较长时间内保持良好的覆盖面和翠绿的外观。为了维持草坪良好的生长状态，即再生强，密度大，耐刈，耐践踏，抗逆性能高，就必须提供相当高的营养水平。

（2）高尔夫球场的草坪植物对养分的需要量高于农作物。在施肥中，准确地确定草坪草的营养需要量比较困难。施用量受许多因子制约，如要求的质量水平、气候条件、生长季节、草坪种类、土壤质地、灌溉量以及修剪物移走与否等，但是草坪草的外观则是施肥的最后决定标准。

（3）高尔夫球场草坪草对养分的需要量与农作物不同。草坪植物生长发育所需要的养分通常为多种营养元素的综合体，其中氮、磷、钾三要素最为主要。

（4）草坪施肥通常根据草坪的颜色、密度和修剪的数量估算。

二、氮肥在草坪护养中的施肥量控制要点

（1）氮是叶绿素的主要成分。氮肥在草坪护养中有着极为重要的功能。

（2）氮在土壤中极不稳定，因而利用土壤化验的途径不能决定施氮肥的比率问题。缺氮时，植物呈黄绿色，草坪稀疏，密度不高。

（3）如果草坪草生长在沙土上，经常灌溉，氮的损失会特别严重，由于沙土很容易淋溶，灌溉和降雨能把大量的氮冲洗到根系层下面，草坪植物的根系相当短，多次冲洗和淋溶，氮就不易为草坪草利用。

（4）由修剪物的数量和次数可以估计草坪的含氮量；有效氮少，致使生长率减慢，剪草次数减少。

（5）较低质量的高尔夫球场草坪营养护养每年需补给 0.48 千克/100 平方米的氮素；较高质量的高尔夫球场草坪营养护养，氮素的补给量可达 5 ~ 7 千克/100 平方米。

三、磷肥在草坪护养中的施肥量控制要点

（1）磷的施用量受到许多因素的影响，土壤 pH 值、气候和年限都能影响磷的利用。

（2）正常生长的草坪植物中磷含量为氮的 1/5。

（3）草坪对磷的需要量为氮的 1/5 ~ 1/10。

（4）磷施入土壤后易被铝、铁和钙固定，呈固结态，有部分不能即时为草坪草利用，其利用率较低，仅为 5% ~ 15% 。因而在草坪植物磷肥施用上应予提高用量。

（5）施用量为氮量的 1/3 较为适宜。

四、钾肥在草坪护养中的施肥量控制要点

（1）钾在草坪草的生长中的作用是很重要的，对草坪草施用适量的钾，即可增强其抗御不利因素的能力。

（2）通常冷季型草坪钾含量为 2.5% ~ 3.5% ，高于暖季型草坪（后者钾含量为 2% ~ 2.5%）。

（3）钾的吸收率高于磷。

（4）钾不易为土壤所持有。

（5）施肥量为氮素的 1/2 ~ 1/3 较为合适。

第五篇

高尔夫球场草坪保护流程

阅读重点

第十六章 高尔夫球场草坪保护职能概述

一、部门功能

高尔夫球场草坪保护管理的关键是草坪土壤和草坪植物保护。随着环境的日趋复杂化，影响草坪健康生长的不利因素日趋增加，其种类之多、范围之大、程度之深已成为培育高质草坪的严重障碍。高尔夫球场尽管每年为此投入大量的费用，但还只能停留在较低的控制水平。

草坪保护基本依据草坪有害生物的种类、活动规律、栖居地环境等因子的变化和差异来完成或实现对有害生物的控制。

草坪保护通常采用以下五类方法：检疫控制法、生态控制法、生物控制法、物理控制法、化学控制法。

化学控制法应用最广，其他方法通常作为辅助手段。其特点是一次投入、多年使用，因此，化学控制是草坪保护的重要手段之一。化学控制是指利用化学药剂控制有害生物，使之对草坪的危害程度降到最低。它具有作用快、效果好、简单方便、经济有效、适于机械化、受限小等优点，然而化学控制的不利之处，是可能会污染环境，若应用不当甚至可能引致人畜中毒或伤害所栽培植物。在有效控制有害生物的同时，也可能减少有益生物的种群数量、破坏生态平衡。连续长期地使用化学控制，还存在使有害生物产生抗药性的风险等。

世界上大约有600种农药，常用的有100多种。根据农药的成分可分为无机农药和有机农药；根据控制对象可分为杀虫剂、杀线虫剂、杀菌剂、杀螨剂、杀鼠剂等；根据作用方式可分为触杀剂、胃毒剂、内吸剂、熏蒸剂、拒食剂、性诱剂、不育剂等。

高尔夫球场场地养护在草坪保护作业中使用保护剂的同时导致环境的污染已引起关注；合理地使用草坪保护剂可以使其副作用降到最低程度。要做到合理地使用草坪保护剂，管理者需要熟悉更多有关草坪保护剂的重要内容，如保护剂的分类，不利有害物的活动规律和诊断技术，有效控制技术等。

二、职能概述

凡对引起草坪品质、使用功能等方面明显退化的有害生物体进行人为干预控制或减轻其危害的过程称为草坪保护。造成草坪退化的生物有机体主要为有害动物、昆虫、病原物以及杂草等。

高尔夫球场场地养护在草坪保护作业中主要是对有害动物、昆虫、病原物以及杂草的控制。

危害高尔夫球场草坪的害虫主要是地上害虫和地下害虫。危害果岭的害虫主要为地下害虫，地上害虫较少。高尔夫球场发球台易受到昆虫的危害，因为它的高度一般在1.3厘米左右。这与昆虫的繁殖生育习性关系更为密切：地上害虫都喜欢将虫卵产在隐蔽区，较短的留茬高度往往比留茬高度较高的场所缺乏隐蔽性；不仅地下害虫危害严重，地上害虫如青虫也易造成严重危害。

高尔夫球场草坪病害的发生，有一个生理、组织和形状方面不正常的变化，这种变化称为病理程序。具备病理程序和功用价值降低这两个条件称为草坪病害。不同病原引起的病害不同。草坪病害控制即指传染性病害，包括病害发生、发展与流行，病毒症状、类型以及诊断控制等内容。在高尔夫球场场地养护中，要特别重视草坪病害，对高尔夫球场果岭，一旦发现病害要立即灭杀。不能容许在果岭上出现病害。

高尔夫球场是一个以经营草坪为主的实体。草坪质量的高低与经营效益有直接的关系。"平滑、稠密、匀整、翠绿"是草坪品质的评定准则。稠密、纯一是球道质量最基本的要求。纯一是指组成高尔夫球场草坪的草种纯净度，除构成高尔夫球场草坪的种类外，不能混有其他种类。如果混入了其他草类就会降低草坪的质量。高尔夫球场杂草的控制通常使用人工和化学除草；除草剂有效施用技术就是根据除草剂的性质、草坪、杂草和当时当地的条件选择合适的除草剂种类，适量、适时、合理施用，以达到安全、经济、有效地防除杂草，减轻草害。

第十七章　高尔夫球场草坪虫害控制

第一节　高尔夫球场草坪常见昆虫特征

昆虫是陆地上分布最广的动物之一。大部分昆虫能传播花粉，分解有机物和进行某些生产活动，这些昆虫被称为益虫。然而有一部分昆虫则起相反的作用，这些昆虫通常以草坪植物根、茎、叶为食料，吮吸汁液，咬断根茎；抑制草坪植物生长，造成草坪草死亡，引起草坪严重退化。在草坪保护学上称这些危害草坪的虫类为害虫。

发育完全的昆虫成虫都有三对足。身体由头、胸、腹三个主要部分构成。

线虫是土壤中最常见的动物。大多数采食真菌、细菌或小型无脊椎动物，寄生在高等动植物体上。在草坪上常见的危害性线虫有十多种。由于它们的寄生，将引起草坪的严重褪绿，矮小，萎蔫，致瘿或畸形乃至死亡。

高尔夫球场草坪常见昆虫/线虫特征

类　别	名　称	特　征	危　害
食叶昆虫	草坪野螟	草坪螟蛾的幼虫，在生长季繁殖两代以幼虫形式越冬，在受害区地面有咀嚼样的叶屑，在芜枝层上有绿粪积累。	咀嚼叶鞘基部附近的叶。
	粘虫	3厘米左右长短的毛虫，身体侧面有明显的条纹，晚上采食禾草叶子，在生长季可繁殖1~6代。	咀嚼草叶。
	地老虎	夜蛾的幼虫，长3~5厘米，在生长季可繁殖1~4代。	咀嚼草坪表面及地表下禾草根系。
	草坪象甲	具细的喙，长约3厘米。	采食一年生早熟禾的茎叶，钻空或从基部切断禾草。
	长蝽	它们是用口器插入禾草枝条吸出汁液而采食的昆虫，长1厘米左右。黑色，具白色的折叠的翅。在生长季内可繁殖1~5代。	采食时将唾液注入植株，在干热的条件下使受害草坪褪绿，最后死亡。
	蚜虫	为淡绿色，长0.4厘米的软体昆虫，它们靠口器刺入植体（叶片）吸收汁液，同时将唾液注入叶内引起危害，蚜虫为孤雌胎生，成熟较快。	在草坪上可看到蚜虫以密集的群体采食，在遮阴处尤甚。受感染的草坪草呈黄色，然后枯黄，最后棕褐色，植株死亡。
	瑞典杆蝇	它们是细小的黑色昆虫，成虫长约0.2厘米，幼虫0.3厘米，钻入植株基底附近的茎里，在组织内越冬，在生长季内繁殖几代。	在炎热干燥的气候下，感染植株会死亡。

（续上表）

类　别	名　称	特　征	危　害
食叶昆虫	叶　蝉	小型，长约0.5厘米的楔形昆虫。	成虫和幼虫都吸禾草枝条的汁液，引起褪绿和妨碍生长，禾草幼苗被严重损害以致需重播。
	介壳虫	它们是极小的昆虫，经常用壳状的覆盖物保护自己，用针状口器采食，感染的植株具苍白或发霉的外观。	引起草坪草凋萎、死亡。
	螨　类	它们具四对非常小的腿。	采食草坪草。引起叶斑，不断采食会引起褪绿，以至死亡。
食根昆虫	蛴　螬	损伤草坪草根系造成危害。	伤害根系。
	象　虫	采食草坪草的根和茎，夏天受害的植株变棕褐色，在采食处出现铁屑状的虫类。晚上最活跃，此时到达地面采食。	采食草坪草。
	金针虫	圆柱状，硬质，长约2.5厘米。在土壤中生活2～6年，其成虫为叩头虫。	咀嚼草根。
掘穴昆虫	蚂蚁	群居于地下巢穴中的昆虫。	群居于草坪时挖出大量的土壤，在地表形成土堆。破坏草坪的一致性，在刚播种的位点，还会搬走种子。
	周期蝉	它们是稀有长寿命的昆虫，成虫13～17年，从洞中羽化出来。	羽化出洞的成虫，采食草坪草，另外在草坪上制造大量的小洞。
	杀蝉泥蜂	它们是周期蝉的捕食者。	可在草皮上形成土堆。
内寄生线虫	囊肿线虫	包括多个异皮属的种。小白色珍珠状的雌体附着在根上。柠檬状的雌虫死亡后，变成棕褐色，形成褐色囊肿。春季囊中的卵孵化为家蠕虫的幼虫进入根，交配后身体膨胀而撕破整个根的表皮。	导致枝条矮化和褪绿。
	根结线虫	产生特殊、肿胀或柿子形状大小不同的瘿。	导致枝条矮化和褪绿。
	侵入斑线虫	侵入草坪草根的外皮，引起棕褐色或黑色的病斑。	感染的组织被真菌或细菌所寄生，最后引起外状剥皮和死亡，可导致整个根系崩溃。
外寄生线虫	螯针线虫	最大的食草坪草线虫。	引起褪绿和根畸形。
	网状线虫	在根尖和沿着根的侧面有时引起病变，群体大时可引起根腐。	引起褪绿和根腐。
	殊株根线虫	较小的线虫，在根上出现深的黑色的不规则病痕尤其在根尖附近。	引起褪绿和细胞分裂减少。
	剑形线虫	产生根腐和红棕色到黑色的根病变。	引起植株矮化和褪绿。
	矛状线虫	具矛状螯针，引起黑色病变，最后根的外皮组织脱落。	引起植株矮化和褪绿。

第二节　高尔夫球场草坪虫害诊断技术要点

危害果岭、发球台的害虫主要是地上害虫和地下害虫。地下害虫主要为蛴螬、蝼蛄、金针虫等，地上害虫为长蝽、草地蛾、螨、介壳虫、叶蝉、蝗虫、蚜虫等。

由于果岭、发球台隶属于不同的人工生态群落，危害草坪的害虫种类及程度存在着一定的差异。

高尔夫球场果岭区域，留茬高度为0.3~0.6厘米的草坪草，地上害虫危害程度较轻，长期施药和灌水不利于地上害虫活动和生存；危害果岭的害虫主要为地下害虫，地上害虫较少。

高尔夫球场发球台区域比果岭区域易受到昆虫的危害，因为它的高度一般在1.3厘米左右。这与昆虫的繁殖生育习性关系更为密切：地上害虫都喜欢将虫卵产在隐蔽区，较短的留茬高度往往比留茬高度较高的场所缺乏隐蔽性；不仅地下害虫危害严重，地上害虫如青虫也易造成严重危害。

一、地下害虫诊断

（1）蛴螬。

特　性	① 蛴螬是金龟子或甲虫的幼虫。蛴螬在土壤中生活，以草坪草根系为食料。充分发育的幼虫种类不同，长度1.3~3.8厘米不等。足白，头呈棕色，坚硬，足三对。通常在土壤中蜷缩为镰刀状。 ② 根据南北气候差异，甲虫生命周期最短的为一年，最长的为2~4年。 ③ 赤脚铜绿金龟每年发生一代，以幼虫越冬，成虫出现于每年5~11月间；最盛期为6~8月，雌雄交配后，雌成虫在草坪下的土壤中产卵，孵化幼虫，开始进食草坪根系；此后蛴螬蜕皮长大；当秋季土壤温度转低时，停止进食，在土壤深层越冬；春季土壤温度转暖，蛴螬向上移动至土壤表层重新恢复进食；随着蜕皮长大，进入化蛹阶段；5月后化蛹完成，成虫出土开始交配产卵进入新的生命周期。 ④ 黑绒金龟是食根性害虫，这类害虫广布于中国各地高尔夫球场。在南方发现此类金龟子3~4种，成虫一般在1~3厘米左右；以成虫在草坪中或附近的保护区越冬；春季雌成虫在草坪草基部产卵和孵化；幼虫首先进食草坪茎叶，然后咬食根茎，最后蛴螬转入地下危害根和根状茎；春末或夏末、早秋陆续成蛹；此后成虫陆续出土；通常一年一代，最多不超过两代。 ⑤ 蛴螬侵害许多草坪植物，但成虫却不食草坪草，它们主要以乔灌木的叶子为食料。
危害盛期	春季4~5月，秋季9~10月。
危害状况	① 蛴螬的口器为咀嚼式，能对草坪草根系产生大面积的危害。每1平方米如果有30只蛴螬，就会严重伤害草坪。 ② 当草坪草根系遭到蛴螬严重伤害时，植株枯萎变黄或棕色，最后死去。受害后和临近死的草坪呈现不规则的斑秃。 ③ 蛴螬危害草坪后，草坪草很容易从土壤中拔出来。蛴螬常常位于土壤表层7.6厘米深处。 ④ 在南方夏季，蛴螬通常临近于果岭地表，将土壤顶成许多小包或突起，致使果岭平面和草坪草的生长遭到严重破坏。
危害警示	① 危害指标检查是利用球穴套更换器来检查蛴螬数量。 ② 果岭蛴螬危害警示：当蛴螬平均虫口密度大于30只每平方米时应使用药剂灭杀。
备　注	①水分条件对蛴螬虫口有很大的影响，当土壤过干时，许多虫卵脱水死亡；连续干旱的地方，蛴螬可减少到最低限度。 ② 土壤过湿时也会对蛴螬生存不利，大雨期间积水的地方许多蛴螬因忍受不了水淹而纷纷爬出地面。 ③ 蛴螬的天敌较多，如鼹鼠、鸟类等其他动物。不过在蛴螬被天敌消灭的同时，草坪也遭到破坏。

（2）蝼蛄。

特 性	①蝼蛄生活在土壤中，以草根、匍匐茎、根状茎、昆虫和蚯蚓为食料。它是中国各地高尔夫球场危害草坪的一种重要害虫。 ②蝼蛄淡棕色，被覆柔毛，具有锹状的前足；善于在土壤中挖土打洞；成虫长约3.8厘米，经历不完全变态，故称若虫。
危害盛期	春季蝼蛄在土壤中打洞产卵，若虫在秋季变为成虫，每年一代。
危害状况	①蝼蛄在土壤中打洞时，植株会连根拔起，草坪草会很快枯萎干死。 ②造成高低不平的土丘现象，严重影响球员击球。
危害警示	①蝼蛄打洞深达15厘米或更深。 ②夜间，特别是灌溉或下雨后，蝼蛄爬出地面进食。 ③在高尔夫球场果岭区的沙坑易见到许多新土隧道。

（3）叩头虫。

特 性	叩头虫亦称金针虫，体细长光泽，硬壳，色淡黄至深棕色。成虫大约长1.3~1.5厘米。
危害状况	金针虫栖居于土壤中，以根为食，喜低洼潮湿生境。
危害警示	在高尔夫球场果岭和发球台相对数量较少，较难达到危害草坪的虫口密度。

二、地上害虫诊断

（1）长蝽。

特 性	①长蝽是危害草坪最严重的一种地上害虫。 ②北方通常为一代，南方代数依温度而定，通常为5~7代。 ③长蝽喜居向阳处、叶鞘、匍匐枝，枯草层是长蝽产卵的场所。每平方米约有2 000只长蝽。 ④干旱造成草坪枯黄，与长蝽引起的草枯黄相差无几。
危害盛期	夏季干旱时期危害最为明显。
危害状况	长蝽具刺吸式口器。刺吸幼嫩枝叶，危害草坪，往往使草坪枯萎褪绿。
危害警示	①在夏季草坪出现可疑黄色斑块时，应分开草层，细心检查土壤表面和芜枝层有无长蝽。当发现长蝽时，应立即施用杀虫剂。 ②早期检查和控制能避免草坪受害。
提 示	①夏季梅雨往往抑制长蝽虫口数量，原因是梅雨引起真菌剧增。 ②真菌能杀灭长蝽。

（2）草坪蛾类。

特　性	① 草坪蛾是危害草坪的几种蛾类的总称，幼虫称为毛虫。 ② 毛虫因品种的不同而有棕色、绿色、灰色等的变化。 ③ 多数身上散布着黑色或暗棕色的圆斑。 ④ 充分发育的毛虫体长约 1.9 厘米。 ⑤ 这类害虫在中国北方通常一年 1～2 代，南方则有多代。 ⑥ 常以幼虫越冬，翌年春化蛹为成虫。
危害盛期	在干旱夏季，高尔夫球场果岭区、发球台、球道容易受害。
危害状况	白天成虫隐蔽在障碍区，夜间雌雄交配并在黄昏时飞翔产卵；产卵后进食草坪草茎叶。
危害警示	① 草坪毛虫具咀嚼式口器，危害草坪程度视虫口密度而定，虫口密度的大小与气候等因素有关。 ② 当高尔夫球场出现成群鸟类时，就有可能是草坪毛虫存在的征兆，应仔细检查棕色草坪斑块，有无咀嚼痕迹、绿色球状虫粪等。因为白天毛虫蜷缩在草坪草中，必须细心检查才能发现。
提　示	① 检测毛虫最简便的一个方法是利用去垢剂：将去垢剂洒在有可疑症状的棕色草坪斑块上，毛虫则忍受不了去垢剂的刺激作用而纷纷爬出地表。 ② 通常采用 2.8 升水配 30 毫升去垢剂效果适宜。

（3）草坪螨。

特　性	① 螨的种类多、体极小、足四对，繁殖速度惊人。 ② 有些品种可在一周内完成生长周期，在短时间内能形成强大虫口密度，利用刺吸式口器危害草坪。
危害状况	① 草坪初期造成斑痕，类似病斑；如虫口大则引起叶子死亡。 ② 在狗牙根草坪上，有一种以专门吸食狗牙根为生的螨称为狗牙根螨，体极小，肉眼难辨。
危害警示	最初受害叶片卷曲并变成淡绿色；螨继续进食，叶组织隆起，茎节间变短，叶片呈簇状。

（4）其他地上害虫。

在高尔夫球场的草坪，地上害虫还有介壳虫、叶蝉、蝗虫、蚜虫、杆蝇及泥蜂等。由于这些类别的害虫在各种原因的制约下通常不易形成较大的虫口密度，因此在草坪保护的虫害控制上不是主要对象。

除地上害虫和地下害虫的一些主要种类外，在高尔夫球场草坪上经常还能见到一些害虫如蚂蚁等。这些害虫主要是打洞并造成土包，影响击球，因而也应引起重视。

三、果岭和发球台虫害分布规律

高尔夫球场场地养护管理对害虫要进行有效控制，就必须了解和掌握果岭、发球台害虫的种类、生活习性以及果岭、发球台本身的特性。

（1）地下害虫在果岭和发球台区域的分布规律。

① 果岭、发球台重要的地下害虫当为金龟子幼虫即蛴螬。金龟子喜将卵产在长草区使虫卵生存更为安全，如产在短草区就很容易遭到伤害。

② 果岭由于草矮，仅有个别金龟子打洞产卵现象。通过在高尔夫球场果岭不同点、环圈、护围掘土检测，果岭区除距环圈一米左右的边缘有大量蛴螬活动外，中心地带蛴螬数量很少。环圈、护围中数量最多。

③ 金龟子不是直接将卵产在果岭边缘，而是产在较果岭草坪草更长的护围区。

④ 随着虫卵孵化长大，当护围区草坪草根系逐渐减少或干枯时，幼虫就会向周围扩展，继而进入邻近果岭边缘。果岭草根较护围草根更为鲜嫩，适口性更好，因此护围区蛴螬数量高于果岭中心地带蛴螬。

⑤ 由于果岭和发球台独特的构造以及草坪本身低矮的特点，按照昆虫生态学原理，雌雄成虫交配后，产卵时都将虫卵产在隐蔽的长草区地表下层。

⑥ 发球台一般草长 1.3 厘米，中心边缘均有分布，蛴螬危害的区域也符合果岭分布的规律，仅仅是数量差异而已。

（2）地上害虫在果岭和发球台区域的分布规律。

① 果岭、发球台重要的地上害虫主要为毛虫类中的青虫，危害茎叶相当严重。青虫喜欢危害靠近树木和池塘的果岭和发球台草坪。一旦出现，一昼夜能使果岭、发球台草坪茎叶丧失殆尽。

② 毛虫类对果岭、发球台的侵害与害虫的生活习惯有极密切的关系。

③ 白天草坪蛾喜栖居在池塘、树荫、长草等阴凉处。晚上飞向离得最近的草质最好的草坪区域进食和产卵，因此，靠近树木、池塘的发球台草坪最易遭到伤害。

④ 果岭和发球台区域与球道草坪相比，更易遭到伤害。这是由于发球台有较好的产卵场所，草质适口性均佳的缘故。

第三节　高尔夫球场果岭和发球台虫害控制

一、打孔灌药

程序一

（1）根据果岭边缘昆虫集聚规律现象，采用不完全作业链：打孔、灌药、浇水。

（2）重点作业于果岭边缘和环圈区域。

（3）通常在蛴螬发生盛期，采用这一方法可以有效地控制害虫活动。

程序二

（1）在作业链之后 24 小时检查环圈灭虫效果，灭虫率可达 80% 以上。

（2）在果岭边缘经二次打孔灌药后，蛴螬数量和危害大为降低。

程序三

（1）打孔灌溉频率主要依据地下害虫的虫口密度和年发生代数来决定。

（2）从春季开始，打孔频率随月份增加，特别是 7、8、9 三个月，每个月控制次数应不少于两次，因为从春季开始，地下害虫从地层深处逐渐向上发展，到 7、8、9 月份几乎接近地表活动，大多数蛴螬幼虫刚刚孵化完成之时，幼虫对杀虫剂最为敏感，此时使用杀虫剂效果最好。

程序四

灌药后结合浇水使药液直接浸透到地下害虫栖居处。

程序五

（1）结合梅雨季节进行施药，不必打孔。

（2）利用降雨渗药效果显著，利用梅雨施药则环圈的灭虫率可达到82%。

二、疏草施药

程序一

（1）针对草坪芜枝层栖居着的大量的虫卵和成虫。

（2）重点清除枯草层，控制虫害。

程序二

（1）利用果岭疏草机清除芜枝层。

（2）喷洒农药。

程序三

（1）在未清除以前喷洒，效果较差，因为枯草具疏水性，农药喷洒后不易下渗而失去效果。

（2）枯草层清除后应同时进行埋烧或高温堆肥，以免虫害扩散。

三、分次施药

程序一

（1）成虫和幼虫有不同的生活习惯，分次施药是指对幼虫和成虫分施农药的一种控制手段。

（2）按照害虫生长周期进行分次集中放药是杀灭成虫、减少幼虫的措施。

程序二

（1）对幼虫施药的时间，应选择幼虫对农药最敏感期。例如，金龟子幼虫施药敏感期一般在7、8、9三个月，这时施药效果最好。如在其他时间施药因幼虫长大而抗药性增强，效果相对较差。

（2）杀灭草坪毛虫的最佳时间，是在草坪上方有大量飞翔的草坪蛾之后的1~2周来施药。在未孵化出幼虫以前，杀虫剂对卵无效。如果将杀灭敏感期幼虫作为第一次施药目的的话，第二次施药主要针对成虫。

程序三

（1）虽然有些成虫不食草坪草，但它们相互交配是引起幼虫增加的原因，因而对成虫施药灭杀是减少第一次施药的重要条件。

（2）成虫一般隐蔽在乔木、灌木、长草区，可集中人力，加大药量进行集中杀灭。

（3）采用人工捕杀，可达到环保效果，降低成虫的繁衍。

第四节　高尔夫球场球道虫害控制

一个 18 洞的高尔夫球场球道总面积为 1 000 多亩，球道是高尔夫球场面积最大的区域，也是最大的养护区域。球道区主要地上和地下害虫与果岭、发球台类似，所不同的是球道害虫数量更多，种类更丰富。这是由于球道变化多，以及受地形、地势、周围环境的影响。通常高尔夫球场球道害虫控制的有效技术以大面积喷洒为主。

程序一

（1）控制地下害虫，如蛴螬，主要在梅雨季节进行。

（2）结合每年球道疏草来灭除一部分害虫虫卵和幼虫。

（3）结合定期打孔和撒毒土等方法，达到控制害虫的目的。

（4）针对局部地下害虫可进行局部点喷药剂达到控制效果，同时节约管理成本。

程序二

（1）由于各个球道情况不同，在控制上应采取特殊与一般、集中与分散相结合的原则。

（2）对地势较低、树木较多、池塘较近的球道应给予特殊处理。

程序三

（1）球道控制成虫，主要在成虫出土后较短时间内围而灭之，在交配季节，通常在夜晚 8 点左右，大量成虫聚集于树上。可使用高压洒药喷头集中围歼，或利用黑光灯灭杀成虫。

（2）利用黑光灯是灭杀成虫的有效手段之一。其原理是采用能辐射出 3 600A 紫外线的低压汞气荧光灯，它是一种物理控制技术。许多昆虫的视觉神经都对波长在 3 300～4 000A 的紫外光线特别敏感，因此，黑光灯诱虫效果可达 15 目 100 多科几百万种，其中大多数为害虫，益虫比例不到 5%。一盏 20 瓦的黑光灯，最低诱集直径以 200 米计算，有效诱集面积为 50 亩左右，对一个标准 18 洞高尔夫球场，设置 15～20 个黑光灯较为适合。

第十八章　高尔夫球场草坪病害控制

第一节　高尔夫球场草坪病害诊断技术要点

　　草坪草在生活过程中，遭受有害生物的侵袭或不良环境条件的影响，导致内部生理、解剖结构和外部形态的变化，草坪植物生长发育受到显著的不良影响，甚至死亡，造成功用价值降低。这种现象称为草坪病害。

　　高尔夫球场草坪病害的发生，有一个生理、组织和形状方面不正常的变化，这种变化称为病理程序。具备病理程序和功用价值降低这两个条件则为草坪病害。草坪植物发生病变是由一定的原因引发的。这种原因在草坪病理学上称为病原。病原有生物和非生物两种。生物病原，包括真菌、细菌、病害、类菌质体、线虫等；非生物病原，包括营养不适宜、水分失调、温度过高过低和有毒物质积累等。

　　不同病原引起的病害不同。生物病原引起的病害称为侵染性病害；非生物病原引起的病害称为生理性病害。草坪植物病毒研究的对象是侵染性病害。草坪病害控制即指传染性病害，包括病害发生、发展与流行，病毒症状、类型以及诊断控制等内容。

一、现场观察法

　　草坪植物病害的发生与环境条件有着密切的关系。通常侵染病害为点、片的分散分布，有发病中心。现场观察病害的发生与地形、地势、土壤、气候等的关系；观察病害的分布状况，是大面积均匀分布还是点、片分布，是否有发病中心等。

二、症状鉴别法

　　通常每种草坪植物病害具有特异的症状，通过症状可以鉴别草坪病害。这是一种简单常用的病害鉴别方法。病状鉴别法可用肉眼和放大镜进行，通过观察病部的病状和病征来鉴别病害。

三、病原鉴定法

　　病原鉴定法一般取病组织或徒手切片进行显微镜检查病原种类。真菌病害可检查出菌丝、孢子和子实体；细菌性病害可检出菌脓；病毒病害在电镜下可见病毒颗粒。草坪植物病害的症状有"同症异源"和"同源异症"的观察。例如，黄单胞杆菌可引起草坪的叶斑病，也能引起萎蔫病。因此，症状鉴别不是唯一可靠的方法，还需做病原鉴定。

四、柯氏证病律

　　通常用显微镜检查病原物往往混杂有许多腐生性杂菌，影响了镜检的准确性，因此，一些病害尚需做人工诱发试验。首先将病部的病原物进行分离培养并接种于同类健康的植物上，观察是否发生相同的病害症状；再从病发部位分离出相同的病原物。由此可找出引起病害的真实病原物，此法称柯氏证病律。

第二节　高尔夫球场草坪病状与病征

感病草坪草的一切不正常表现称为症状。感病草坪植物本身的不正常表现称为病状。感病草坪草上病原物的表现称为病征。

凡由真菌、细菌引起的病害，病状与病征都明显。凡由病毒、类菌质体和线虫引起的病害，只有病状而无病征。草坪植物病害的症状可分为病状和病征两部分。因此，症状的类型也可分为病状和病征两种类型。

一、病状类型

（1）增生型：感病部位细胞体积增大或数量增多，如肿瘤、丛枝与徒长等。
（2）缩小型：感病部位细胞体积缩小或数量减少，如小叶、矮化、皱缩等。
（3）变色型：感病部位细胞色素改变如花叶黄化、褪绿等。
（4）萎蔫型：感病植物由于根、茎的皮层腐烂或维管束阻塞，破坏了水分的运输而引起凋萎现象，如青枯、枯萎等。
（5）坏死型：感病部位细胞和组织坏死，常见的有腐烂、溃疡、斑点等。

二、病征类型

（1）霉状物病部产生不同颜色的菌丝层如霜霉、黑霉、烟霉、灰霉等。
（2）粉状物病部产生各种颜色的粉末如白粉、黑粉、锈粉等。
（3）点状物病部产生黑色或黑褐色小粒点如分生孢子器和子囊壳等。
（4）病部产生的病征类型还有伞状物、粒状物、索状物、胶状物等。

第三节　高尔夫球场草坪主要病害预测

草坪病害的预测就是在认识病害发生发展规律的基础上，以流行规律为基础，在历史资料（经验）和现况监测的支持下，对一定时限后病害发生趋势和未来状况进行推测和判断。

一、草坪病害类型分析

（1）分布广、危害重、几乎年年发生、控制难度大的病害：褐斑病、夏季斑病、腐霉枯萎病、镰刀枯萎病、狗牙根春季死斑病、坏死环斑病、全蚀病等。
（2）局部发生，危害较轻时造成叶枯，重时造成根腐、斑秃的病害：翦股颖赤斑病、早熟禾溶失病、高羊茅叶斑病、离蠕孢叶枯（根腐）病、弯孢叶枯（根腐）病、炭疽病等。
（3）经常发生、较易控制的叶部病害：锈病、黑粉病、白粉病等。

（4）其他病害：红丝病、褐条斑病、灰斑病、仙环病、粘霉病等。

二、褐斑病流行预测

（1）病害田间流行动态全过程呈 S 形曲线，分为五个阶段：

①5 月中旬至 6 月中下旬为发病始期，田间呈零星病点分布。

②6 月底至 8 月上中旬为病害激增期，病点迅速扩大成病斑或病区，草坪出现明显的枯草区。

③8 月下旬至 9 月上中旬为病害衰退期，病害扩展缓慢或趋于停止。

④9 月中旬以后为病害终止期或病株恢复期。

⑤10 月初病斑枯草区已完全恢复。

（2）气象因子：监测 6 月至 8 月温度、湿度和降雨三个气象因素，可作为预测褐斑病流行的重要依据。

① 当土温达到 15℃～20℃，菌核开始萌发，此时为第一次用药时间；

② 病害发生的最适温度为 21℃～32℃；

③ 夜间最低温在 21℃以上，白天最高温在 30℃左右，连日相对湿度超过 80%（或叶面湿时至少连续保持 48 小时以上），病害可能大发生。

（3）不同草种和同一草种的不同品种，对褐斑病的抗病性表现不同。

（4）土壤中氮肥水平越高，褐斑病越重；土壤贫瘠、肥力水平低时，植株长势弱，也易感病。在褐斑病易发生的夏季，适量增施磷肥、钾肥、硫铵对褐斑病有较好的抑制作用。

（5）大量田间调查和试验结果证明，植株密度过大有利于病害发生。

（6）修剪高度和次数、土壤 pH 值、灌水时间和次数等与植株生长状况相关的管理措施都不同程度地影响着病害的流行。

（7）结合嗅到发霉的气味，或采用物候法进行预测。

三、腐霉枯萎病流行预测

（1）高温高湿的条件下易发生腐霉枯萎病，人为水的管理和温度、湿度、降雨是影响腐霉枯萎病流行的主要因素。

（2）当白天气温大于 30℃，夜间最低温超过 20℃（曾发生过腐霉枯萎病的草坪夜间温度不低于 18℃），至少持续 14 个小时的相对湿度不低于 90% 时，腐霉枯萎病就可能大发生。

（3）监测 6 月至 8 月上述气象因素，是预测腐霉枯萎病的重要方法。

（4）要特别注意加强对低洼积水、偏施氮肥、生长茂盛稠密草坪的监视。

四、夏季斑病流行预测

（1）气象因子：病菌在春末土壤温度达到 18℃～20℃时开始侵染（当 5 厘米土温度达到 18.3℃时），北方地区在 6 月中旬左右，此时为第一次用药时间。

（2）病害发生的最适温度为 28℃。当温度达到 30℃～35℃时，症状最严重。

（3）每年 7 月至 8 月份的高温、高湿、降雨（包括频繁浅层灌水）是夏季斑病流行的重要气象因素。

（4）草种间以草地早熟禾最感病，而草地早熟禾不同品种间抗感反应也很明显。

（5）夏季草坪修剪越多、留茬越低，病害相对就重；反之就轻。

（6）其他养护措施：碱性、干旱、紧实板结、经常践踏的土壤发病重；排水不良、频繁的浅灌溉或过多灌水，造成土壤缺氧易加重病害。

（7）不当施用除草剂、速效氮肥等也会加重病害。

第四节　高尔夫球场草坪病害控制

（1）炭疽病。

危害特性	发病草坪最初呈现不规则的褪绿，呈现黄色小片，后变为红棕色草斑，病叶上相继出现大量黑色刺状分生孢子盘。
发病盛期	适于冷或温暖的气候条件，盛发温度22℃~29℃，高温高湿、缺肥、缺水等环境下易感染此病。
控制与护管	① 适当施肥、浇水可增强抗病性。 ② 施用药剂。

（2）褐斑病。

危害特性	危害叶、茎、根茎和根系。发病初期，感病叶片出现云纹状黄褐斑，直立茎受害处呈褐色腐败。患病后期，叶片卷曲凋萎。果岭上草坪呈现粗糙、圆形、稀疏或枯萎棕褐色圆形斑块，直径几厘米到几十厘米不等。清晨低刈的草坪草斑边缘周围可出现一个黑色的烟状圈，最后病块呈淡褐色或稻草色。
发病盛期	此病的初发温度为15℃左右，但也不排除在比此温度更低的情况下发病。盛发温度27℃~32℃，排水不良、高湿及过量施氮会加重病情。
控制与护管	① 通风透气，适量施肥，匀整修剪，清除芜枝层，夜间严禁灌溉可减少感染。 ② 施用药剂。

（3）铜斑病。

危害特性	感病初期叶上有明显浅红色小斑。扩大后形成铜色或粉红色草斑，直径2~7厘米不等。
发病盛期	盛发温度18℃~25℃。
控制与护管	① 加强水肥管理。 ② 施用药剂。

（4）银元斑块病。

危害特性	发病初期叶面上出现淡黄色条纹或斑点。边缘浅红棕色，最后条理扩展形成圆形白色斑状块，大小类似银元。果岭得此病，形状更显。发球台、球道由于留茬较高，通常斑点较大，形状不规则。此种情况若不加控制，多数斑点则会汇合形成更大的斑块。早晨受害草坪表面可观察到白色蛛网状菌丝体。
发病盛期	初发温度15℃左右，盛发温度21℃~27℃。土壤水分过低，肥料少，芜枝层厚，透气差能加重此病。
控制与护管	① 增加浇水次数或灌溉量，提高施肥量；清除芜枝层，进行心土、切开、打孔等通气作业。 ② 施用药剂。

（5）黑斑病。

危害特性	发病之初，被害叶部呈现褐色斑点，后经扩大汇合成黑色圆斑块，起初直径 2～3 厘米，如不加控制可至 10～20 厘米不等，最常见者为 5～10 厘米黑色斑块。愈合后成为不规则大斑块，草株枯死。斑块内散布个别草株。
发病盛期	每年 3～6 月是好发期。过量施氮、排水不良、高湿是诱发因素。
控制与护管	① 不可施氮过量；除去修剪物，改善排水，增加通风。 ② 施用药剂。

（6）镰刀霉枯萎病。

危害特性	发病后流行很快。草坪感染后几天内可出现病征。根、茎、叶均受害。病株患处常显棕色或红褐色。患病后期植株很快死亡，并相互汇合成环状或新月状的萎蔫斑块。通常为蛙眼状斑块。
发病盛期	好发温度为 27℃～35℃。高氮水平、缺水可加重病情。
控制与护管	① 减少施氮量、少量灌溉可减轻该病危害。 ② 施用药剂。

（7）锈病。

危害特性	发病初期，草坪草叶上出现黄色小点，不久，斑点扩大并沿叶脉延伸。成熟病斑突起，内生管孢子堆，后破裂，并散出黄色至黄褐色夏孢子，严重时被害草坪呈黄褐色，最后即成锈色。草坪渐稀疏，后植株干枯死亡。
发病盛期	盛发温度为 17℃～22℃，具体时间为春末夏初，秋末冬初。贫瘠、遮阴、干旱环境下易感此病。
控制与护管	① 加强施肥量、注意遮阴、增加浇水量可减轻此病发生。 ② 施用药剂。

（8）腐霉枯萎病。

危害特性	起病急。初发病即呈 5～15 厘米圆形斑或长条纹。高湿条件下，病株呈黑色油污黏滑和水渍状，似脂肪，又称脂肪斑。菌丝体白如棉絮，状似蛛网，清晨极易观察到。随着草坪叶片死亡，变成浅红棕色。最终为淡黄色或稻草色。高温、高湿、阴雨天有利于该病流行。
发病盛期	好发温度为 26℃～35℃，施氮过高，土壤排水不良，空气不畅环境下最为严重；在很短时间内通常一昼夜就可毁灭一块草坪。狗牙根和剪股颖的草坪尤应注意。
控制与护管	① 改善排水，晚间不浇水。 ② 施用药剂。

（9）白粉病。

危害特性	感病初期，叶表面出现白色菌丝体。病害继续发展，叶褪绿而后死亡。病株呈灰色，犹如沾上面粉。枯死的草坪斑块白粉尤为严重。
发病盛期	好发温度为 12℃～21℃。但在潮湿、雨季、多云天气、遮阴、温度 30℃ 左右时亦有此病发生。

（续上表）

控制与护管	① 改善排水，晚间不浇水。 ② 施用药剂。

（10）黑粉病。

危害特性	最初受害叶片呈现黄色长条纹，后变为灰色。最后表皮破裂，散发黑色孢子团，并在叶片上形成棕黑色条纹。病叶破裂，并以尖端向下卷曲。
发病盛期	好发温度为 10℃～18℃。过量施氮和厚芜枝层易诱发病变。
控制与护管	① 适量施肥；清除芜枝层，通风透气。 ② 施用药剂。

（11）叶斑病。

危害特性	感病初期，叶和茎上出现棕褐至灰白色的斑点。不久扩大形成圆或长形的斑块。斑块中心灰白色。边缘色较深，为红棕色或紫色，最后草坪枯萎死亡。
发病盛期	发育的适宜温度为 21℃～29.5℃。氮过量和土壤排水不良是此病的诱发因素。
控制与护管	① 氮肥适量；改善排水，注意透气。 ② 施用药剂。

（12）蕈圈。

危害特性	蕈圈是担子菌纲里的几种真菌引起的一种草坪不均匀现象。在草坪蕈圈部分呈圆形或其他形状，色暗绿色，比草坪其他部分生长快。产生蕈圈的担子菌在土壤中吃食有机物。当有机质腐烂时释放、分解出氮，这些氮很快被周围草坪吸收。故蕈圈草坪生长得十分致密和旺盛。但如果真菌分泌出有毒化合物或菌丝体变得难透水分时，草坪草可能会被杀死。
控制与护管	极严重时注意疏草、切开、打孔即可。

（13）白叶病。

危害特性	初发病时，病株心叶基部呈现不明显细长淡绿色条斑，沿叶脉向叶尖蔓延。后淡绿色转为白色条斑，叶鞘上也有类似条斑。随后转为绿白相间，最后变为淡黄白色至全白色，呈散生或簇生。病株叶多而短小，茎细而间节短。浮尘、昆虫为两发因素。
控制与护管	① 加强氮肥供应。 ② 施用药剂。

第十九章　高尔夫球场草坪杂草控制

第一节　高尔夫球场草坪杂草类别

一、草坪杂草的危害

（1）损坏草坪外表的均一性。

杂草种类繁多，生物习性、均一性与草坪草的差异很大，很容易造成草坪草外貌的不均一性，使草坪质量严重下降。

（2）消耗草坪养料。

杂草与草坪争光、争肥、争水，主动或被动地释放出各种化学物质来干扰草坪草的正常生长和发育，从而导致草坪稀疏，质量下降。

（3）病虫害传染源。

许多杂草是传播病虫害的重要来源，因为有些病虫害将杂草作为寄主、中间寄主或越冬场所。通过它导致病虫害的蔓延并感染草坪，从而造成草坪患病，进而影响质量。

（4）耗费养护费用。

为了保持纯一的草坪，高尔夫球场每年需动用大量的人力、物力和资金用于杂草防除，导致养护费用大幅度上升，使球场的经济负担加重。

二、草坪杂草的分类

杂草分类是草坪杂草防除的重要基础。由于草坪杂草种类繁多，生活习性悬殊，为便于实际应用，实践中通常按植物系统、生物学特性和危害程度来分类。

（1）按植物系统分类。

根据植物形态、繁殖等特性的相似相异性来判断进化上的亲缘关系，根据这种亲缘关系的远近将某一植物划为不同等级如门、纲、目、科、属、种，此种分类方法即为植物分类法。这种分类科学、系统。在除草剂应用的最初阶段，主要是按此分类方法来进行分类。此后随着除草剂新品种不断开发，杂草分类要求越来越高，新的杂草分类法应运而生。目前草坪杂草菊科种类最多，禾本科居二，莎科居三，以下顺次为唇形科、豆科、蓼科、十字花科、玄参科、石竹科、蔷薇科和伞形科等。

（2）按生物学特性分类。

按生物学特性分类主要针对生活史特征而言。这是草坪杂草分类中最常用的分类方法之一。

生物学特性分类	生活史特征	常见杂草
多年生杂草	主要特征是营养繁殖发达，依靠地下根、地下茎、地上茎维持多年生长。	苣荬菜、刺儿菜、田旋花、白茅、芦苇、双穗雀稗、眼子菜、矮慈姑、空心莲子草、香附子、水莎草等。

（续上表）

生物学特性分类	生活史特征	常见杂草
二年生杂草	此类杂草需要在两年内完成其整个生活史。主要为种子繁殖。	田蓟、小飞蓬、牛蒡子、野胡萝卜等。
一年生杂草	此类杂草可在一年内完成其从种子到种子的生活史。根据其生活史的特点可分为三种类型：越冬型、越夏型、短生活史。越冬型或称冬季一年生杂草，于秋冬季萌发，至春夏季开花结果而完成一个生活史。越夏型，于春夏间萌发，至秋天开花结实而死亡。短生活史，可在 1~2 个月内完成生活史。	越冬型：看麦娘、婆婆纳等。 越夏型：稗草、马唐、藜和苋等。 短生活史：青蓼和小蓼等。

三、除草剂的作用与分类

（1）除草剂的作用。

① 抑制光合作用。

② 抑制呼吸作用。

③ 干扰内源激素作用和细胞分裂。

④ 干扰蛋白质、核酸等大分子的合成代谢。

⑤ 破坏生物膜结构，影响细胞内外环流。

（2）除草剂的分类。

类　别	除草剂类型	用　途
按性质分类	灭生性除草剂	能杀死所有施药植物。
	选择性除草剂	能杀死某些杂草，但对另一些杂草无效，且对草坪安全。
按作用方式分类	内吸性除草剂	能被杂草根、茎、叶分别吸收并被运到杂草全身以破坏其内部结构和生理平衡，从而引起植株死亡。
	触杀性除草剂	只能杀死直接接触到药剂的植物组织，无传导作用。
按施药对象分类	土壤处理剂	将其直接喷洒于土壤表层或通过混土将其拌入土壤中一定深度，建立起一个除草剂封闭层，借以杀死萌发的杂草。
	茎叶处理剂	将除草剂稀释到一定量的水或其他惰性填料中，对杂草幼苗进行喷洒处理，利用杂草茎叶吸收和传导来消灭杂草。
按剂型分类	除草剂的加工剂型和加工质量对于除草剂的药效影响很大，应该根据各种除草剂的理化性质和作用方式加工成适宜的剂型，才能充分发挥它的药效。常用的有水剂、水溶剂、可湿性粉剂、悬浮剂、乳剂、油剂、颗粒剂和粉剂等。	

（3）除草剂选择。

① 利用杂草与草坪形态、解剖上的差异来进行施药灭草，主要包括生长点位置、叶片形状、生长角度、叶表皮组织、输导组织等。

② 利用草坪与杂草生理生化特性的差异来灭草，包括吸收能力差异、解毒能力差异、活化能力差

异等。

③利用草坪与杂草位差的不同来灭草，即利用草坪与杂草根、茎、叶分布位置的不同，通过一定施药方法使药主要直接和杂草接触，避免和草坪接触。

第二节 高尔夫球场草坪杂草控制工序

一、果岭和发球台杂草控制

程序一：首选人工防除

（1）人工除杂草，拔草须除去根系。
（2）配备和使用小铲。
（3）杂草拔除后，及时收走和妥善处理。
（4）在拔过杂草的地方铺上沙子。
（5）在每一个区域人工除杂草完毕，检查该区域的草坪状况，检查有无沙石、杂草留在草坪上，做好清理的工作。

程序二：实施化学防除

（1）施除草剂前必须先确定果岭区面积。
（2）根据相关除草剂施用原则计算施药量。

二、球道杂草控制

程序一：加强草坪护管

（1）把握杂草传播途径，如周围杂草草籽、风力传播、雨力传播、灌溉传播。
（2）精心管理，高度护养，增加密度。

程序二：除草剂施放前检测

（1）除草剂使用不当易造成草坪药害，主要症状为生长迟缓、畸形、叶片褪绿、白化、枯斑等。
（2）防止和排除药害的具体办法是：
① 先试验后施用。
② 使用安全保护剂。
③ 对激素型的药害喷洒赤霉素、石灰、草木灰、活性炭等。
④ 对触杀型除草剂的药害，可施速效肥类使其恢复生长。
⑤ 土壤处理剂的药害可采取浇水反复冲洗等清除。

程序三：化学防除

（1）球道施用除草剂进行化学除杂草前，首先对周围障碍区进行灭杀，以防止二次传播。
（2）采用除草剂混用时，除草剂必须现混现用，混用前应进行可混合性试验。可混合性试验的具体过程是：取相当使用量的一种单剂样品，放到 200 或 250 毫升的带塞量筒中，用少量水先把样品润湿，调匀后用其余水稀释，加塞后上下倒摇 30 次，然后观察有无絮状、沉淀、结晶、分层或漂浮等凝聚现象。若混合后的体系均匀，分散性好且相对稳定，则认为是可混合的，可保证安全有效，反之不能混用。

（3）选择气温为 20℃~29℃，土壤温度适宜，无风，施药后至少在 6~8 小时无雨的气候条件下，除草剂才能发挥最大效果。

（4）用药后 3 小时内禁止践踏；施药后 2 天内不能修剪；再次喷药至少要等 2 周。

（5）在禾草根系未扎深前，不要在新铺草坪上使用除草剂，施过药的地方如建坪应按说明书施行。

（6）暖季型草坪草中，阔叶杂草应在晚春、秋季进行；冷季型草坪可在春、夏末或早秋进行。

第二十章　高尔夫球场草坪保护作业管理

第一节　高尔夫球场草坪保护与农药技术要点

一、农药使用方法

（1）喷雾法。

通过喷雾器或大型洒药车将药液雾化，均匀地喷洒在草坪植物上，直接杀灭病虫害或预防病虫害发生。这是高尔夫球场常用的杀病虫方法之一。

（2）撒毒土。

将杀虫剂混入一定量土壤中，然后撒入打孔作业后的草坪上或在建坪初期进行土壤消毒处理。

（3）灌根。

控制高尔夫球场果岭地下害虫的常用方法之一。将药液与水配合后，均匀地浇灌在打孔后的果岭上使其下渗到地下害虫栖居处。

（4）毒饵法。

将害虫喜食饵料与具有胃毒作用的农药混合，撒在地面或害虫经常出没的地方以控制害虫。

二、农药混合使用

两种或两种以上农药科学地混合使用，能提高药效，防止病虫产生抗药性，可以兼治多种病虫害和杂草，节省费用。但不是所有农药都能混合使用，有的农药混合后会发生沉淀降低药效，造成浪费。依据农药的性质，农药混合使用有三个原则：

（1）农药混合后，不应发生降低药效的理化变化。如果混合发生沉淀或有破坏乳化剂的现象，则不应混合。

（2）农药混合后，应对草坪草无药害，否则不能混合。若两种药剂混合后改变了药剂对草坪草表面的渗透性，增加了药剂的溶解度，则容易出现药害。

（3）农药混合后，只能提高药效，不能降低药效；否则，不能混合使用。农药混合后能提高药效的混合剂很多。

三、草坪农药使用原则

（1）适时原则。

① 在病虫害发生的薄弱环节进行施药，如鳞翅目的幼虫在三龄前施药。

② 在杂草苗期和花期施药。

③ 病害在孢子散飞期施药等。

④ 适时施药，效果最好。

（2）对症原则。

① 各种农药有一定的控制对象范围，使用适当农药，才能收到理想的控制效果。

② 控制蚜虫等刺吸式口器的害虫，选用内吸杀虫剂较为适宜。

③ 控制一年生浅根性杂草，目前较多球会选用草坪宁，效果较好。

④ 如果用错了药，不仅浪费人力物力、没有控制效果，且有可能造成药害。

（3）准确原则。

① 用药时要遵循最低有效浓度和最少有效次数原则。

② 准确原则主要包括施放的农药浓度、药量、次数准确，这是提高药效、降低成本的一个重要因素。

③ 如果用药浓度过高，药量过大，次数过多，就算是药效高，也会造成浪费，并容易产生抗药性，出现药害和污染环境等不良后果；如果浓度太低则达不到控制目的。

（4）安全原则。

① 农药中毒现象大多由于误食、滥用以及使用不当等造成。

② 为了避免中毒，必须严格按使用说明书进行。

③ 农药对病虫的控制效果称为药效。

④ 农药对草坪的不良影响称为药害。药害可分两种：急性和慢性药害。急性药害，表现为斑点、变黄、变形、枯焦、萎蔫；慢性药害，表现为生长发育缓慢。

⑤ 合理科学地使用农药是提高药效，避免药害，防止中毒的根本方法。

⑥ 长期连续使用单一农药，易造成病虫对农药的适应性，降低药效，这种现象称为病虫的抗药性。克服抗药性的方法，是采用农药轮换使用、交替使用、混合使用、综合控制等手段。

第二节　高尔夫球场喷药与消毒工序

一、施药频率

（1）依据预防为主、综合防治的方针，根据草坪病虫害、杂草及其他有害生物的发生规律来确定用药种类、数量和使用浓度。操作人员要关注天气预报，掌握天气变化适当选取农药控制时间。在春季期间做好预防工作，给予一定量的广谱性杀菌剂，夏季高发病害时用药要根据病害种类确定专门的药物来治理。

（2）农药控制的打药次数根据病害发生状况来确定，通常预防的药物每10～15天用药一次即可，发病初期每7～10天一次，但当病虫害大面积发生且发生严重时需每5～7天用药一次且浓度要加大。

（3）农药控制的打药须选择在无风或风力在2级左右的晴朗天气，且要在没有露水时进行，一般中午高温时期避免打药，夏季高温避免打药。

二、喷药前准备

（1）检查打药机械是否正常，选择合适的喷嘴。

（2）提前明确要进行防治的对象、区域及要使用的药剂和调配浓度。

（3）准备好防毒面具、手套等防护用品。

（4）注意天气变化，球场喷水时间、剪草、施肥等工作事项。

三、喷药操作

（1）佩戴防毒面具、手套。

（2）药物要先用一定量的水在小桶里稀释，然后将药罐加水至 1/2 位置，放药直至稀释到使用的浓度，混合使用的药物也是先将每种药物稀释，然后放到大罐里一起用水配到使用浓度。

（3）果岭打药采用喷枪打药，一般顺风进行，且开喷头要在果岭外进行，排干水管中剩余的药液，然后进入果岭打药，不可以直接在果岭上开喷头打药。

（4）喷药均匀，没有重复交叉，且没有遗漏区域，一般每平方米用液 200 毫升左右。

（5）给果岭以外的区域采用药车喷头打药，保持车速均匀，行走宽度一致，保持无重复交叉、无遗漏区域。

四、喷药与消毒注意事项

（1）当天稀释的药物要当天用完。

（2）配置药物时要避免加水时溅落到身体腐蚀皮肤。

（3）打药时严禁吸烟。

（4）喷药后 8 小时内不能浇水、不能修剪草坪，最好在修剪后喷肥，以达到充分吸收。

（5）及时清理药罐、喷头和过滤网。

（6）药物包装要妥善处理，不可以随意乱扔，尤其是防治虫害的药物瓶子。

（7）注意周边环境，保证不影响客人打球。

（8）喷药后若在 8 小时内下雨要及时进行补喷，此时要降低用药浓度。

（9）喷杀虫剂要尽可能使用生物环保制剂，要保护天敌。

（10）喷液体肥要注意工序的连续性和完整性。

（11）用喷枪打药时，水管应及时向后拉，以避免叶子上的药液被拖走影响药效。

（12）如遇到有人员中毒，应及时送医院检查。

第三节　高尔夫球场控制草坪虫害、病害、杂草工序

高尔夫球场草坪保护工序标准

	虫害控制	病害控制	杂草防除
果　岭	每半月喷药 1 次。	春季每两周 1 次，夏季每周 1 次，秋季每两周 1 次，冬季每周 1 次。	不用化学除草剂，采取人工拔除杂草，一旦发现，立即拔除。
发球台	每半月喷药 1 次。	春季每月 1 次，夏季每月 2 次，秋季每月 1 次，冬季每 2 月 1 次。	不用化学除草剂，采取人工拔除杂草，一旦发现，立即拔除。

（续上表）

	虫害控制	病害控制	杂草防除
球 道	每月喷药 1 次。	视情况而定。	每年喷除草剂 3 次，芽前处理和芽后处理，采取有杂草区域点喷。
长草区	每季度喷药 1 次。	视情况而定。	每年 2 次，芽前处理和芽后处理，喷遍全部区域。
备 注	任何区域虫害严重时加量喷 1 次。	任何区域只要发现有病斑，在发病初期加量控制 1 次，隔 3～5 天后重喷 1 次，直到完全控制病害。	果岭与发球台不使用化学除草剂，采取人工拔除杂草。

一、草坪虫害、病害、杂草药剂与设备使用

（1）检查机器编号，核对工序要求，正确配备机械设备、工具配件；使用前全面检查施药机：缸体是否干净，喷杆运作是否正常，芯滤网是否清洗干净，喷嘴是否正常工作。

（2）检查汽油是否充足，机油是否适量。

（3）操作员须佩戴口罩、手套，穿好工作服和皮长靴。

（4）往药缸内注入 1/3 容积净水后，启动搅拌器并做加药准备。

（5）按指定药及剂量配药，配药须在指定容器进行，并将配好的药（充分溶解）缓缓加入药缸。

（6）缸内溶液达到指定数量要求时停止加水，盖好药缸盖，将药机驶入施药区域。

（7）喷药前须确定压力和速度，按指定的压力与速度操作。

（8）喷药过程中必须保持已调好的压力与速度；保证不重复、不遗漏，车辆掉头转弯须关闭总阀。

（9）喷药时须注意操作者与他人及机械的安全。

（10）施药结束后须清洗药缸，确保缸体内无残余物，拆开喷嘴加入洗洁精，清洗每个滤芯。

（11）停放好农药机后，施药技工须清洗（手、脸）以确保安全。

（12）剂量的用量及施药区必须做记录，并汇报当值主管。

（13）所有药品包装应按环保规定妥善处理。

（14）设备入库后，操作员须在设备登记卡上登记入库时间及姓名。

（15）如设备有任何异常或损坏，须及时通知当值主管。

二、球道虫害控制

（1）球道害虫控制的有效技术以大面积喷洒化学药剂为主。

（2）结合梅雨季节来控制地下害虫。

（3）结合每年球道疏草来控制一部分害虫虫卵和幼虫。

（4）结合定期打孔和撒毒土等方法来达到控制害虫的目的。

（5）球道控制成虫，主要采取在成虫出土后较短时间内围而灭之，在交配季节，一般是在夜晚 8 时左右，大量成虫聚集于树上时使用高压洒药喷头集中围歼。

（6）利用黑光灯灭杀成虫。对一个标准 18 洞高尔夫球场，大约设置 15～20 个黑光灯较为适合。

（7）由于各个球道情况不同，在控制上应采取特殊与一般、集中与分散相结合的原则。而对那些地势较低，树木较多，距离池塘较近的球道应给予特殊处理。

三、果岭与发球台虫害控制

（1）打孔灌药：打孔是高尔夫球场草坪特殊护养作业之一，是根据果岭、发球台作业链实施控制地下害虫的有效技术。

（2）疏草施药：由于草坪芜枝层栖居着大量的虫卵和成虫，所以清除枯草层是控制虫害较好的方法。

（3）分次施药：成虫和幼虫有不同的生活习惯，按照害虫生活史进行分次集中放药是杀灭成虫、减少幼虫的有效手段。

四、草坪病害控制

（1）炭疽病控制与护管：适当施肥、浇水可增强抗病性；及时适当施用药剂。

（2）褐斑病控制与护管：通风透气，适量施肥，匀整修剪；清除芜枝层，夜间严禁灌溉可减少感染；及时适当施用药剂。

（3）铜斑病控制与护管：加强水肥管理；及时适当施用药剂。

（4）银元斑块病控制与护管：增加浇水次数或数量，提高施肥量；清除芜枝层，进行心土、切开、打孔等通气作业；及时适当施用药剂。

（5）黑斑病控制与护管：不可施氮过量；除去修剪物，改善排水，增加通风；及时适当施用药剂。

（6）镰刀霉枯萎病控制与护管：减少施氮量；少量灌溉可减轻该病危害；及时适当施用药剂。

（7）锈病控制与护管：加强施肥量；注意遮阴；增加浇水量可减轻此病发生；及时适当施用药剂。

（8）腐霉枯萎病控制与护管：改善排水，晚间不浇水；及时适当施用药剂。

（9）白粉病控制与护管：改善排水，晚间不浇水；及时适当施用药剂。

（10）黑粉病控制与护管：适量施肥；清除芜枝层，通风透气；及时适当施用药剂。

（11）叶斑病控制与护管：氮肥适量；改善排水，注意通气；及时适当施用药剂。

（12）蕈圈控制与护管：在严重时采取疏草、切开、打孔作业。

（13）白叶病控制与护管：加强氮肥供应；及时适当施用药剂。

五、化学防除杂草

（1）针对已蔓延的恶性杂草使用选择性除草剂防除。

（2）果岭除草的措施主要是采取人工拔除的物理方法，使用除草剂时，一定要安全地选择和使用；果岭区施用除草剂前必须确定果岭区面积；根据相关除草剂施用原则计算施药量。

（3）球道施用除草剂进行化学除杂草前，首先对周围障碍区进行灭杀，以防止二次传播。

（4）采用除草剂混用时，除草剂必须现混现用，混用前应进行可混合性试验。

（5）选择气温在20℃～29℃之间，土壤温度适宜，无风，施药后至少在6～8小时无雨的气候条件下，除草剂才能发挥最大效果。

（6）用药后3小时内禁止践踏；施药后2天内不能修剪；再次喷药至少要等2周。

（7）在禾草根系未扎深前，不要在新铺草坪上使用除草剂，施过药的地方如建坪应按说明书施行。

（8）暖季型草坪草中，阔叶杂草应在晚春、秋季进行；冷季型草坪可在春、夏末或早秋进行。

（9）除草剂使用不当易造成草坪药害，主要症状为：生长迟缓，畸形，叶片褪绿，白化，枯斑等。

（10）化学除杂草注意事项：喷除草剂时喷枪要压低，严防药雾飘到其他植物上；喷完除草剂的喷枪、桶、机等要彻底清洗，并用清水抽洗喷药机几分钟，洗出的水不可倒在有植物的地方；靠近花、灌木、小苗的地方禁用除草剂，任何草地上均禁用灭生性除草剂；用完除草剂要做好记录。

六、人工防除杂草

（1）人工除杂草，拔草须除去根系。

（2）配备和使用小铲。

（3）杂草拔除后，及时收走和妥善处理。

（4）在拔过杂草的地方铺上沙子。

（5）在每一个区域人工除杂草完毕，检查该区域的草坪状况，检查有无沙石、杂草留在草坪上，做好清理的工作。

第六篇

高尔夫球场草坪水分管理流程

阅读重点

第二十一章　高尔夫球场草坪水分管理职能概述

第一节　高尔夫球场草坪水分管理范畴

一、部门功能

水分是草坪维持正常生命活动的关键要素之一，对草坪植物的生长发育起着重要的作用。水分来自于自然界，通过土壤和草坪草的自身根系活动源源不断地进入植物体内，使生命得到滋养和延续。草坪水分管理是人为补充土壤自然缺水的一种衡水方式，它对护养草坪草正常生长和发育具有重要的作用和意义。然而草坪的水分管理不是简单的灌溉，它不但需要综合考虑气候条件和地形条件等外在因素，还需要考虑草坪草品种和自身需水特性等内在因素。

近些年来随着高尔夫行业的迅猛发展，高尔夫草坪灌溉用水成为城市用水的重要方面。不同于普通的草坪灌溉，由于高尔夫球场自身的特殊性决定了高尔夫草坪灌溉的特殊性，高尔夫草坪的水分管理工作也愈来愈重要。

随着全球水资源供需矛盾的日益加剧，节约有限的水资源关系到高尔夫目前及未来的发展方向，科学、高效的高尔夫草坪的水分管理工作显得极为重要。结合灌水新技术、新设备，有效的水分管理工作不仅能节约水资源，同时也能提高管理水平，降低管理成本，有助于中国高尔夫行业的健康发展。

二、职能概述

一个18洞标准高尔夫球场通常占地67万平方米到133万平方米不等，整个球场大部分为草坪覆盖，每天平均耗水量为2 000～2 500立方米。高尔夫球场草坪水分管理的重点是善用水资源和节约用水。

高尔夫球场草坪水分管理包括高尔夫球场的水资源利用、草坪缺水诊断、灌溉系统设计、灌溉系统操作、草坪灌溉、草坪排水与节水等作业工序。

球场灌溉系统的最终目标就是要充分满足高尔夫球场内草坪草需水要求，同时有效节约水资源。要实现这一目标，必须因地制宜，结合球场自身特点，选择合理的喷灌系统，利用先进的灌溉技术，采用科学的管理。

草坪灌水，作为天然降水的补充，要充分满足草坪的需水量，保证草坪草的正常生长。根据高尔夫球场不同区域的草坪草的需水特性，合理灌溉，按需灌溉。

草坪排水，即为避免和防止外界浇水能力大于土壤渗透能力导致地表积水，造成草坪涝害所采取的一系列排水措施的过程。外界浇水能力是指来自于自然界的连续降雨。高尔夫球场所做的排水工作就是尽量减少雨后地表积水，使草坪所受到的危害降到最小并保证正常的球场营业。

第二节 高尔夫球场草坪水分管理作业安排表

工作项目	1月	2月	3月	4月	5月	6月	7月	8月	9月	10月	11月	12月	备　注
果岭区域喷灌	●	●	●	●	●	●	●	●	●	●	●	●	
发球台区域喷灌	●	●	●	●	●	●	●	●	●	●	●	●	
球道区域喷灌	●	●	●	●	●	●	●	●	●	●	●	●	
园林花卉区域浇水灌溉	●	●	●	●	●	●	●	●	●	●	●	●	
苗圃区域浇水灌溉	●	●	●	●	●	●	●	●	●	●	●	●	
喷灌泵房定期检查、维修及保养				●	●	●	●	●	●	●			
喷头、阴井、阀箱清理				●	●	●	●	●	●	●		●	
中央控制箱功能测试				●					●		●		
场内分控箱及线路检查和维修		●	●				●						
场内喷灌电源线路保养	●	●					●	●					
喷灌零星维修	●	●	●	●	●	●	●	●		●	●	●	
设备房水池管理				●			●						
饮用水机与机房清洁保养	●	●	●	●	●		●		●		●	●	
会所水泵、保养与维修			●			●			●			●	
球道排水、改善、疏通	●	●				●	●						
排水系统维护	●	●	●							●	●	●	
沙坑排水修缮	●					●	●	●	●		●	●	

JOHN DEERE
175
SINCE 1837

2653B 三联滚刀多用途剪草机
PRECISIONCUT TRIM AND SURROUND MOWER

最可信赖的滚刀剪草机

QA7 快速调节剪草刀具特别适合修剪繁茂、密集的草坪，
液压系统输出强劲平稳的牵引力

优秀的仿形修剪功能，最佳的动力与重量配比，
2653B三联滚刀多用途剪草机剪出最整洁的球场

第二十二章　高尔夫球场草坪水分管理

第一节　高尔夫球场草坪水分管理的作用

灌溉是人为补充土壤自然缺水的一种衡水方式，它对护养草坪草正常生长和发育具有多方面的作用和意义。

一、保证草坪植物正常生长发育

水分供给不足是草坪草生长发育受限的最大障碍因素之一。草坪植物水分不足则生长缓慢，茎叶不发达，分枝减少，覆盖度和密度降低，均匀性差，甚至干死，从而大大降低功用价值。高尔夫球场草坪密度大，覆盖度高，生长旺盛，需要消耗大量的水分。一般情况下，草坪草的需水量为 2.5 ~ 7.5 毫升/天。需水量在不同草种之间变化较大。典型草坪草需水范围为水面蒸发量的 50% ~ 80%，在主要的生长季节，冷季型草为 65% ~ 80%，暖季型草为 55% ~ 65%。如果仅仅依靠天然降水，远不能满足草坪草的需要。尤其是干旱地区，蒸发蒸腾量远远大于降水量。因此，有效的水分管理，适当的灌溉就显得尤为重要。

二、保证草坪草鲜绿和延长绿期

天气干旱，空气干燥，土壤水分不足时，草坪草叶小而薄。先是出现黄梢，进而由绿变黄，提早枯萎休眠，甚至全部干死。在南方高尔夫球场，自 10 月份进入干旱期，温度为 20℃ ~29℃ 之间，林带区绝大部分狗牙根已进入休眠期，然而水分供应良好的球道和果岭区草坪草却色泽鲜绿，生长良好。同样在东北地区，5 月至 6 月多为少雨季节，此时根茎多集中在表层土壤的冷季型草坪草绿度下降到最低点，草坪草矮小枯黄。此时灌溉，草坪草得到充足的水分供应后，可在数日内恢复生长，由淡黄色转为绿色。如此看来，水分是影响草坪草绿度和绿期的重要因素。

三、增强草坪植物竞争力和延长生长年限

草坪植物遇旱，土壤水分短缺，导致根系加深，造成地上部生长削弱。此时杂草乘虚而入，迅速侵占地面，引起草坪质量全面下降。适时灌溉，可增强草坪植物的竞争力，抑制杂草，从而延长草坪使用年限。

四、预防病害和鼠害

气候干旱、土壤水分亏缺是引起虫害和病害的主要环境因素之一。蚜虫、黏虫、蝼象等，干旱季节发生率越高，危害也就越加严重。降雨和适时灌溉，使得害虫大为减少以至消失。灌溉对鼠害同样具有重要的抑制作用。

五、改变小气候和调节温度

夏季干旱伴有干热风时，就会严重影响草坪植物生长发育，降低坪用价值。适时灌溉可降低温度，增加湿度，使草坪草发挥最大的功用效果。如在炎热夏季，高尔夫球场果岭区若在中午喷洒5分钟的水，将会大大降低周围空气温度，有利于草坪草生长。而冬季大量浇水可防止草坪草冻害的发生。在中国南方地区高尔夫球场，冬季如果能注意果岭的水分调节，不仅可保证冬季正常绿度，而且能防止冬季低温对草坪的伤害作用。

第二节　高尔夫球场草坪缺水诊断技术重点

一、缺水诊断指标

（1）土壤指标。

土壤是草坪生长的基质。土壤供水能力良好与否对草坪生长的好坏起着很重要的作用。因此，土壤含水量高低以及供水层深浅是土壤指标的重要内容，也是衡量土壤供水能力大小的一个重要指标。

（2）形态指标。

在干旱胁迫条件时，草坪草的形态也会随之发生变化。通过对草坪草形态指标的监控，对水分亏缺与否作出及时的诊断。

（3）生理生化指标。

生理生化指标比土壤和形态指标更加灵敏、准确。因为生化指标超前于水胁迫反应，当反应达到一定程度时方在形态和外观上显现出来。

二、缺水诊断方法

（1）植株观察法。

①植株观察法适用于高尔夫球场球道区草坪灌溉。

②当草坪草缺水时，草坪草会表现出各种症状，如萎蔫，颜色为蓝绿色或灰绿色，叶下垂。

③机械或人压过草坪后呈现痕迹，则表明草坪已受到缺水的影响。

④植株观察法对高尔夫球场果岭区和一些人流量较大的地方不适宜。

（2）探墒法。

①检查土壤墒情，即干湿土层厚度。

②所用工具是小刀或土壤探测器。

③如果10厘米深处的土壤是干燥的，就应该浇水。

④这种深度适用于高尔夫球场球道区。因为栽植于球道区的草坪草的根系位于土壤上层10厘米处。干土壤色淡，湿土壤颜色较深暗。

⑤对果岭区来说，适宜的深度则是2厘米处。原因是果岭区草坪经常进行低剪、浇水，根系很浅，且球场果岭区均是沙质构成，不易蓄水，故检查深度应集中于地表，当发现地表层干透2厘米时，应及时灌溉。

（3）仪器测定法。

①使用仪器检测草坪是否缺水是近年来的发展趋势。常用仪器有张力计、电极板、蒸发皿等。

②张力计测定依据的原理是靠其底部一个多孔的陶器杯连接一段金属管，另一端是一个能指示出土壤内持水张力的量器。张力计内装满水并插入土壤中。当土壤干燥时，水从多孔杯部吸出，通过真空指示器指示较高的水分张力，从而根据读数来确定灌溉的恰当时间。

③电极板测定是用含有电极板的尼龙和玻璃纤维块估计土壤中可利用水的含量。其具体原理是通过测量这些材料电极之间的电阻来决定可用水的百分数。具体方法是将连接在水分计量器上的多孔材料埋在土壤里，通过土壤水分张力的大小来探测土壤水分的多少。

④蒸发皿估计草坪需水量，是在测量区域放置一个装满水的蒸发器皿，根据器皿内水分的蒸发量可大致估计土壤中水分损失量，从而确定草坪草的需水量。

⑤通常适宜的灌溉水量是蒸发皿内损失量的50%～80%。其具体过程是：在果岭区和发球台采取五点法，将装满水的蒸发皿平置于果岭区五个地方，每天定时检查蒸发深度即可。

第三节　高尔夫球场水资源利用

通常高尔夫球场每天平均耗水量为2 000～2 500立方米。在球场用水中，生活用水占5%～6%，草坪灌溉用水占85%以上，另有部分用于补充水池等生态用水。

不同地区乃至相同地区的不同高尔夫球场之间的用水量不同，而在同一个高尔夫球场内，不同区域的用水量也是不同的。即使是一个球场中的同一区域，用水量也会随季节的变化而不相同。

高尔夫球场草坪，按功能可分为果岭、发球台、球道和长草区四个功能区。其中果岭区草坪的养护水平要求最高，是高尔夫球场草坪中最为重要的部位，但所占面积很小，仅占高尔夫球场总面积的2%左右。其次是发球台和球道。长草区在球场草坪中所占面积最大，但一般选用耐粗放管理的草种，抗旱能力强，灌溉很少甚至不用灌溉。

一、水源利用

（1）高尔夫球场灌溉水的来源很多，有井水、湖水、池塘水、水库水、溪流、河水、运河水、公共可饮用水、处理过的中水等，最为普遍采用的是井水或湖水灌溉。受水量、水质、价格、用水限制等因素影响，并不是每一种水源都适合高尔夫球场灌溉用的。

（2）井与用水地方靠近，井水水量比地表水变化小，温度和矿物质含量较一致，是球场灌溉很好的水源。但在干旱和半干旱地区，由于地下水位下降，地下水的开采是受限制的。

（3）湖、池塘和水库水是高尔夫球场灌溉很好的水源。溪流和河水如果能保证水量和水质，也是可以接受的。

（4）使用运河水受政府航道部门限制，尤其是干旱时期更是如此。

（5）公共可饮用水作高尔夫球场水源不是很理想，因为它不仅受政府限制，而且价格相对较贵。

（6）处理过的中水（再生水）是高尔夫球场灌溉水源的发展方向。再生水中含有丰富的氮、磷、钾等营养元素，是草坪生长的营养来源，因此草坪灌溉为再生水提供了最佳的使用场地。使用中水是高尔夫球场节水、提高水资源利用率的有效办法。中国高尔夫球场中水利用普及情况不理想，目前高尔夫球场使用中水灌溉的相对较少。实例表明，高尔夫球场使用处理过的中水灌溉对草坪草是安全的，其效果比使用地下水灌溉还好。这样不仅可以减少对地下水的开采，还可以减少肥料使用量。

（7）培育抗旱的优良草种的工作取得了重要成果，如抗旱草种可节约高达50%或更多的用水，并且大大减少了养护费用。许多球场的球道和占球场面积60%以上的长草区开始采用抗旱性非常强的草种，一年四季几乎不怎么需要灌水。

（8）使用节水的水分保持剂和渗透剂是节水的好办法。目前较多球场使用 hydretain，可以节水30% ~ 50%。

二、蓄水与灌溉兼用

（1）完善的灌溉系统及排水系统对球场节水非常有利。高尔夫球场草坪的维护，不仅要注重水分的供给，还要注重多余水分的排除和收集。雨水进入球场系统，大部分被拦截并循环使用，部分由草坪树木蒸发，部分渗漏到地下补充地下水。

（2）一个完善、高效的排水系统对灌溉下渗水和雨水的收集作用明显，可以提高水资源的利用效率，达到节水的目的。球场水体的设计除满足景观上的需求外，更要兼具蓄水、灌溉等多项功能。由于观念和管理问题，中国高尔夫球场给排水工程质量有待提高。

第四节　高尔夫球场草坪节水技术要点

一、修剪节水

（1）通过合理的修剪作业可节省大量的水分。

（2）合理的修剪高度。球道最佳修剪高度是 1.3 ~ 2.5 厘米。提高修剪高度可使草坪草向土壤深层扎根，这样根系更容易吸收土壤深层的水分。

（3）减少剪草次数。减少剪草次数可以降低修剪伤口。剪草次数越多，伤口外露次数越多，时期越长，水分损失越重。

（4）剪草应使用锋利刀片，粗钝刀片导致伤口愈合时间延长，因而造成失水增加。

二、草坪营养节水

（1）干旱年份应少施肥，高比率的氮引起草坪快速生长，因而需水较多。叶片幼嫩更易萎蔫。

（2）使用富含磷、钾的肥料。因为这两种元素均能增加草坪的耐旱性。

三、特殊护养节水

（1）特殊护养作业得当可以节约大量水分。

（2）较厚的枯草层易产生浅根化并导致渗水缓慢。

（3）利用垂直型剪切机进行剪切就可增强透水和透气性，促使根系向土壤深层发展。这样草坪草可利用地表深层蓄积的水分。

（4）使用打孔机进行打孔，使水更易渗进土壤，进而减少径流。因为土壤紧实会减低渗透速率，从而引起地表径流产生。

（5）灌溉前应注意天气情况，以避免重灌。

四、选用耐旱草坪品种和使用湿润剂

（1）选用耐旱草坪品种在场地养护过程中可节省大量的水分。

（2）湿润剂能减少水形成水滴。减少水和固体或其他液体之间的张力。

（3）在草坪上施用湿润剂增加土壤中水的湿度。当土壤中含有大量有机质时，湿润效果很差。

（4）如果添加湿润剂，水会很快渗入土壤中并被草坪植物根系吸收。

（5）使用湿润剂后应立即浇水，否则易伤害草坪。

第五节　高尔夫球场积水对草坪的危害

高尔夫球场存在一种普遍的现象，那就是不管是降雨量大的南方还是降水量少的北方，在降雨过度集中的情况下都可能导致草坪被淹没，出现暂时性的或较持久的涝灾，给高尔夫球场带来很大的损失。一些球场几乎每年都有局部涝灾现象。

水分过多对草坪植物影响的关键是液相代替了气相，使植物生长在缺氧的环境，因缺氧而产生了一系列影响。

果岭和发球台由于其结构属于沙子介质，因而还存在着养分缺乏的成分在内。其原因是连续大雨对原本不易持有的肥料造成密集淋洗，导致临时营养匮乏现象。不过缺氧是重要因素，营养亏缺则起叠加效应，二者相互作用造成涝灾。

（1）缺氧使植物形态和生长发育受损：水涝缺氧降低植物的生长量。受涝的植物生长矮小，叶黄化，叶尖变黑，叶柄偏上生长。

（2）缺氧导致植物代谢的损害：植物在淹水情况下，缺氧使光合效率降低，缺氧改变了正常的呼吸过程，使植物从正常的有氧呼吸转化成无氧呼吸，并形成一系列呼吸代谢产物。

（3）水涝引起营养失调：经水涝的植物常出现营养失调现象。其原因是缺氧降低了根对离子的吸收活性，且缺氧和厌气性微生物活动产生大量二氧化碳与还原性有毒物质，从而降低了土壤的氧化—还原势，使得土壤中形成大量有毒的还原性物质等，淹水过久的植物体内氮、磷、钾、钙与铁的含量高于生长在水量适中环境中的植株。这主要是淹水改变了土壤理化性质，如 pH 值下降，进而引发氨的损失，引起植物营养亏缺，但另一方面植株对这些可溶性元素吸收过多，常可引起植株中毒，施肥可减轻涝灾，也是基于对营养的补充。

（4）高尔夫球场在雨季或暴雨时土壤排水不良，将导致草坪发霉、发臭、大面积死亡。

（5）排水不良的土壤导致土壤的过湿化。过湿的土壤更易造成紧实，土壤更难保持良好的结构。据研究，过湿的土壤比干燥的土壤温度要低 3℃～8℃。当根系温度过低时，草坪生长会受到严重抑制。

（6）过湿土壤中的有机质分解速度慢，因为潮湿土壤通透性差，空气含量不足，抑制了好气性微生物的繁殖。在潮湿土壤中，很多养分呈结合态，很难为草坪草吸收和利用。原因是潮湿土壤缺乏氧气，抑制了根呼吸，不能产生吸收营养必需的能量。

（7）生长在通气不良的过湿土壤中的根系，其吸收能力也较低。

（8）灌溉或降雨后，洼地土壤表面产生临时积水现象。时间一长，很多不良情况就会出现。果岭区出现水洼将造成比赛困难。

（9）草坪如果长期生长在潮湿的地方病害会更为严重和普遍。

（10）土壤积水或过湿引起的问题是严重的，这就必须改善土壤质地和结构。然而要真正治本就必须解决排水问题，可通过设置科学合理的排水系统来解决。

第六节 高尔夫球场果岭与发球台排水措施

果岭的形状通常呈圆形或近似圆形，规模为 280～1 200 平方米，大多数球场果岭草坪面积为 465～697 平方米。发球台形状普遍为方形、圆形或长椭圆形，面积为 50～100 平方米不等。

果岭代表了高尔夫草坪护养的最高水平。球员评价球场的质量标准取决于果岭的护养程度。高质量的果岭常以草坪是否平滑、稠密、均匀和浓绿作为衡量的标准。根据植物栽培学原理，任何植物要维持自身的生长发育，首先要满足五个基本生活条件即阳光、水分、养分、温度、氧气。阳光直接来源于太阳辐射，水分、养分和空气通过土壤间接获得，要达到人为的果岭指标，其实质就是对土壤养分、水分和空气进行调节，人为创造一个利于草坪植物生长发育的土壤环境。其中关键的一点就是对土壤水分状况的调节。

草坪草属于陆生植物的一部分，起源于水生植物，显然保存着水生植物的某些特性，但大多数草坪草是不耐水淹的。

生长在厚约 10 厘米土壤上的狗牙根在连续降雨三天后就会发生草叶枯黄。其原因仍然是透气问题。

一个结构合理的果岭要比结构差的果岭在养护上花费更少的费用和精力。合理的果岭结构，就是根据植物生活的五大要素人为地创造一个长久的生活环境。这种环境能抵御自然风雨等不利因素的影响，使草坪草在自然风雨面前保持旺盛的生机。它不因为再次灌溉的影响而中断营养，也不因介质湿润而存在践踏引起的土壤紧实问题。

高尔夫球场果岭结构通常采用美国高尔夫球协会和其他球场所提出的标准果岭结构设计。标准果岭结构由四种大小不同的沙子或其他材料组成：

标准果岭结构

结构层	材料组成与混合比例	材料明细	用　途
第一层（生长层）	① 沙子 80%。 ② 有机质 20%。 ③ 厚 7.6～15 厘米。	① 沙子：中等粒径。（0.25～0.5 毫米） ② 有机质：泥炭藓、腐熟堆肥、木屑、椰糠、珍珠岩等。	既可保肥，又可保水；排除过剩水分，使草坪草处在最佳生长环境中。
第二层	① 全由中沙组成。 ② 厚 19.8～22.4 厘米。	沙子：中等粒径。（0.25～0.5 毫米）	
第三层	① 由粗沙（0.50～1.00 毫米）构成。 ② 在沙中混有活性炭（木炭）。 ③ 厚约 5 厘米。	① 沙子：粗沙。（1.00 ～ 0.50 毫米） ② 活性炭（木炭）。	防止中沙层水分以极快速度向下层流动，由于粗沙层的阻挡，水可在该层形成一个高水位，这样草坪植物根系能从容地吸收积聚的水分；除沙外还在沙中混有活性炭（木炭），主要吸附有害农药的毒害作用，防止污染。

结构层	材料组成与混合比例	材料明细	用　途
第四层 （小砾石层）	① 由粗沙（0.50～1.00 毫米）构成。 ② 在排水管砾石层顶铺防沙网。 ③ 厚约 10.2 厘米。	① 沙子：粗沙。 （0.50 ～ 1.00 毫米） ② 防沙网。	来自粗沙的重力水经过一个短暂的汇集后最后迅速排出管道。注意，在排水管砾石层顶铺防沙网以防沙堵塞。
果岭最下面安装有地下排水系统，它由塑料管道构成，其周围用小砾石环绕，并适当隔开，确保迅速排出过量的水。				

合理的果岭结构能确保果岭无积水现象发生，然而大雨期间果岭表面大部分排水还要靠具有一定斜度的坡面来完成。标准的果岭不能建得太平，应设置 0.5%～1% 的坡度，而且果岭一般要高出周围地面，这样既可促进表面排水，也可增加高尔夫球员的能见度和竞争刺激程度。

第七篇　高尔夫球场排水管理

一、完善地下排水系统

高尔夫球场排水系统的设置，可采用地下排水系统，与其他排水法比较，效率更高，能将根系层过剩的水迅速排掉。但是这种系统花费很大，如不注重管理，旱季易造成草坪草伤害。

地下排水系统材料常由管道组成，由主排水管和横向排水管通过首尾相连而成。各管子的构形通常是篦状或人字形结构。

积聚水的管道叫横向排水管。水经过横向排水管流入主排水管，然后经过主排水管末端孔流入排水系统。

排水管道的材料：陶管、水泥管、塑料管。

地下排水系统工序：

（1）管道放置必须具有倾斜度，倾斜度为 0.5% 以上。管道越长，倾斜度越大，如 30 米管道前部比后部至少低 15 厘米。

（2）如不设计斜度，一些土壤会进入管道，流速受阻。管内沉淀物难以冲出，最后会淤塞管道。为防止淤塞横向管道应在进入主管处设一个 45°角。如果是 90°角，则水流缓慢，排不出沉淀物。管子外面应附加一层过滤网。

（3）横向管道之间的距离，依土壤水平方向的渗透性而定。水平渗透性越差，横向管道间距应越短。

（4）管道设置的深度，应由水经过土壤横向流动是否畅通以及机动车重量来决定。通常陶管和塑料管在土壤中设置深度至少 60 厘米，这样既防止了旱季草坪缺水受害，也避免了车辆通行时管道受压破裂。

（5）管道放置好后，近管面覆盖至少 15 厘米小砾石，然后紧接其上的是 5 厘米左右粗沙，最后是 30 厘米左右的细沙或中沙。

（6）出口管必须保持清洁，经常清除沉淀物。出口一般通入湖泊、池塘或砾石洞。

二、采用注沙排水系统

（1）注沙排水法主要用于土壤质地较好的高尔夫球场果岭区。
（2）用一种专用机械在土壤中挖出一条宽1.9～2.5厘米、深23厘米的裂缝。
（3）将小口径的有孔塑料管安置于裂缝的底部。
（4）用小砾石、粗沙和细沙依次往上填，直至与地表齐平。

三、旱井排水设置

（1）旱井主要是为排泄场地低洼处的积水而设置的。
（2）一般深1.2～1.5米、直径60～90厘米。
（3）为了不碍观感，可在石块上覆盖一层粗质土壤并铺建草坪。

四、沟渠排水技术

（1）主要是为排水不良的湿地而设置的一种排水技术。
（2）在过湿地段开挖一条宽10～20厘米、深0.6～1.2米的沟渠。
（3）内置有孔排水管于渠底部，应根据管长短呈一定斜度。
（4）上面用一定厚度的砾石、细沙依次填满。
（5）在球道内采用植草。
（6）在球道障碍区的明沟铺上砾石，其上不植草以便快速排出余水。

五、拦截排水法

（1）拦截排水法只用于球道边缘处斜度较大的地方。
（2）沟渠应挖在紧靠球道与斜坡连接处，以便在山水和周围水流向球道以前加以拦截，防止冲坏草坪，拦截排水走向取与球道平行的流向。
（3）沟渠可以加宽，通常采用明渠。
（4）如采用填塞砾石的做法，应多加两条防水带，称为一级、二级、三级等拦水渠。
（5）拦水渠的多少应根据坡度、降雨量和降水次数等条件来定。

第八节　高尔夫球场灌溉系统设计重点

按照高尔夫球场各项变化的条件，以所要求的流速把水均匀地喷洒到需要灌溉的区域，这是球场灌溉系统的最终目标。要达到这一目标，关键在于灌溉系统必须具备合理的设计和工艺。该系统还必须在气候、土壤和草坪培育等因素有很大变化范围的条件下运行，这样合理的设计就显得更为重要了。

在准备详细的工程规划前，必须先制订可靠的系统设计方案，必须深思熟虑，投入大量的时间和精力。设计程序的第一步是选择操作喷洒器喷头的方法。这项决策不仅影响所选用喷洒器的类型，同样影响到阀、管线、接合件和控制线的类型。

一、设计考虑因素

（1）草坪高峰时期用水量。
（2）单位时间水源可供水量。
（3）每天可进行灌溉的小时数。
（4）使用灌溉的预期量和频率。
（5）选择合理的灌水器。
（6）区域的地形地貌。
（7）主导风势的风向和风力。

设计通常以最干旱的月份中一段长时期所需要的补充供水为基础，以避免设计过度或设计不足。设计阶段应该确保在最高运行负荷条件下整个系统能够维持所选用喷洒器喷头的规定工作压力，这一点极为重要。

二、设计步骤

（1）准备高尔夫球场需灌溉区域的现场平面图。
（2）设计喷头布局。
（3）确定所需水源流量和配套管道尺寸。
（4）设置喷头系统分区。
（5）绘制挖沟平面图。
（6）选择物料以实现设计目标，并提供所需要的每个组件的详细规格图。

每一组喷头称为区，由一个单独的控制站控制。这样，给某一具体区的供水量就限制了该区内可以运行的喷洒器喷头个数。在确定区域时，应该考虑草种、土壤条件、排水、护养工作强度、坡度、阴面和阳面比例、风势和存在的树木等方面的差别。

准备准确的喷灌平面图至关紧要。平面图上应准确标示主要的永久性或半永久性特征物，如建筑物、主要的树林或树丛、突出地面的岩石、栅栏以及道路。在这一方面注意细节的准确性能避免喷头布局出错，还能避免此后的成本估计出错。

备妥设计方案、平面图和规格说明书以后，设计工程师应负责准备适当的投标文件、发布招标公告，并把适当的设计平面图、规格说明书和施工合约分发给有资格参加项目投标的灌溉安装承包商。

三、设计自动灌溉系统注意事项

序　号	灌溉系统设计注意事项
1	主管道应尽可能设计为回路，即相互连接，以减少水流损失，保持整个系统压力的平衡。
2	布置喷头时，应注意保证喷洒的组合均匀性。

（续上表）

序　号	灌溉系统设计注意事项
3	布置间距的选择。通常情况下设计等间距布置（即喷头布置间距为喷头的喷洒半径），布置间距在喷头喷洒半径的90%～120%范围内都是可行的。
4	喷头布置一般采用三角形布置方法。采用大流量喷头，或者加大喷洒布置间距，可以减少系统的总成本，但是往往喷灌强度过大，造成不必要的水分浪费，同时也降低了喷洒的均匀性。
5	果岭区域根据大小可采用间距为20～23米的等边三角形设计。其原理是三角形可为系统提供相对均匀的覆盖。
6	喷洒均匀性是衡量球场喷灌系统好坏的重要指标。等边三角形布置较正方形或矩形设计好。三角形布置喷洒均匀性高，而且喷灌强度的稳定性也比正方形或矩形布置更高。
7	由于球场不同区域草坪草对水分的需水也不同，因此在设计时应将同一区域喷头设计于同一灌水区内。
8	由于全圆喷头和可调喷头喷灌强度不同，设计时两种喷头尽可能不在同一站点或者同一阀区内工作。
9	一般说来，每个控制器一站最多可带两只电动喷头或两个电磁阀。为了拥有更好的喷灌效果，结合系统成本，尽可能采用一站启动一个电动喷头或者一个电磁阀的方式。
10	由于不同区域草坪草需水量不同，加之高尔夫球场地势起伏，设计时，尽可能保证同一区域，同一高程的喷头在一个阀区内，以保证喷洒的均匀度。
11	在地势低处，需要设计支管泄水阀。
12	在每个果岭和发球台上都应设计一个快速取水阀，球道区域为每隔40～60米设计一个快速取水阀。
13	设计时应充分考虑风速对灌溉系统的影响。可通过缩小设计间距的方式提高系统的抗风能力。
14	应尽可能地将分控箱设计在高处或者方便观察所控制范围内喷洒情况的位置。
15	在主管道上应设计主管闸阀，当管道出现问题时，无须关闭整个系统，只需要关闭主管闸阀即可对问题主管道进行维护。
16	在地势低处，需要设计主管泄水阀。尤其是在北方，冬季有利于排空主管内的水。

第二十三章　高尔夫球场草坪水分管理工序

第一节　高尔夫球场草坪喷灌管理

一、草坪喷灌的主要工作

（1）维护整个喷灌系统设备、保养泵站及分控器、供电设备。

（2）观察草坪缺水征兆，检查土壤干湿程度，检测球场水质。

（3）测量土壤含水量，测定草坪耗水量，测定水质。

（4）对球场内草坪及植物浇水。

（5）保证整个排水系统的顺畅。

（6）清楚球场内管网布置及开关泵的操作。

（7）改造喷灌设施。

（8）节约用水。

（9）北方球场入冬前的排水、空压、冬季冻水的浇灌等。

二、泵站、分控柜、地下线路维护

（1）泵站内不能随便停水、电，禁止乱拉、乱接电线、水管。如场内管道漏水、爆管，可暂停泵，立即安排人员抢修。

（2）分控柜要随时有电，各个自动开关、保险要正常通电。

（3）地下电缆接线箱内要保持干燥，不能有杂物。

三、球道地下供水管道、地面自动喷头、人工快阀保养

（1）喷管工作人员及其他组员发现场地有漏水、草坪凸起、阀门开关失灵时应立即报告或找专业人员维修。

（2）有草坪机械损坏阀门、阀盖或喷头时应及时汇报。

（3）快速阀门要固定好，如有损坏、断裂，应及时反映维修，以免影响浇水。

四、喷灌设备操作

（1）泵站需要供水时，先检查各个气门阀、上下水阀门。

（2）检查电源柜上电力显示表、电压、电流是否正常。

（3）开泵后，听电机有无杂音，气门管有无漏气、漏水现象。

（4）使用分控柜检查保险，调整定时按钮的时间，检查是否自动启动、关闭等。

（5）检查喷头是否按要求数量升压，压力是否够大。

五、确定灌溉时间

（1）确定草地状况，草坪草在体内水分含量，细胞脚压降低时叶子萎蔫，草变蓝绿色或灰绿色，失去弹性。

（2）如果在 10～15 厘米深处的土壤是干燥的，就应该浇水。

（3）湿度高、温度低、微风是灌溉的好时机，这样可以减少蒸发损失。晚上、早晨蒸发量小，中午、下午蒸发量大。

（4）注意节约用水，灌溉前应注意天气预报，看是否有雨。

（5）在夏季夜间尽量将草地喷灌时间向后延迟，可减少病害的发生。

（6）做好喷灌水源的补充。

六、排水系统与设备维护

（1）保证球场内大雨后没有大片积水处。

（2）保证下水井盖、管道的顺畅。

（3）保证喷泉、叠水、水井等设施的完好。

七、改造喷灌设施

（1）在经常灌水困难处增加灌溉设备，如快速取水器、喷头等。

（2）对浇水较多或重复面较大处的设备给予定时关闭、移走或调整喷头角度。

（3）做好好管件的维修，爆裂管道的抢修。

（4）根据当地风向、气候等因素调节喷灌方式。

八、保证其他用水

（1）保证夏季草地降温用水。

（2）有露水或霜时喷头清除，较湿时用人工清除露水。

（3）保证球场内卫生用水以清洗球车路等。

（4）保证球场卖店用水和维护中心消防用水。

九、备存喷灌配件

（1）要做好常用配件的库存，做好造型、订货工作。

（2）要制定突发事件的处理预案，做到短期与长期结合。

十、各项工作记录

（1）每月用水、用电量。

（2）降水量统计。

（3）泵站运转状态记录。

（4）控制器定时记录及维护报告。

（5）球场特殊情况如：主管破裂，暴雨或干旱情况描述日记。

（6）果岭用水情况登记。

（7）夏季人工浇水耗时及费用记录。

（8）化验水质记录。

第二节　高尔夫球场泵站使用与保养

（1）每日早晚各记录用水量一次，将控制柜的数值记录于日报表上。

（2）每日上班检查各水泵，认真严格按规程执行当天的安排与运行。

（3）每天上下班时各开/关一台排气扇，天气过热时日夜开两台排气扇，规定的通风入口不可随便关闭。

（4）检查过滤网冲洗阀是否可自动运作（可用手动测试）。在原控制柜内手动开启过滤网冲洗阀，每天上、下午各一次，每次1分钟。

（5）在暴雨前清洁相关给水口和湖塘溢流孔，保证不堵塞。

（6）当偶尔有警示灯出现而不知原因或知原因而无法重新设定时，一定要通知当值主管查明原因方可重新开泵；每次红灯重设之前，一定要记录好显示屏上的信息。

（7）停泵后重新开泵时，通常将"系统选择"开关打到自动位置，再开一台辅助水泵。

（8）在泵房内发现有任何异常情况，如马达噪音过大，马达过热，压力异常，高压释放阀长时间漏水，显示屏有异常，水量过大等，应立即通知当值主管采取措施。

（9）如在上班时间发现有雷击或闪电迹象，应立即关掉控制器电源。

（10）每6个月进行一次大保养；每一周进行一次小保养；每周四下午打扫卫生。要清洗过滤网，保证马达、控制阀、电柜表面无积垢，管阀上无渣，包件润滑降温水出口表面无积渣，地面无垃圾、积水。

（11）定期检查软件每套控制运行程序的完整性及设定值正确无变更（可能因停电造成）。

（12）定期检查各控制柜、变频柜内接线端、波峰器、保护器；清洁接触器触头；检测继电器；检查变频器资料；检查PLC；给所有存在明显灰尘的电子元器件及部位吸尘。

（13）彻底清洁所有过滤网系统。

（14）阀门系统检测。以开和关之方式检查各分离阀门与止回阀门，不允许有渗漏，精确控制阀的输入输出压；精确调节各微型调节阀；检测高压释放阀的排波压力值。

（15）调整所有轴与套之内润滑降温水水量或更换封条；所有电机之对地电阻测试；转速测试，所有轴承更换润滑油或润滑剂。

（16）如有紧急情况，如突然停电，电压突然降低或升高，系统有冒烟或过热，指示灯闪烁，严重冒漏水时应立即关闭电源主开关并向当值主管报告。

第三节　高尔夫球场灌溉系统操作工序

（1）正常时间保证所有控制器都送电并亮灯于 MAXI 位置，所有计算机运作正常；如发现问题立即汇报当值主管，检查后更换或维修。

（2）日常维护工作应包括检查每一块控制器控制板及每一个站位统一控制，所有控制器两侧盖板应完全放入关好。

（3）每一站位的喷头必须输放于 SI 系统中（找出 STN：输入站位号，VALVES：输入喷头数）。

（4）每一控制器的日期和时间须随时校对准确。

（5）每一洞或外围如发现阀门或喷头漏水或不正常或爆管应立即关水维修。

（6）所有大管闸阀应完全打开；排湖闸阀须检查，不允许有漏水，否则应及时更换。

（7）开关所有阀门时须缓慢进行，杜绝突然关水（即使在爆管时也应稍慢关水）。

（8）每次换出的喷头、阀门等应集中堆放并保管好，放在各场水泵房内，定期全部搬运到指定仓库集中堆放；不可维修的核实登记后处理，可维修的应及时维修或更换新件。

（9）领用的材料、对象数量应与所修理或更换的对象数量相同并与日报表及领料登记表一致；所修理或更换的旧件须如数运回仓库与领用品数目核销。

（10）日常维护工作应负责在封场日以外检查并为喷头和阀箱修边以免覆盖，保证控制器及泵房周围排水畅通。

（11）外围绿化带如需要灌溉，做好计划，以便配合开好泵后再有效送水并控制用水量；用完水后应关好总阀并通知主管完成关泵或处理；每项事务应记录于日报表上。

（12）每位员工有权并应该监督其他部门员工用水。如发现其用水不当或方法不当，应当场指出并纠正；如有不遵守，应立即通知当值主管处理。

（13）各区域如白天需按情况进行人工淋水，需通知灌溉主管确认后通知灌溉技工执行。

（14）各区域如晚上需计算机控制自动淋水，需由主管填表格以确定各自淋水时间，再由灌溉主管确认后调节计算机，并每日核实。

（15）所有维修、保养工作需严格做好记录于日报表上，由主管负责质量检查。

第四节　高尔夫球场球道灌溉管理工序

一、灌溉时间

（1）灌溉时间是高尔夫球场灌溉护养的三大要素之一。它含有两重含义：草坪需水时间的确定；需水时间确定后，选择哪段时间灌水最适合。

（2）根据草坪灌溉的基本原理，在草坪缺水的任何时候都可以灌溉。

（3）大范围浇水的时间：北方高尔夫球场灌水时间主要集中在春季和夏季某一阶段，秋季期间随着草坪生长渐缓，蒸腾蒸发减弱，则不需要灌水，不过为了翌年草坪返青早，越冬率高，可在秋末一次性灌足冬水。南方高尔夫球场一般在夏季和秋季雨水较充足，不需要灌水，灌水主要集中在春季干旱时段和冬季。

（4）具体的灌水时间：高尔夫球场灌溉时间随机性很大，通常遵循"不论何时，只要方便，就是一天浇水的最好时间"的原则。

（5）灌水效率：一天之中灌水最好的时间是在无风、湿度高和温度较低的时候。在正常情况下，夜间和清晨比上午和下午的湿度高，风小温度低，可使水分损失最少，因而是灌水的最佳时间，不过根据高球场的一些实际情况，如球员打球早，夜间灌溉也是常见的现象。夜间灌溉的另一个好处是有更多的时间排水，以防浇水过后时间太短，土壤湿，人流量大造成土壤紧实问题。

（6）中午蒸腾蒸发剧烈易浪费水源，加之浇水时间如有球员打球会使土壤紧实，故而一般不在中午灌溉。

（7）在缺水地区，为节约水源，一般在晚上灌溉。如水源充足，为降低中午热害可进行中午灌溉。

二、灌溉频率

（1）高尔夫球场球道灌溉间隔的日数和次数由草坪植物的生长态势和干旱情况来决定。

（2）草坪植物长势差且天气干旱或空气干燥时，灌溉间隔日数短，灌溉次数就要多。反之，间隔日数长，灌溉次数就少。

（3）灌溉频率与土壤质地有关，一般沙质土壤透水性强，保水力弱，灌溉间隔日数短，灌水次数多；黏质土壤透水性差，保水力强，灌溉间隔日数多，灌水次数就少。沙质土壤上生长的草坪草均每周灌水 2~3 次。如果是黏质土壤，其根系层能储存较多的水分，可按每周的总需要量一次灌溉。

草坪水分管理喷灌作业频率

区　域	春季喷灌作业	夏季喷灌作业	秋季喷灌作业	冬季喷灌作业
果　岭	每天 1~2 次	每天 1~3 次	每天 1~2 次	每天 1 次
发球台	每天 1 次	每天 1~2 次	每天 1 次	每 2 天 1 次
球道区	每天 1 次	每天 1 次	每天 1 次	每 3 天 1 次
长草区	每天 1 次	每天 1 次	每天 1 次	每周 1 次

三、灌溉量

（1）草坪灌溉量是由多方面因素决定的，其中土壤性状、天气状况和草坪草种类对确定每次灌溉量影响很大。

（2）因为细质黏土和粉沙土持水力大于沙土，所以土壤表现出不同的湿润度。

（3）土壤干燥的要多灌溉，土壤湿润的要少灌溉。

（4）干旱季节土壤和植物蒸发蒸腾强烈就要多灌溉，非干旱季节要少灌溉。

（5）耗水较多或抗旱性较差的草坪如匍匐翦股颖要多灌溉，需水较少或抗旱性较强的草种如草地早熟禾要少灌溉。

（6）草层厚，叶片宽大，根系较浅的草种要多灌溉，反之灌溉量减少。

（7）无论哪种草坪植物，不论气候条件以及土壤等情况如何，灌水多少总的原则是草坪 10~15 厘米土壤的水量应经常保持在 60% 以上。

第五节　高尔夫球场果岭和发球台灌溉

高尔夫球场果岭及发球台灌溉应遵循草坪灌溉三要素原理。与球道相比，果岭及发球台的灌溉应更严格，更有规律性和灵活性。

果岭和发球台灌溉要素

灌溉原理	灌溉时间	灌溉频率	灌溉量
① 果岭区和发球台多采用沙质土壤作为建造草坪的基质。 ② 沙土是保水性很差的介质，因此生长于其上的草坪植物对水分的要求十分敏感。	① 在炎热和干旱的生长季节，通常应每天浇水。 ② 浇水的具体时间传统上一般安排在夜晚9点以后。	在炎热干旱季节一般每天浇水两次最好。一般是早晨5点左右一次，下午4点一次。	果岭和发球台的灌溉量应遵循灌溉次数多、灌溉量小的原则。
① 果岭和发球台区作业十分频繁，刈剪、灌溉使90%的根系主要集中在2～5厘米处，如此浅的根系很难适应该层变化剧烈的水分运动。 ② 要保证高质量的草坪，在整个生长季节进行灌溉是十分重要的一项作业，而且在草坪灌溉三要素中灌溉时间显得更为重要和关键。	为了防止和避免病虫害，球场均采取在早晨5点左右浇水。	暖季型果岭和发球台在冬季干旱季节为防冻害，保持正常颜色，常常需要一天浇水两次。	① 如执行一天一次的浇水制度，则灌溉量浇灌至水分湿润至果岭生长层5厘米处即可。 ② 如采用一天两次制，灌溉量仅湿润到干湿交界处即可。
① 果岭、发球台灌溉次数不能遵循球道的灌溉次数。灌溉量小，灌溉次数多。它受到既定厚度的土壤干湿度限制。 ② 暖季型果岭和发球台往往还受到冬季低温的限制。	有些球场由于各种原因，浇水一般安排在下午4点左右。	在护养水平很高的球场，常常在此季节，中午还浇一次所谓的"清凉水"来调节果岭和发球台地面上空的大气湿度。	每个果岭和发球台通常以时间来代替浇水量，一般浇水15～20分钟即可。

第七篇

高尔夫球场设备维护流程

阅读重点

第二十四章　高尔夫球场设备维护职能概述

第一节　高尔夫球场设备维护范畴

一、部门功能

设备维护工序是高尔夫球场场地养护的重要作业环节。主要包括草坪机械护养、喷灌设备护养、球车护养等维护范畴。

球场设备在高尔夫球场的固定资产中占有很大比例，如果设备管理得当，就能提高使用效率、减少维修费用、延长使用年限，从而为球会带来巨大的经济效益。

设备管理主要包括库房存放管理、使用登记管理、操作保养管理和安全使用管理。对于库房存放管理，每个球场必须建设良好的库房来存放草坪机械和球车。对于设备使用登记管理、操作保养管理、安全使用管理，每个球场管理者必须执行正确流程和制度，才能体现高素质的管理水平。

机械设备能否在其使用阶段保持良好的技术状态，取得最高的效率，除了合理使用外，在很大程度上取决于日常检查与保养工作。应做好经常性的保养工作，及时检查并处理设备由于技术状态变化而出现的各种问题，这样就能防患于未然，保证设备的正常运行。

二、职能概述

设备护养包含设备维护和设备维修作业两方面。设备维护是指为防止设备性能退化或降低产品失效的概率，按事前制订的计划或相应技术条件的规定进行的维修。修理与维护是有区别的，修理是指产生失效或出现故障后，为使产品恢复到能完成规定功能而进行的维修。

设备管理包含四个方面：库房存放管理、设备使用登记管理、操作保养管理和安全使用管理。

（1）库房存放管理。

每个球场必须建设良好的库房来存放草坪机械和球车，做到防风、防雨、防晒，避免机器部件因存放不良而过早老化。具体而言，要求库房具备良好的采光和通风条件，具备通畅的进出和摆放空间。每项机械设备要有序停放，设定库位，严禁乱停乱放。机械库房和药剂肥料仓库必须分开。库房要配备足够的消防器材，油料存放在安全之处。

（2）设备使用登记管理。

设备使用登记管理贯穿于整个管理流程，包括建立设备的档案，记载机器的使用、维修和保养情况。

①对所有机械设备分别建立档案，做到档案管理。

②机械设备要定期进行保养，不同的设备有不同的保养要求，机油、液压油及各种过滤器等要定期按其规定的标号、型号更换，并记录保养内容。

③记录机械操作使用情况，记录时间、地点、使用人等信息。

④记录机械维修情况，记录机械发生故障的经过、维修过程、更换配件及维修人员等信息。

⑤记录燃油、机油、液压油油品的使用量。

（3）操作保养管理。

正确、规范地操作，才能使机器处于最佳的工作状态，从而保证良好的作业质量，有效地减少故障、消除故障隐患，延长机械使用寿命和降低维修费用。因而，操作人员必须按使用说明书的要求来操作和使用机器；定期对操作人员进行培训，详细讲解机械构造、工作原理和使用要求，让所有的操作者都能够掌握机器操作要领，杜绝野蛮操作。除此之外，设备操作人员在使用过程中要密切注意机械的运转状况，如遇问题应及时停机并汇报，由专门的机修人员检查，避免机器带病工作从而造成不必要的损失。

（4）安全使用管理。

机器使用过程中的安全管理是关乎机器和操作者生命安全的大事，球场必须高度重视。要做到安全使用、防止安全事故的发生，必须做到以下几点：

①操作者和机修维保人员必须经过培训，充分了解和掌握机器使用说明书中强调的安全注意事项。

②操作者上机时必须穿着合身的工装、防滑平底工作鞋，女性员工严禁穿着裙装、佩戴饰品、穿高跟鞋，留长发的工作期间要将长发盘固在头顶并用工作帽压住。

③严禁操作者酒后或服用药物后操作机械，严禁机械上搭乘其他人员。

④操作人员工作前必须查看场地，消除一切危害机器的隐患。在不良天气和恶劣环境下谨慎使用机器。

⑤规范操作机器，尤其是在雨天、坡地、湿滑等情况下驾乘机器时务必高度小心，在确保安全的情况下方可工作。

⑥机器存放区域严禁烟火和强调安全用电，在库房应悬挂相应警示标志，配备足够的灭火器材，严禁私拉线路及乱接电源。

⑦注意油料存放安全，油罐要在单独通风空间存放。

⑧不允许在发动机未冷却情况下加汽油。不要在室内或发动机工作时加油。启动或重新启动前必须擦去溢出的燃料。

⑨所有液压驱动的设备上坡时，不能全负荷行驶，以保护液压装置。

设备的管理和养护是个系统工程，各环节相互关联、相互影响，只有每个环节都做到科学管理，才能保证草坪机械良好工作，提高机械设备的使用率，降低球场运行成本，提高球场的经济效益。

第二节　高尔夫球场设备维护作业安排表

工作项目	1月	2月	3月	4月	5月	6月	7月	8月	9月	10月	11月	12月	备　注
设备年终检查维修	●	●	●				●	●				●	
设备清洗、除锈、油漆	●	●	●									●	
季节性检修			●	●	●			●	●			●	
年度状况分析及备件计划											●	●	
备件与工具仓库整理	●	●		●	●			●				●	
拖拉机维修整理	●		●	●				●	●	●			
球道剪草机维修	●	●	●					●	●				
打药车整理维修	●	●			●	●		●					
工作车维修	●	●	●		●	●	●		●	●	●		
日常检测、维修、调整	●	●	●	●	●	●	●	●	●	●	●	●	
球童手拉车维修	●	●	●	●	●	●	●	●	●	●	●	●	
球车保养及维修	●	●	●	●	●	●	●	●	●	●	●	●	
公司车辆保养	●	●	●	●	●	●	●	●	●	●	●	●	
刀具上机床倒角、磨外圆	●	●			●	●		●		●		●	
打孔机、铺沙机调整、维修		●	●			●	●		●			●	
旋刀剪草机维修	●	●			●	●		●	●				
工具加工与制作	●	●		●	●		●	●		●		●	
喷灌泵房水泵保养	●	●		●	●		●	●		●		●	
喷灌泵房定期检查维修及保养	●	●	●	●	●	●	●	●	●	●		●	

JOHN DEERE
175
SINCE 1837

7200 侧移式三联滚刀多用途剪草机
PRECISION CUTTRIM & SURROUNDS MOWER

边缘修剪同样精致的剪草机

业界唯一的前排刀具可以独立延伸到轮胎以外的滚刀剪草机
扩展剪草宽度使效率最大化、斜坡弯道收缩刀具使覆盖范围更好

第二十五章　高尔夫球场设备配置与维护管理

第一节　高尔夫球场场地养护设备结构与配置

一、高尔夫球场场地养护设备分类

高尔夫场地养护管理涉及许多方面的内容，除了成坪后的修剪、浇水、施肥、施药外，草坪建坪前的准备工作和建造过程、园林绿化规划和实施也是重要内容之一。球场护养设备正是在这一背景下产生的。不同层次、不同用途和不同阶段的需要创造出了相应的球场护养设备，这也是草坪机械借以分类的重要依据。

（1）球场建造机械。

球场建造机械是指与球场建设、建坪有关的机械总称。它包括坪体准备时所用的耕作机械；建植材料如草皮、营养体、种子收获、精选及加工机械；播种作业所需的播种、覆土、草皮铺设、碾压、种植材料喷撒等机械。这些机械在工作性能、动力和方式上分为大型、中型、小型及手动、半自动和全自动等类型。

（2）场地护养机械。

场地护养机械是指除草坪建植作业机械以外的球场护养设备的总称，包括草坪的浇灌和供水机械、施肥机械、修剪机械、疏松机械、中耕机械、更新机械、保护机械、耙平机械、耙沙机械、修理机械、草坪起运机械等。这类机械种类繁多，随球场的改进渐趋于专门化。

二、一个18洞高尔夫球场场地养护设备配置

18洞高尔夫球场草坪管理机械配置		数量（台）	备　注
果岭剪草机	自走式全齿轮传动果岭剪草机	6~7	从二者中选一
	自走式全齿轮传动果岭剪草机 （配疏草刀、正反转用于疏草/清理枯草层功能）	6~7	
发球台剪草机	自走式全齿轮传动发球台剪草机	3~6	
半长草区剪草机	自走式果岭环专用滚刀剪草机	1~3	
球道剪草机	车式三联滚刀剪草机	2~3	
	车式五联大马力滚刀球道剪草机 （随时切换成一联/三联/四联/五联的剪草模式）	1~2	

（续上表）

18洞高尔夫球场草坪管理机械配置		数量（台）	备　注
长草区剪草机	球场商用气垫式剪草机	4~6	
	车式商用旋刀剪草机	2~3	
	车式商用三联剪草机	1~2	
	割灌机	4~8	
打孔机	自走式果岭打孔机	2~3	
	车式果岭打孔机 （替换疏草切根刀后成为车式果岭疏草切根机）	1~2	从二者中选一
	牵引式球道打孔机 （非一体式三联或五联分体结构，打孔深度一致）	1~2	
疏草切根机	自走式果岭疏草切根机	1~2	从二者中选一
	车式果岭疏草切根机 （替换打孔件后成为车式果岭打孔机）		
	牵引式球道疏草切根机 （非一体式的三联结构，切根深度一致）	1~2	
清扫机	自走式果岭清扫机（清扫草屑）	1~2	从二者中选一
	车式多用途果岭清扫机		
	车式多用途球道/长草区两用清扫机 （清扫草屑、泥芯，需自备发动机）	1~2	从二者中选一
	牵引式球道清扫机（清扫草屑、泥芯，需自备发动机）	1~2	
耙沙机	耙沙机（大马力、三轮全液压传动结构）	1~3	
施肥机	手推式果岭施肥机	3~6	
	牵引式球道施肥机	2~3	
播种机	手推式播种机	2~4	
铺沙机	自走式果岭辊压铺沙机（非轮胎的带大压辊结构）	2~3	
	牵引式球道铺沙机	1~2	
辊压机	自走式果岭辊压机（调节自重结构）	1~2	
起草皮机	自走式商用起草皮机	1~2	
切边机	果岭切边机	2~3	
	沙坑切边机	2~3	
运输车	草坪运输车	2~4	

18洞高尔夫球场草坪管理机械配置		数量（台）	备　注
打药机	牵引式打药机	1～2	
	车式多用途打药机 （配果岭专用轮胎满足果岭/发球台/球道等区域使用）	1～2	
磨刀机	滚刀研磨机	2～4	
	滚刀/底刀多功能磨床	1	
拖拉机	草坪拖拉机（配50马力以上发动机）	2～3	

三、常用场地养护设备使用与保养

（一）果岭剪草机

（1）剪草机分类。

① 旋转式剪草机：刀具连接在垂直轴上，垂直轴旋转时刀具即水平旋转将草割下；刀身在安装有四个轮子及一个把手的金属刀具托盘下旋转，发动机位于托盘之上，因此它的动力轴可以带动旋转刀的轮轴；汽油发动机通过节流阀调整化油器内的汽油空气比例控制刀具速度。电动剪草机通过速度控制钮来调节割刀速度；剪草机通过位于轮子上或固定割刀的轴上杠杆来调节刈剪高度。

② 滚刀式剪草机：刀具旋转轴的两端各有一个轮子，旋转轴上有许多S形的割刀，通过汽油动力带动皮带再传动链条促使轮子和刀具旋转轴向前滚动；刀具旋转轴前后各有一对大小不同的滚筒；刀具旋转轴下有一固定的滚板，当剪草机运动时，滚刀与滚板配合即可将草割下。

（2）果岭剪草机基本构造。

果岭剪草机有多种系列和型号。由于高尔夫球场果岭草坪的特殊性，可用多用滚刀式剪草机来修剪。这种剪草机体积小，重量轻，操作方便，效率高，割迹整齐，草坪伤口易于愈合。高尔夫球场果岭剪草机种类较多，基本构造大致相同，分别由机架、汽油发动机、滚刀、刀板、链条、皮带、集草斗和车轮等部分组成。

（3）果岭剪草机使用和保养。

① 开机前认真检查发动机汽油、机油是否在标准位置，不够应加足。

② 仔细检查传动系统的紧固件，皮带松紧是否处于正常状态，不应松动的元件要紧固，应转动的元件必须活动自如。

③ 注意左右链条是否松动，轴承有无松动，齿轮油是否在标准位，如有松动等应提前维修。

④ 非工作状态或行走时油门不能过大，剪草时发动机不能高速运转，工作时应预先清除果岭表面障碍物如小石头等，否则易磨损滚刀和刀板。

⑤ 定期检查，每50小时应更换一次机油，每工作七天应加注一次黄油。

⑥ 作业时，取下橡胶行走轮。

⑦ 工作完毕需冷却15分钟后用清水进行冲洗并晾干。

⑧ 在北方地区的冬季，需在发动机气缸内加入少量除锈剂或机油后再入库。

（4）果岭剪草机故障排除。

① 果岭剪草机左右链条磨损是工作过程中最常见的故障，必须进行更换。

② 传动皮带断裂是果岭剪草机易出现的故障，必须定期检查更换。

③ 轴承工作过久易造成磨损，必须更换。

④ 由于铺沙等原因，底刀在使用一个月后应及时更换。

⑤ 滚刀磨损是常见故障，必须定期上磨床进行车磨校正，具体要视工作环境、人为等情况而定，在正常状态管理条件下，寿命为 1～2 年。

（二）步行式旋转剪草机

（1）用途和特点。

适用于高尔夫球场剪草困难的地区如林带、斜坡、库房、会所周围等。步行式旋转剪草机按工作性能和方式有多种系列和型号。特点：属于小型步行式剪草机类；旋转式剪草，操作简便；水平刀安装于垂直轴上，当垂直轴靠动力带动时即进行水平旋转而剪草。

（2）基本构造。

步行式旋转剪草机由机架、汽油发动机、行走皮带、传动皮带、刀板、刀板托盘、操纵杆、四个橡胶轮等部分构成。

（3）使用和保养。

① 开机工作前检查发动机油量是否在标准位置，不够应加足。

② 详细检查剪草机紧固元件是否处于正常状态，对松动者要紧固。

③ 检查链条、轴承有无松动，轮胎气压是否正常。

④ 定期检查，每 50～100 小时应更换一次机油，每工作七天应加注一次黄油。

⑤ 工作完毕需冷却 15 分钟后进行清水冲洗并晾干。

⑥ 在北方地区的冬季，需在发动机气缸内加入少量除锈剂或机油后再入库。

（4）故障排除。

链条、行走皮带、轴承、刀板是最易出现机器故障的元件，当发现磨损之后，应即行更换。

（三）坐式旋转式剪草机

（1）用途和特点。

适用于高尔夫球场剪草困难的地方或低水平护养区如斜坡、林带等区域。坐式旋转式剪草机的特点：有多种型号；中型体积，构造较为简单；操作容易、简便、工作效率高。

（2）基本构造。

坐式旋转式剪草机由发动机、机架、割刀、轮胎等主要元件构成。

（3）使用和保养。

① 开机工作前检查发动机油量是否在标准位置，不够应加足。

② 详细检查剪草机紧固元件是否处于正常状态，对松动者要紧固。

③ 检查链条、轴承有无松动，轮胎气压是否正常。

④ 定期检查，每 100～200 小时应更换一次机油，每工作七天应加注一次黄油。

⑤ 工作完毕需冷却 15 分钟后进行清水冲洗并晾干。

⑥ 在北方地区的冬季，需在发动机气缸内加入少量除锈剂或机油后再入库。

（4）故障排除。

链条、行走皮带、轴承、刀板是最易出现机器故障的元件，必须定期调整和保养，排除方法是调整或更换新元件。

（四）三联拖拉机型剪草机

（1）用途和特点。

适用于高尔夫球场长草区域。三联拖拉机型剪草机属于组合滚刀式剪草机类，由两部分组成：中拖和滚刀式刀具。有吊起式和牵引式两种，行走搬运安全方便。滚刀两侧安置有星形齿轮机构。使用割刀宽度大、效率高、时间短、操作简便。三联式组合滚刀式剪草机有多种系列和型号。

（2）基本构造。

三联拖拉机型剪草机由拖拉机、框架、链条、齿轮、滚筒、滚刀、刀板、销钉状轮子等元件构成。

（3）使用和保养。

① 开机工作前检查发动机油量是否在标准位置，不够应加足。

② 详细检查剪草机紧固元件是否处于正常状态，对松动者要紧固。

③ 定期检查调整链条、轴承有无松动，轮胎气压是否正常。

④ 定期检查，每100~200小时应更换一次机油，每工作七天应加注一次黄油。

⑤ 工作完毕需冷却15分钟后进行清水冲洗并晾干。

⑥ 在北方地区的冬季，需在发动机气缸内加入少量除锈剂或机油后再入库。

（4）故障排除。

三联拖拉机型剪草机常见的故障包括星形齿轮组中的弹簧易断裂；轴承、链条易磨损；滚刀和刀板易磨损，需及时更换新元件。

（五）五联、七联组合式滚刀剪草机

（1）用途和特点。

在高尔夫球场适用于球道剪草。五联、七联组合式滚刀剪草机由拖拉机与滚刀框架两部分组成。滚刀机件的起落由拖拉机油压机来控制，分牵引式和起吊式两种，可安全自由地移动。该种机型使用销钉轮可防止草地打滑，比三联拖拉机型剪草机的工作效率更高；操作简便，最适用于大面积剪草。

（2）基本构造。

五联、七联组合式滚刀割草机系列产品由两部分构成：组合式滚刀剪草机元件和拖拉机。组合式滚刀剪草机主要由机架、滚刀、滚板、链条、轴承、销钉、滚轮等元件组成。

（3）使用和保养。

① 开机工作前检查发动机油量是否在标准位置，不够应加足。

② 详细检查剪草机紧固元件是否处于正常状态，对松动者要紧固。

③ 检查链条、轴承有无松动，轮胎气压是否正常。

④ 定期检查，每100~200小时应更换一次机油，每工作七天应加注一次黄油。

⑤ 工作完毕需冷却15分钟后进行清水冲洗并晾干。

⑥ 在北方地区的冬季，需在发动机气缸内加入少量除锈剂或机油后再入库。

（4）故障排除。

五联、七联组合式滚刀割草机常见的故障包括星形齿轮组中的弹簧易断裂；轴承、链条易磨损；滚刀和刀板易磨损，需及时更换新元件。

（六）果岭清扫机

（1）用途和特点。

适用于高尔夫球场果岭区。果岭清扫机按工作性能和方式有多种类型，具体用于打孔式心土作业后清扫遗留的草楔或土楔；可校正生长方向不正确的果岭草坪，并有枯草清除、刷新等多种用途。由于装置有差动齿轮，能进行有效的小回转作业。使用大容量的装料罐能轻便、高效、干净地作业。对于斜坡作业，由于发动机配置有效的制动效果，可提高作业的安全性。采用油压式差动机构能非常平滑地进行操作。

（2）基本构造。

果岭清扫机由发动机、机架、维尼纶刷子、装料罐、滚轮、皮带、链条等元件构成。

（3）使用和保养。

① 开机前认真检查发动机汽油、机油是否在标准位置，不够应加足。

②仔细检查传动系统的紧固件、皮带松紧是否处于正常状态，不应松动的元件要紧固，传动件必须活动自如。

③注意左右链条是否松动，轴承有无松动，齿轮油是否在标准位置，如有松动等应提前维修。

④定期检查，每50~100小时应更换一次机油，每工作七天应加注一次黄油。

⑤工作完毕需冷却15分钟后进行清水冲洗并晾干。

（4）故障排除。

轴承、链条、刷子以及皮带磨损是作业时常见的故障，磨损后应及时更换新元件。

（七）球场大型清扫机

（1）用途和特点。

适用于高尔夫球场的球道、长草区、林带，用以清除草木、枯枝落叶等碎屑。球场大型清扫机操作简单、工作效率高、清除能力强，按工作性能和方式可分为多种型号；属于油压大罐牵引式；在回转刷子清扫机构上附加强力鼓风机；通过装置于其上的高功能内燃机驱动回转刷、鼓风机，然后将地面碎屑吸入大型装料罐。

（2）基本构造。

球场大型清扫机由机架、发动机、鼓风机、扒草刷子、刷子、皮带、链条、循环管道等构成。

（3）使用和保养。

①开机前认真检查发动机汽油、机油是否在标准位置，不够应加足。

②仔细检查传动系统的紧固件、皮带松紧是否处于正常状态，不应松动的元件要紧固，应转动的元件必须活动自如。

③注意左右链条是否松动，轴承有无松动，齿轮油是否在标准位置，如有松动等应提前维修。

④定期检查，每50~100小时应更换一次机油，每工作七天应加注一次黄油。

⑤工作完毕需冷却15分钟后进行清水冲洗并晾干。

⑥在北方地区的冬季，需在发动机气缸内加入少量除锈剂或机油后再入库。

（4）故障排除。

轴承、链条、刷子以及皮带磨损是作业时常见的故障，磨损后应及时更换新元件。

（八）草坪打孔机

（1）用途和特点。

草坪打孔机是草地通气疏松专用机械，它作业宽度大，工作效率高。按工作性能和方式分为果岭打孔机和球道专用大型打孔机。具备空心针和实心针，视草地紧实度选择使用，可临时换针。对于空心针而言，其区别在于打孔机后附有一草楔收集桶；在打孔时，其打下的草楔在落到草地前就能及时用链条输送带收集送往收集箱，可节省人力和物力。草坪打孔机凸轮装有完全密封的油箱，可防磨损；柱塞杆上下运动时不会产生断油，故障率极低。

（2）基本构造。

草坪打孔机系列机型由发动机、机架、打孔针、草塞装料桶、链条、皮带等元件构成。

（3）使用和保养。

①开机工作前检查发动机油量是否在标准位置，不够应加足。

②详细检查打孔机紧固元件是否处于正常状态，对松动者要紧固。

③检查打孔针是否磨损，随时备用打孔针，及时更换。

④检查链条、轴承有无松动，轮胎气压是否正常。

⑤定期检查，每50~100小时应更换一次机油，每工作七天应加注一次黄油。

⑥工作完毕需冷却15分钟后进行清水冲洗并晾干。

⑦在北方地区的冬季，需在发动机气缸内加入少量除锈剂或机油后再入库。

（4）故障排除。

打孔机的打孔针易磨损，需随时随地进行更换；链条、皮带是常见的故障发生部位，如发生断裂、磨损时，必须更换新元件；发动机最常见的故障为火花塞积尘故障发生部位，排除方法为打开火花塞盖，除去积尘。

（九）草坪切草机

（1）用途和特点。

草坪切草机适用于高尔夫球场通气透水。为适应高尔夫球场不同护养区域的作业需要，此种机具有多种型号产品，包括果岭切草机、球道大型切草机等。它借助于安装在圆盘上的一系列V形刀片刺入或切入草皮来实现草坪通气透水的过程。切开或穿刺与打孔机作用相同，切开或穿刺与空心打孔相比，由于不存在土壤的移动搬迁过程，对草坪的破坏性小；由于V形刀具接触面小，刀刃锋利可切断葡匐茎和根茎，有助于新枝条的产生和生长发育。

（2）基本构造。

草坪切草机由发动机或拖拉机、机架、刀具、轴承、滚筒、链条、皮带等元件构成。

（3）使用和保养。

①开机工作前检查发动机油量是否在标准位置，不够应加足。

②详细检查切草机紧固元件是否处于正常状态，对松动者要紧固。

③检查刀具是否磨损，及时更换。

④检查链条、轴承有无松动，轮胎气压是否正常。

⑤定期检查，每50～100小时应更换一次机油，每工作七天应加注一次黄油。

⑥工作完毕需冷却15分钟后进行清水冲洗并晾干。

⑦在北方地区的冬季，需在发动机气缸内加入少量除锈剂或机油后再入库。

（4）故障排除。

切割机的切刀、轴承、链条式皮带磨损是作业中常见的机械故障，一旦磨损应及时更换新元件。

（十）垂直刈剪机

（1）用途和特点。

垂直刈剪机亦称疏草机，在高尔夫球场上按养护区可分为大型球道疏草机和果岭疏草机，是一类草坪通气机具。垂直刈割机的种类很多，最常用的是可换性装置的三联式草坪刈剪机。垂直刈剪机是借助安装在高速旋转水平轴上的刀片进行近地面垂直刈剪或划破草皮、清除草皮表面积累的芜枝层来实现草皮通透性的；刀片在垂直刈割机上的安装位置是可调的；当刀片调至上位时，可切掉葡匐茎上的叶，在中位时，通过垂直刈剪可粉碎空心打孔机挖出的土块，有助于芜枝层的分解；当刀片安装在低位时，可除去地表积累的芜枝层。

（2）基本构造。

垂直刈剪机由发动机（果岭用）或拖拉机（球道用）、机架、轴承、刀具、滚筒、链条等构成。

（3）使用和保养。

①开机工作前检查发动机油量是否在标准位置，不够应加足。

②详细检查紧固元件是否处于正常状态，对松动者要紧固。

③检查刀具是否磨损，及时更换。

④检查链条、轴承有无松动，轮胎气压是否正常。

⑤定期检查，每50～100小时应更换一次机油，每工作七天应加注一次黄油。

⑥工作完毕需冷却15分钟后进行清水冲洗并晾干。

（4）故障排除。

轴承、刀具、链条磨损是作业中常见的故障，一旦磨损应及时更换元件。

（十一）铺沙机

（1）用途和特点。

草坪铺沙是高尔夫球场常规作业之一，可通过铺沙机来完成。铺沙机种类较多，包括果岭铺沙机和球道铺沙机。

① 果岭铺沙机。分为步行式和坐式两种；用特制皮输送带与回转刷的强制撒播方式进行铺沙；铺沙厚度用操作杆进行调控；通过一定马力的发动机和变速按照作业条件选择合适的速度。配置的橡胶滚轮在正确使用下在草坪上不留车痕。

② 球道铺沙机。进行大面积球道铺沙时采用牵引式大型铺沙机，这种类型有卡车装载型和拖拉机牵引型两种。卡车装载型以汽车作为装料斗并在其上配置有铺沙装置，拖拉机牵引型作为一种动力使用。

（2）基本构造。

铺沙机由机架、发动机或拖拉机、卡车、轴承、刷子、传送带或链条、拖平刷、装沙斗等元件构成。

（3）使用和保养。

① 开机工作前检查发动机油量是否在标准位置，不够应加足。

② 详细检查铺沙机紧固元件是否处于正常状态，对松动者要紧固。

③ 检查刷子和传送带是否磨损，如有磨损应及时更换，并对皮带、链条进行调整。

④ 检查链条、轴承有无松动，轮胎气压是否正常。

⑤ 定期检查，每 50 ~ 100 小时应更换一次机油，每工作七天应加注一次黄油。

⑥ 工作完毕需冷却 15 分钟后进行清水冲洗并晾干。

⑦ 在北方地区的冬季，需在发动机气缸内加入少量除锈剂或机油后再入库。

（4）故障排除。

轴承、传动带、刷子磨损是作业中经常出现的故障，一旦磨损应及时更换元件。

（十二）草坪切边机

（1）用途和特点。

高尔夫球场需要修整的草皮边缘甚多，如沙坑边缘、道路、花坛等边缘。这种边缘又多又长，工作量很大。草坪切边机是完成这类工作不可缺少的工具。草坪切边机通常以汽油机或电动机为动力，机体则由人推进，称为步行式；草皮切边机切割深度可用操作杆进行自动调节。草坪切边机装置一组垂直刀片，刀片安装在马达轴或由小三角皮带驱动的轴上，刀片高速旋转可将草皮垂直切开。

（2）基本构造。

草坪切边机由机架、发动机、刀片、轴承、皮带等元件构成。

（3）使用和保养。

① 开机工作前检查发动机油量是否在标准位置，不够应加足。

② 详细检查草坪切边机紧固元件是否处于正常状态，对松动者要紧固。

③ 检查刀片是否磨损，如有磨损应及时更换。

④ 检查链条、轴承有无松动，轮胎气压是否正常。

⑤ 定期检查，每 50 ~ 100 小时应更换一次机油，每工作七天应加注一次黄油。

⑥ 工作完毕需冷却 15 分钟后进行清水冲洗并晾干。

⑦ 在北方地区的冬季，需在发动机气缸内加入少量除锈剂或机油后再入库。

（4）故障排除。

刀片、皮带易磨损，一旦出现问题应及时更换。

（十三）耙沙机

（1）用途和特点。

耙沙机用于扒平高尔夫球场沙坑零乱的沙子，一般采用油压驱动三轮驱动式。其特点是灵活、机动性高、效率高。

（2）基本构造。

耙沙机由机架、发动机、耙沙刷或刀耙等元件构成。

（3）使用和保养。

① 开机工作前检查发动机油量是否在标准位置，不够应加足。

② 详细检查耙沙机紧固元件是否处于正常状态，对松动者要紧固。

③ 检查耙沙刷或刀耙是否磨损，如有磨损应及时更换。

④ 检查链条、轴承有无松动，轮胎气压是否正常。

⑤ 定期检查，每50~100小时应更换一次机油，每工作七天应加注一次黄油。

⑥ 工作完毕需冷却15分钟后用清水冲洗并晾干。

⑦ 在北方地区的冬季，需在发动机气缸内加入少量除锈剂或机油后再入库。

（4）故障排除。

一般作业故障极少。耙沙刷或刀耙易磨损，一旦出现问题应及时更换。

（十四）拖平机

（1）用途和特点。

在铺沙或空心打孔作业之后，应实施拖平；拖平是用一个金属拉网或相似的设备拉过草坪的过程。拖平机是用另外一种牵引动力附加一个金属拉网。果岭铺沙之后，用这种形式的拖平机进行拖平，但这种拖平机容易伤害草叶，故通常使用铺沙机后附置的拖平刷进行拖平。

（2）使用和保养。

① 使用前应详细检查金属拉网有无破裂现象，一旦有破裂须立即修补，否则易伤害草地。

② 作业前应详细检查现场上有无石块，如有石块同样会造成草坪拉伤。

③ 当作业一段时间后需在作业现场外清扫拉网孔中积累的泥沙，以利提高效果。

（十五）起草机

（1）用途和特点。

起草机是高尔夫球场铲掉草皮的一种机具。这种机具不仅起草速度快，而且起草厚度平均，容易铺装，利于草皮的标准化和流通。通常起草皮机都具有L形起草刀。当刀插入草皮后，依靠刀的往复运动而整齐地切起草皮。草皮的厚度取决于刀插入草皮的深度垂直部分间的距离。小型起草机约300毫米，大型起草机达600毫米。起草机由单缸汽油机驱动，动力由三角皮带或链条传给橡胶轮，整机由一只或多只橡胶轮位于后部支撑。有的起草机附加垂直刀片，刀片的作用是将切起的草皮条按需要的长度切断；工作时垂直刀片与机器前进的方向成直角；切起的草皮可由机器掀起、卷捆和堆放。起草作业由拖拉机牵引的草皮犁来完成；草皮犁有一个滚筒，滚筒两端直径较大部分是锋利的刀口，当滚筒在草皮上滚过时，割出两条平等的长槽，随后有水平刀片在草皮底下切割，最后将草皮提起。

（2）基本构造。

起草机由机架、发动机、刀片、皮带或链条等元件构成。

（3）使用和保养。

① 开机工作前检查发动机油量是否在标准位置，不够应加足。

② 详细检查起草机紧固元件是否处于正常状态，对松动者要紧固。

③ 检查链条、轴承有无松动，轮胎气压是否正常。

④ 定期检查，每 50～100 小时应更换一次机油，每工作七天应加注一次黄油。

⑤ 工作完毕需冷却 15 分钟后进行清水冲洗并晾干。

⑥ 在北方地区的冬季，需在发动机气缸内加入少量除锈剂或机油后再入库。

（4）故障排除。

刀片、链条或皮带易磨损和断裂，需及时更换新元件。

（十六）草坪碾压机

（1）用途和特点。

草坪碾压机用于碾压坪床和滚压草皮，作用在于平整草坪面及促进草坪草的分蘖生长。用于平整坪床的碾压机的滚轮由普通钢或铸铁制造，具有各种宽度和直径。碾压机至少应由两部分构成，以使在转变时每部分能以不同速度旋转，防止损坏草坪。碾压机按驱动力分为三大类型：平推式、自走式、牵引式。大多数碾压机具配套装置，以调节碾压机的重量。配置装置通常在碾滚上方设置一个平台，附加重量以混凝土块、沙袋、铸铁块的形式增加。另一种碾压机的碾滚为中空的筒状，使用时根据需要将水或沙注入滚筒内。重型碾压机用于建坪时场地的平整。轻型碾压机适用于高尔夫球场草坪的整理。高尔夫球场大面积碾压作业通常由拖拉机牵引而形成一个机组。作业时应在碾滚上安装刮泥板，以防土壤黏结在碾滚上。在潮湿场地进行碾压作业时需要采用具特殊吸水性能的碾压机。这种碾压机的碾滚表面附有一层吸水物质，在其前后均有一只装在平板弹簧上的小滚筒。当碾压机前进时，吸水物质从草皮中吸收水分，这些水分再由滚筒在两个平板弹簧的作用下被挤出收集在每只小滚筒下面的小箱内。

（2）基本构造。

碾压机由机架、发动机或拖拉机、滚子等元件构成。

（3）使用和保养。

① 开机工作前检查发动机油量是否在标准位置，不够应加足。

② 详细检查碾压机紧固元件是否处于正常状态，对松动者要紧固。

③ 检查链条、轴承有无松动，轮胎气压是否正常，进行链条调整。

④ 定期检查，每 50～100 小时应更换一次机油，每工作七天应加注一次黄油。

⑤ 工作完毕需冷却 15 分钟后进行清水冲洗并晾干。

⑥ 在北方地区的冬季，需在发动机气缸内加入少量除锈剂或机油后再入库。

（十七）撒肥机

（1）用途和特点。

施肥是高尔夫球场场地养护经常进行的一项作业。撒肥机是完成这一作业的主要机具之一，能将化肥均匀地施入草坪与植物周围。撒肥机在机架上装置一锥形筒或圆柱筒或槽形筒，简称为装肥斗。在筒底部装有控制肥料量的拨轮筛孔机构，其下为一与行走轮联动的水平安装撒肥盘。当机具在草坪上行走时，高速带动撒肥盘将料筒输出的肥料借离心力将肥料撒播于草坪表面。肥料撒播机有发动机驱动的自走式和手动式。常用的则是手动式草坪撒播机。

（2）基本构造。

撒肥机由漏斗、机架、发动机、撒肥盘等元件构成。

（3）使用和保养。

① 开机工作前检查发动机油量是否达到标准位置，不够应加足。

② 详细检查撒肥机紧固元件是否处于正常状态，对松动者要紧固。

③ 检查链条、轴承有无松动，轮胎气压是否正常。

④ 定期检查，每50~100小时应更换一次机油。

⑤ 手动式撒肥机调节并非仅由调节阀决定，它的撒播量还取决于使用者的步伐快慢和大小。

⑥ 每次撒完肥料之后应清洗、晾干并加注黄油，调整间隙。

⑦ 在作业时，当出现堵塞情况，应小心推出作业现场再修理，否则易因肥料突然漏出烧坏草坪。

⑧ 在北方地区的冬季，需在发动机气缸内加入少量除锈剂或机油后再入库。

（4）故障排除。

漏斗内的拔针易损坏，一旦发现施肥不均或肥料撒不出，应仔细检查并校正或更换。

（十八）喷药机

（1）用途和特点。

病虫害与杂草的控制是高尔夫球场场地养护的作业之一，各种施药机械是完成病虫害与杂草控制的重要工具，包括人力施药机械和机动施药机械。人力施药机械如手动喷雾器是常用的喷雾机具之一。这种喷雾器重量轻，体积小，但工作效率较低，适用于小面积杀虫治病，常作为一种辅助工具来使用，不适合大面积高尔夫球场杀虫治病。高尔夫球场常用的大型杀虫治病的机械为农药喷雾车，农药车工效高，适合高尔夫球场作业。喷雾原理：通过驾驶人员在操纵室控制，主要靠压力泵加压，然后将药箱中药液通过喷雾嘴压出喷施到草坪上，达到杀虫治病与控制杂草的目的。

（2）基本构造。

人工手动式喷雾器由气筒、液泵、药液桶和喷射部件等构成。农药喷雾车由汽车、药液罐、液泵、胶管和喷射部件等构成。

（3）使用和保养。

人工手动式喷雾器的使用和保养方法如下：

① 使用时气筒及各连接处应无漏气现象。

② 装入药液量不能超过外壳标明水位线。

③ 打气时，保持塞杆竖直上下抽动，下压要快，上升要缓。

④ 使用完毕后，打开加水盖，倒出残存药液，用清水连续喷射几分钟，喷用乳剂或油剂药液后，要先用热碱水洗涤机具，再用清水洗净。

农药喷雾车的使用和保养方法如下：

① 按汽车正确使用常规进行农药喷雾车使用。

② 装入药液量不能超过外壳标明水位线。

③ 使用完毕后，打开加水盖，倒出残存药液，用清水连续喷射几分钟，喷用乳剂或油剂药液后，要先用热碱水洗涤，再用清水洗净。

（4）故障排除。

① 人工手动式喷雾器常见故障是塞杆下压无压力，松手后塞杆自动下降，不能喷雾，原因是皮碗干缩或破裂或其底面螺丝松脱，排除方法是更换新元件或旋紧螺帽。

② 喷雾不良，雾滴不成锥形，原因是喷头片孔损坏或被堵塞，应及时更换新元件或清除脏物。

③ 人工手动式喷雾器出现各接头处漏水，原因是接头螺丝没有旋紧或接头内无垫圈或垫圈已损坏，应旋紧螺丝或更换新垫圈。

④ 农药喷雾车主要故障在各接头处，原因是接头螺丝松动或垫圈损坏，应旋紧螺丝或更换新垫圈。

（十九）草坪农药灌注机

（1）用途和特点。

地下害虫能咬断草坪根系，造成草坪大片死亡。这些食根性昆虫一直位于地下，为了达到控制效果，必须通过草坪农药灌注机将药液直接送至昆虫活动层。这种草坪农药灌注机是由泵压将农药罐中的药液通过喷嘴压入地下，操作简单，安全，可调节空气，增强草根活性，是控制高尔夫球场球道与果岭、发球台地下害虫的理想工具。

（2）基本构造。

草坪农药灌注机由机架、发动机、药罐、喷嘴等元件构成。

（3）使用和保养。

① 开机工作前检查发动机油量是否在标准位置，不够应加足。

② 详细检查草坪农药灌注机紧固元件是否处于正常状态，对松动者要紧固。

③ 使用时别碰喷雾嘴，调头与转弯时关闭喷雾嘴，避免重复喷药。

④ 检查链条、轴承有无松动，轮胎气压是否正常。

⑤ 定期检查，每100～200小时应更换一次机油，每工作七天应加注一次黄油，进行链条调整。

⑥ 工作完毕需冷却15分钟后进行清水冲洗并晾干。

⑦ 在北方地区的冬季，需在发动机气缸内加入少量除锈剂或机油后再入库。

（4）故障排除。

喷嘴易损坏，损坏后需要换新元件；药管及接头易漏水，应及时更换新元件。

（二十）草坪播种机

（1）用途和特点。

草坪建植主要有两种方法，即种子播种、营养体建坪。除人工播种外，可进行机械播种。大面积建坪主要靠机械播种。机械播种可分为手动和自动两种。在直播建坪中通常使用手摇撒播式播种机。这种机型体积小，重量轻，结构简单，灵活耐用，不受地形环境和气候的影响，操作简单，效率较高。自动播种机是装在立式切割机上使用的。在立式切割机割刀之后，通过特殊圆盘进行播种。

（2）基本构造。

草坪播种机由机架、发动机、漏斗、搅拌机、圆盘种子出口嘴等元件构成。手摇种子撒播机由储种袋、机座手摇传动装置、旋飞轮等部分构成。

（3）使用和保养。

① 开机工作前检查发动机油量是否在标准位置，不够应加足。

② 详细检查草坪播种机紧固元件是否处于正常状态，对松动者要紧固。

③ 检查圆盘出口嘴及传送带是否有磨损，如有应及时更换。

④ 检查链条、轴承有无松动，轮胎气压是否正常。

⑤ 定期检查，每50～100小时应更换一次机油，每工作七天应加注一次黄油，进行链条调整。

⑥ 工作完毕需冷却15分钟后进行清水冲洗并晾干。

⑦ 在北方地区的冬季，需在发动机气缸内加入少量除锈剂或机油后再入库。

（4）故障排除。

圆盘出口嘴及传送带易磨损，损坏后需要换新元件。

（二十一）草坪割刀研磨机

（1）用途和特点。

修剪是高尔夫球场场地养护作业之一，锋利的刀具能极大地增强草坪对各种不利环境的抵抗性；研磨刀具是每天应进行的工作。草坪研磨机是完成这项任务的有效工具之一，这些机具操作简便、工效高，能胜任各种剪草机的研磨需要，研磨精细，经久耐用。

（2）基本构造。

研磨机由机架、电机、送进装置、磨石或砂轮构成。

（3）使用和保养。

① 开机前认真检查研磨机零件是否机油充足，不够应加足。
② 注意设备要求电源电压，否则易烧坏电机。
③ 刀具磨完后认真清洗，喷上除锈剂，保持干净。
（4）故障排除。
磨石或砂轮易磨损，应及时更换。

第二节　高尔夫球场场地养护供水设备结构与配置

一、场地养护供水设备配置

场地养护供水设备亦称灌溉系统。高尔夫球场多已采用自动灌溉系统，即根据高尔夫球场的面积、地形地势、水源、供水量等情况进行综合考虑而设计的自动控制灌溉系统。

通常一个灌溉系统由控制器、水泵、喉管及喷头四部分构成。基于高尔夫球场情况的多样化，灌溉方式包括滴水式和喷射式两种。喷射式又分为自动升降旋转及自动旋转。

高尔夫球场宜选大型高压喷头，射程可达 11～80 米，出水量 190～270 升/分钟，压力可达 5～8 千克/平方厘米，为避免妨碍球场上的活动，可根据草坪要求选用大型自动升降喷头。

灌溉系统投入使用后，对系统的各个组成部分进行适时、正确维护，对整个系统的有效运行，避免水的浪费，保证草坪正常生长和延长系统寿命是十分必要的。其中，草坪喷头的维护是系统维护的重要组成部分。

高尔夫球场灌溉系统在使用和保养中应特别注意喷头部分，经常出现的故障是垫圈发生磨损，需及时更换；要预防车辆碾压引起的水管破裂，一旦压裂水管，应立即关掉水源开关，进行抢修。

二、喷灌系统常见问题分析与维护

（1）喷头不能弹出或射程偏短。
① 几乎所有喷头均不能弹出或射程偏短。
② 靠近水源的地方，喷头工作正常；远离水源的地方，喷头不能弹出或射程偏短。
故障原因：引起上述现象的原因是设计不合理，水源压力不足或流量不足，同时工作的喷头过多。
排除方法：可以试着关闭其他阀门，仅留一个阀门工作；如果还不能解决问题则需要增加必要的加压装置或在确定水压足够的情况下，多增加几组阀，将单个轮灌组划小。
③ 大部分地区的喷头工作正常，局部地区喷头不能弹出或射程偏短。
故障原因：引起这种现象的原因可能是水质不好或在安装过程中有杂质进入管道造成堵塞。
排除方法：将喷头升降体旋下，检查喷头滤网是否堵塞，如果堵塞应将其清洗干净。如果滤网干净则很可能是局部管路堵塞，此时应观察喷头所在位置的管路水流情况，找出堵塞管路。
（2）喷头旋转失灵。
① 角度调节失灵。
② 不能旋转。
故障原因：引起第一种现象的原因可能是角度调节机构损坏。某些可调喷头的角度不能调到360°，当角度调节到最大位置时，不能再强行调节；大部分地埋旋转喷头不具有抗扭功能，当角度调定后，如果将喷头强行旋转超过设定角度，就会损坏调节机构。
引起第二种现象的原因可能是：齿轮驱动系统遭到破坏，系统压力过高或者水质不好，大量沙石进入喷头内部，加速齿轮驱动系统的磨损和破坏。

（3）喷头渗漏。

① 密封圈出现问题。

故障原因与排除方法：

A. 密封圈与升降柱之间错位或有沙粒和碎石：取出沙粒或碎石，让密封圈与升降柱保持紧密接触。

B. 密封圈磨损：更换密封圈。

② 喷头破裂问题。

故障原因：

A. 系统压力过高，超过喷头能承受的最大工作压力。

B. 人为损坏：剪草机在工作时将露出地面的喷头打碎或重型机械进入草坪将其碾碎。

排除方法：更换新的喷头。

③ 喷头与管路连接问题。

故障原因与排除方法：当喷头与管路连接不好出现问题时，喷头与管路连接要紧密，必要时使用生料带。

三、喷灌系统地埋式旋转喷头维护

地埋式旋转草坪喷头多为封闭壳体，需要进行定期的检查和维护。

在北方寒冷地区，由于非灌水期较长，一般每年在春季开始灌水之前对灌溉系统进行一次检查即可。

在南方地区，因灌水期较长，甚至全年均需灌水，所以通常要求每年至少对灌溉系统进行两次检查。

对灌溉系统进行检查时，应主要检查每个喷头喷洒角度设置是否正确、喷头旋转是否正常、是否有草叶和草根等杂物影响喷头正常工作、喷嘴是否磨损、密封圈处是否漏水等，有时也会出现喷头壳体破裂和喷头内置滤网堵塞的情况。

程序一：喷洒角度调整

确认每个可调角度喷头的喷洒角度是否都设置在正确的范围内。有时会出现人为有意或无意地将原来设置好的喷头的喷洒角度改变的情况。在这种情况下，需按照制造厂商要求的方法，将喷洒角度重新调整到正确位置。

程序二：检查喷头旋转情况

在观察调整喷洒角度的同时，检查每个喷头是否正常旋转也是非常重要的。若发现有的喷头不能旋转，应及时用同型号或性能相似的喷头和喷嘴更换。

程序三：清除杂物

随着草坪的生长，在喷头安装部位积累的杂物会越来越多。这些杂物多为腐败的草叶、草根等有机物。如果草坪的叶片和杂物已影响到喷嘴喷出的水流，则需要剪草，或将喷头处的杂物清除。对于喷头安装时间较长的系统，喷头可能发生沉降，使杂物易于积累。这时就需要把喷头处挖开，增加一段连接管，将喷头调整到合适的高度。

程序四：更换磨损喷嘴

如果喷嘴磨损严重，会使喷头的射程明显缩短，喷出的水流也不够光滑。这种情况多发生在老旧的系统中，以及管网中有杂质，或水源含沙量较高的系统中。发现磨损严重的喷嘴时，需用同型号喷嘴更换。

程序五：更换磨损密封圈

当发现在喷头升降柱与顶盖之间有水流出现时，应该考虑密封圈可能已经磨损。但有时升降柱与顶盖之间的水流不太明显，而只是微弱地渗漏。这时就需要更换密封圈或整个顶盖。有的喷头可以单独更换密封圈，而另外一些喷头，密封圈与顶盖是一体的，在密封圈磨损时需更换整个顶盖。

程序六：当壳体破裂时更换壳体或喷头

若喷头壳体的裂纹不大，可能不太容易被发现。一般在喷头壳体破裂时，在此喷头附近会出现不正常的湿润区域。壳体的破裂大多发生在临近道路的草坪边缘，其主要原因是误驶入草坪的车辆对喷头造成损害。在北方寒冷地区，有时由于冬季对灌溉系统的管理不当，也会造成喷头壳体的破裂。发现喷头壳体破裂时，唯一的解决办法是更换壳体。但需要注意的是，在壳体破裂的同时，很可能喷头的升降柱或其内部的驱动机构也会受到损坏。这种情况下，就要更换整个喷头。

程序七：清洗滤网

地埋式旋转草坪喷头一般均配有滤网，以减小杂质堵塞喷嘴和损坏内部机构的可能性。当被滤网挡住的杂质较多时，会使滤网堵塞，造成喷头处的压力过低，流量和射程减小。喷头滤网堵塞的原因，除水源水质较差外，多为系统管网破裂时较多的杂质进入管道，或藻类等有机物在滤网处积累。处理滤网堵塞的问题，首先需将喷头的升降柱取出，把滤网清洗干净；然后将有杂质的管道进行冲洗，但在冲洗管道的过程中，要特别注意防止新的杂质进入管道。在水源水质差的情况下，则需要在系统首部增加过滤系统。

四、喷灌系统在建设和维护中的常见漏洞

（1）压力和流量与灌溉系统不匹配。
①压力过低。
喷头不能工作或喷间工作半径偏短，以水柱形式出现，喷洒不均匀，出现漏浇，这是导致喷灌工程失败的最常见因素。造成这种情况的原因主要有：水源压力不足，缺少加压装置或者加压装置选型偏小；管道水头损失过大或地形起伏大（高处压力低）。
②压力过高。
喷头超负荷工作，影响喷头寿命，甚至直接导致喷头破裂或损坏齿轮驱动系统。过度雾化，在风的作用下，水大量漂移，造成水资源浪费。造成这种情况的原因：水源压力过大（水泵选型偏大）或地形起伏大（低处压力高）。
③流量不足。
喷头不能工作或喷间工作半径偏短，水泵不能在正常情况下工作。造成这种情况的原因：没有掌握水源的准确信息，没有考虑用水高峰期对灌溉系统流量的影响；在水源流量一定的情况下，喷头选型或轮灌组划分不合理，单个轮灌组的流量过大。解决办法：设计时要收集准确的水源资料（压力、流量），并结合水源资料进行正确的喷头选型及轮灌组划分，保证水源流量能满足轮灌组的需求，进行

正确的水力计算，选择合适的管径，安装必要的增压设备或减压设备，保证喷头在正常压力范围内工作。

（2）缺少过滤设备或选型不合理。

除水源压力、流量要与系统匹配外，水质也是设计者必须考虑的因素，过滤不好也是导致灌溉工程失败的重要因素。对于喷灌系统，如果水质不好，可能引起下列问题：

①喷头堵塞，影响喷洒均匀度或不能出水。

②沙石等杂质高速冲击齿轮驱动系统，加速齿轮磨损，影响喷头使用寿命，导致喷头旋转及角度调节失灵。

③喷头堵塞有时会使喷头腔内压力急剧增加，远超出喷头正常工作压力，导致喷头损坏或破裂。

④影响水泵的使用寿命。微灌系统对过滤要求更高。如果水质不好，甚至很可能引起整个系统瘫痪，因为微灌系统的灌水器流速低、流道复杂，一旦堵塞便难以修复。设计时，应根据过滤要求（喷灌要求80~100目过滤，微喷要求80~120目过滤，滴灌要求120~200目过滤）和水质情况（杂质类型：有机物、微生物、无机物和化学杂质）结合管路流量选择合适的过滤设备。

（3）喷头选型不合理。

①喷头与水源压力、流量不匹配。水源压力、流量不能满足喷头的要求，影响喷头喷洒效果。在进行喷头选型时，所选喷头应满足现场可供水压和流量要求。

②喷头与地形、土壤类型不匹配。在小面积草坪选择远距离喷头，水浇到草坪之外，造成水资源浪费。在坡地选择喷灌强度高的喷头，喷洒时形成径流，造成水资源浪费。在土壤入渗率差的地方选择喷灌强度高的喷头，喷洒时形成径流，造成水资源浪费。

③喷头与使用场所不匹配。在运动场选用普通喷头，不耐践踏；在景观草坪选用摇臂喷头或微喷，影响景观。在进行喷头选型时应根据使用场所选择专门喷头（家庭、运动场、高尔夫球场）。

④喷嘴选择不合理。360°喷头与扇形喷头选择相同喷嘴，喷灌强度不同致使喷洒不均匀。在风速较大的地方选用标准仰角喷嘴，增加水的飘移。喷嘴选得过大或过小，都会影响喷头工作半径、系统压力和流量。

（4）喷头布局不合理。

①喷头间距过长。没有考虑风速和水压的影响，出现喷洒不均匀甚至漏浇。这也是导致喷灌工程失败的常见因素之一，设计时应合理布置喷头间距，充分考虑喷洒半径的影响因素，不要单纯考虑节省喷头数量。

②边、角处理不合理。该靠边处不靠边，该顶角处不顶角，出现漏浇或浇出场地。

（5）轮灌组划分不合理。

①单个轮灌组喷头过多，水源供水量不足，影响喷头喷洒效果。

②将喷灌强度相差大的喷头划在同一轮灌组（如散射喷头与旋转喷头），喷洒不均匀。

③将需水量相差大的喷头划在同一轮灌组，不能同时满足植物需水量。

④每个轮灌组的总流量相差大，对于首部无衡压装置的系统，致使水泵运行不稳定。

（6）管材选择不合理。

①材质选择（推荐使用PVC）。在选择材质时，应综合考虑性能、质量、价格和施工难度。铸铁管：管道内壁不光滑，水头损失大；易生锈、堵塞；施工难度大。PVC、PP-R和ABS等新型塑料管道内壁光滑，水头损失小；不生锈；施工简单。但PP-R和ABS成本高，用作一般的给水管道有些浪费。

②管径过小：管道水头损失大，末端喷头压力不足。

③管径过大：管网系统造价迅速增加，造成不必要的资金浪费。我们知道，管材在喷灌工程材料费中占很大比例，因此准确的水力计算，合理选择管材材质和管径，既可保证系统功能又能有效减少不必要的开支，降低工程造价。

（7）忽略安全保护装置。

应根据需要在管网中安装必要的安全装置，如逆止阀、进排气阀、限压阀、泄水阀等。

① 逆止阀：防止水的倒流，用于保护水泵。

② 进排气阀：用于排除管网中的气堵和破除真空、防止水击，延长系统使用寿命。

③ 限压阀：用于调节管路压力，保证喷头在正常压力范围内工作。

④ 泄水阀：系统停止工作时，排除管内余水，防止结冰破坏管道。

第三节　高尔夫球车使用与保养管理

一、球车用途与配置

高尔夫球场的球车，通常配置电瓶球车和汽油球车。电瓶球车多为球员打球配置，汽油球车多用于巡场和场地作业。一个 18 洞的球场，球车配置通常为 80～150 台。

电瓶球车的动力是电，电来自于铅酸蓄电池。驱动结构，有的采用前制前驱，有的采用后制后驱，大部分都是采用后制后驱。底盘有的采用碳钢汽车底盘，有的采用铝合金底盘。铝合金底盘的优点较多，防腐蚀，不生锈，因为车身重量轻，行驶里程也较长。

由于电瓶球车的储电量有限，不利于巡场和场地作业，因此，高尔夫球场在球车配置上，应考虑电瓶球车与汽油球车的配置比例。

电瓶球车的配置主要为电控、电瓶、电机、后桥。电瓶车的核心技术在于电控系统，其次是铅酸蓄电池，电瓶车的蓄电里程受电池容量和车身重量的影响。

在选用高尔夫球车时，需关注额定乘员座位数、外形尺寸、续驶里程、满载承重量、最大行驶速度、满载时最大爬坡度、最小转弯半径等技术数据。另外，电机与电池的原产地、电控与充电机电脑控制智能化等，都是参考依据。

二、球车维护保养重点环节

（1）操作前应进行安全检查。

① 所有零件应在正确的位置并正确安装。确保拧紧所有螺母、螺栓和螺钉。

② 确保所有安全标牌和信息标牌在应有位置。

③ 检查轮胎正确的压力。每天目视检查有无磨损、损坏和是否正确充气。

④ 检查蓄电池电解液，确保正确的液位。检查蓄电池接线柱。引线应拧紧和没有腐蚀。

⑤ 检查充电器电线、插头和插座是否有裂纹、连接松动和引线磨损。

（2）性能检查。

① 前进/后退控制：检查操作是否正确。

② 制动器：确保制动器功能正确。以适当的压力完全踩下制动踏板时，车辆应平稳、直线停下。

③ 泊车制动器：当闭锁时，泊车制动器应锁住车轮并保持车辆固定。当踩压加速踏板时应松开。

④ 倒车蜂音器：当前进/后退开关置于 R（后退）位置时，倒车蜂音器应响起作为警示。

⑤ 转向：车辆应容易转向，转向盘不应有任何窜动。

（3）铅酸电池维护。

① 电池加水与中和。

② 磨合（新车/更换电池）。

③ 放电测试与均衡充电。

④ 冬天存放与硫化情况处理。

⑤ 检查电池头的电线固定螺母是否正确紧固。

⑥ 检查电池连接线。

⑦ 每星期检查各轴承部位,定时加注润滑脂。

⑧ 清除蓄电池表面的灰尘,以免造成短路。

⑨ 清洗时应避免将车身电子部件弄湿。

三、球车使用与操作

程序一:使用前登记与检查

(1)用车者需登记姓名、使用车号及使用时间,严禁将车辆交给无驾驶经验者使用。

(2)先拔下充电插头,将线卷好,置于充电器架上。

(3)检查电流指示表的存电量、轮胎气压是否正常,外观有否损伤。

(4)检查方向盘、制动是否灵活和有效,不开带故障的车。

(5)汽油车还需要检查燃油和润滑油。

(6)在球车库范围内,必须慢速行驶。

程序二:使用中遵守规则

(1)球车起步时,必须先踩刹车踏板,释放泊车制动。

(2)正常使用时,加速器要慢踩慢放,制动器须慢踩快放。

(3)严禁在车辆静止时打方向;严禁无故使用紧急制动,以免损伤车胎。

(4)行驶中,车辆保持靠道路右方行驶,遇有环行岛标志,须靠右绕岛而行。

(5)严禁逆向行驶。

(6)转弯注意三件事:减速、观望、靠右行。

(7)对面来车时,注意先慢,先让,先停。

(8)超车时,只许从前车左方超越,严禁强行超车。

(9)窄路交会车时,下坡车让上坡车先行,空车让重车先行,支线车让干线车先行。

(10)行驶中,严禁一脚踩加速器,另一脚踩制动器。

(11)严禁超速行驶,严禁超载行驶。

(12)停车时,需选择避车处,或尽量靠右停车,谨记锁住泊车掣,放空挡,关车匙。

(13)球车座位底下,严禁放置任何物件,以防造成电瓶短路爆炸。

(14)使用过程中,如发现任何异常、异响、异味,须立即上报球车维护部门。

程序三:收车后清洗和充电

(1)使用后洗车。

(2)每周至少清洗蓄电瓶外部两次,但不得用高压水冲洗,以免水冲进电瓶内部,影响电瓶寿命。

(3)检查车胎磨损情况,观察外观是否有损伤,发现问题及时上报。

(4)摆放整齐,停车切记空挡,要取走车匙。

(5)充电,插上充电插头,并确保充电器已正常工作,方可离开车辆。

（6）离开车库时，用车者须登记姓名、车号及收车时间。

四、球车维护保养

程序一

（1）球车维护部每两周需做一次保养。
（2）补充电解液。
（3）加注润滑油。
（4）检测方向与制动系统。

程序二

（1）车辆如有损坏，应及时填写"维修申请单"。
（2）经主管确认后，排期修理。

程序三

（1）球车维修前，球车维护部门需分析损坏原因。
（2）计算损坏价值和维修成本，报送审核。

程序四

（1）准确判断球车故障，及时修复使用。
（2）维修中，遵照"保养为主，修旧利废"的原则，降低维修成本，提高维修质量，禁止带病球车外出作业，保障使用部门的正常运作。
（3）更换电瓶时，防止电瓶中硫酸溢出，将电瓶安装牢固。

程序五

（1）将废旧电瓶收集，储存于凉快、通风的地方，指定专人统一处理。
（2）球车维修完毕后，交由主管验收登记。

第二十六章 高尔夫球场设备维护保养工序

第一节 高尔夫球场场地养护设备档案建立

程序一

（1）在设备分类的基础上进行编号，编号的方法一般有两种形式：一是企业固定资产编号，一般采用两节号码的编号方法。

（2）第一节用三位数字代表设备的类别和组别，其中第一位数字表示"大类"，第二位数字表示"小类"，第三位数字表示"组别"。

（3）第二节数字表示该组设备在厂内的顺序号。

程序二

机器设备的型号编号。机器型号表示该机器的名称、大小、性能和特征。

程序三

在设备分类编号的基础上，由设备管理部门填写"设备投产移交单"，交给使用部门验收。

程序四

在移交验收时，使用部门和财务部门共同登记"固定资产卡"和"设备台账"，并定期复查核对。

程序五

设备的变动、折旧等，均要在账册上反映出来。

第二节 高尔夫球场场地养护设备备件管理

一、备件分类

程序一：按备件使用分类

（1）生产消耗件，是指直接参与生产技术操作过程，与产品直接接触的备件，也包含与产品直接接触的工具等。

（2）设备备件，是指不直接参加生产技术过程，不直接接触产品的设备零件或部件，其损坏主要由机械磨损、高温烧损、化学腐蚀、氧化等原因造成，可分为两种：

① 维修备件，是指使用寿命较短的，易于磨损、烧损、腐蚀的，一般在中、小修时更换的零件。

② 事故备件，是指使用寿命虽长，但制造困难，制造周期长的零件。这种备件也叫大型事故备件。虽然在大、中修时不一定更换，但必须按定额储备。

程序二：按零件使用特性（或在库时间）分类

（1）常备件，是指使用频率高、设备停机损失大、单价比较便宜的需经常保持一定储备量的零件，如易损件、消耗量大的配套零件、关键设备的保险储备件等。

（2）非常备件，是指使用频率低、停机损失小和单价昂贵的备件。

程序三：按备件来源分类

（1）自制备件，是指球场场地养护部自己设计和制造的备件，对设备使用企业来说，自己有能力制造的叫自制备件，自己不能制造的叫外购备件。

（2）外购备件，是指设备制造厂向外订购的配套产品。

程序四：按备件规格分类

（1）标准备件，是指通用标准设备的备品备件，标准件又称通用件。

（2）非标准备件，通常也叫异型备件。

程序五：按备件性质分类

（1）铸铁件。

（2）铸钢件。

（3）铸钢件锻件。

（4）机加工件。

（5）金属结构件。

二、备件技术与计划

程序一：备件技术管理

（1）备件图纸的收集、测绘、整理，备件图册的编制。

（2）各类备件统计卡片和储备定额等基础资料的设计、编制及备件卡的编制工作。

程序二：备件计划管理

（1）年、季、月自制备件计划。

（2）外购备件的年度及分批计划。

（3）铸、锻毛坯件的需要量申请、制造计划。

（4）个别备件采购和加工计划。

（5）备件的修复计划。

程序三：备件库存管理

（1）备件的库存管理指从备件入库到发出这一阶段的库存控制和管理工作。

（2）备件入库时的检查、清洗、涂油、防锈、包装、登记上卡、上架存放。

（3）备件的收发及库房的清洁与安全、订货点与库存量的控制。

（4）备件的消耗量、资金占用额、资金周转率的统计分析和控制。

（5）备件质量信息的搜集等。

程序四：备件经济管理

（1）备件的经济管理包括备件库存资金的核定、出入库账目的管理、备件成本的审定、备件消耗统计、备件各项经济指标的统计分析等。

（2）经济管理应贯穿于备件管理的全过程，同时应根据各项经济指标的统计分析结果来衡量检查备件管理工作的质量和水平，总结经验，改进工作。

第三节　高尔夫球场设备使用管理

一、新设备投入运行前准备工作

程序一

（1）编制必要的技术资料。

（2）准备好设备操作规程、设备档案、设备的润滑图表、设备的点检卡片、设备的定检卡片、设备操作保养袋。

程序二

（1）配备必需的检查工具。

（2）配备必需的维护工具。

程序三

（1）全面检查设备的安装精度、性能及安全装置。

（2）向操作者点交设备附件。

二、设备使用程序

程序一：进行岗前安全教育

（1）新操作工人在独立使用设备前，必须经过对设备结构性能、安全操作、维护要求等方面的技术知识教育和实际操作与基本功的培训。

（2）采用三级教育体系进行技术安全教育：球会教育由人事部门负责，场地养护部门配合；场地养护部门教育由总监负责，设备和统筹部配合；班组教育由主管负责，班组员工配合。

（3）要进行技术知识和使用维护知识的考试，合格者获操作证后方可独立使用设备。

程序二：实行定人定机管理

（1）凭操作证使用设备，遵守安全操作规程。

（2）经常保持设备整洁，并按规定加油。

（3）遵守交接班制度。

（4）管好工具附件，不得遗失。

（5）发现故障立即停车检查，自己不能处理的及时通知检修部门。

（6）实施设备维护保养制，要求操作工人按规定的保养周期和作业范围进行设备的保养。

（7）巡回检查制，规定每隔一定时间对设备的重要部位进行检查，发现问题及时处理。

（8）严格交接班制度，在操作工人交接班时，对设备的各个部件、附件、工具进行比较全面的检查和交接。

程序三：凭证操作

（1）设备操作证是准许操作工人独立使用设备的证明文件，是设备的操作工人通过技术基础理论和实际操作技能培训，经考核合格后所取得的。

（2）凭证操作是保证正确使用设备的基本要求。

程序四：培训操作工人

（1）对设备操作工人的"三好"要求。

① 管好设备。操作者应负责管好自己使用的设备，未经主管同意不准他人操作使用。

② 用好设备。严格贯彻操作维护规程和工艺规程，不超负荷使用设备，禁止不文明的操作。

③ 修好设备。设备操作工人要配合维修工人修理设备，及时排除设备故障，按计划交修设备。

（2）对操作工人基本功的"四会"要求。

① 会使用。操作者应先学习设备操作维护规程，熟悉设备性能、结构、传动原理，弄懂加工工艺和工装刀具，正确使用设备。

② 会维护。学习和执行设备维护、润滑规定，上班加油，下班清扫，经常保持设备内外清洁、完好。

③ 会检查。了解自己所用设备的结构、性能及易损零件部位，熟悉日常点检、完好检查的项目、标准和方法，并能按规定要求进行日常点检。

④ 会排除故障。熟悉所用设备特点，懂得拆装注意事项及鉴别设备正常与异常现象，会做一般的调整和简单故障的排除，自己不能解决的问题要及时报告，并协同维修人员进行处理。

（3）对设备操作工人的"五项纪律"要求。

① 实行定人定机，凭操作证使用设备，遵守安全操作规程。

② 经常保持设备整洁，按规定加油，保证合理润滑。

③ 遵守交接班制度。

④ 管好工具及其附件，不得遗失。

⑤ 发现异常立即停机检查，自己不能处理的问题应及时通知有关人员检查处理。

三、设备使用交接班程序

程序一：制定交接班制度

（1）交班人在下班前除完成日常维护外，必须将本班设备运转情况、运行中发现的问题、故障维修情况等详细记录在交接班记录簿上，并应主动向接班人介绍本班生产和设备情况，双方当面检查，交接完毕后在记录簿上签字。如属连续生产或加工不允许中途停机者，可在运行中完成交接班手续。

（2）接班工人不能及时接班时，交班人可在做好日常维护工作的同时，将操纵手柄置于安全位置，并将运行情况及发现的问题详细地进行记录，交当值主管签字代接。

（3）接班工人如发现设备有异常情况，记录不清、情况不明和设备未清扫，可以拒绝接班。如因交接不清，设备在接班后发现问题，由接班人负责。

（4）对于一班制生产的主要设备，虽不进行交接班，但也应在设备发生异常情况时填写运行记录和记载故障情况，特别是对重点设备必须记载运行情况，以便掌握设备的技术状态信息，为检修提供依据。

程序二：实施交接班制

（1）在多班制操作设备的情况下，不论操作人员、班（组）长、值班维护工或维修组长，都应该在交接班时办理交接手续。这种手续，一般以操作人员口头汇报，班（组）长记录，或由操作人员记录，班（组）长检查的方式进行。

（2）所有记录都要登记在"交接班记录簿"上，以便相互检查，明确责任。

（3）交班人员应将设备使用情况，特别是隐蔽缺陷和设备故障的排除经过及现状，详细告诉接班人员，或在记录簿内详细记载。

（4）接班人员要对汇报和记录进行核实，并及时会同交班人员采取措施，排除故障后，才可接班继续进行工作。

（5）接班人员如果继续加工原工作班已开始生产的工序或零件，也可不停车交接。

（6）应定期检查设备交接班制的执行情况。

程序三：执行交班标准

在交接班时，一般应达到下列四项标准，达不到标准的，可以不接班。

（1）风、气、水、油不漏。

（2）油路畅通，油质良好。

（3）设备清洁，螺丝不松。

（4）工具及其附件等清洁完整。

第四节　高尔夫球场设备检测维护管理

一、实施设备点检

程序一：设备点检的作用

（1）设备的点检是为了维持设备所规定的机能，按标准对规定的设备检查点（部位）进行直观检查和工具仪表检查的制度。

（2）实行设备点检制能对设备的故障和劣化现象做到早期发觉、早期预防、早期修理，避免因突发故障而影响质量，增加维修费用、运转费用以及降低设备寿命。

程序二：设备点检的管理方法

（1）设备点检分日常点检、定期点检和专题点检三种。日常点检由操作人员负责，作为日常维护保养的一项重要内容，结合日常维护保养进行。定期点检，可以根据不同的设备，确定不同的点检周期，一般分为一周、半个月或一个月等。专题点检，主要是做精度检查。

（2）设备点检必须首先由设备工程技术人员、管理人员、操作人员、维修人员一起，根据每一台设备的不同情况和要求制定点检标准书，再根据点检标准书制定点检卡片。设备的操作人员和维修人员要根据点检卡的要求进行点检。

（3）设备点检卡的制定，必须简单明了，判断的标准要明确，记录要简单（用符号表示），使操作工人和维修工人能够很快掌握。一般是针对设备上影响产量、质量、成本、安全、环境以及不能正常运行的部位，确定点检的项目。

程序三：设备点检存在问题的解决方式

设备点检中发现的问题不同，解决途径也不同：

（1）一般经简单调整、修理可以解决的，由操作人员自己解决。

（2）在点检中发现的难度较大的故障隐患，由专业维修人员及时排除。

（3）对维修工作量较大，暂不影响使用的设备故障隐患，经机械员（设备员）鉴定，由维修组安排一保或二保计划，予以排除或上报相关部门协助解决。

（4）设备管理部门要通过对设备各种点检和维修记录的分析，不断改进点检标准，完善点检卡片，并且应将能否正确、认真执行对设备的点检，作为对操作、维修人员的考核内容之一。

（5）设备点检要明确规定职责，凡是设备有异状，操作人员或维修人员定期点检、专题点检没有检查出的，由操作人员或维修人员负责。

（6）已点检出的问题，应由维修人员维修而维修人员没有及时维修的，由该维修人员负责。

二、实施设备定期检查

程序一：按时间实施

（1）日常检查。即每天的例行检查和交接班检查。日常检查由操作工人结合日保进行。对不正常的技术状况（如异响、剧震等）要及时反映，并提出改进维修的意见。

（2）定期检查。指列入预防维修计划并按预定的检查间隔期，对设备的规定部位进行检查、测量，鉴定主要零部件的磨损或老化程度。定期检查由专职维修工结合二保（或一保）进行。

（3）年终检查。即年终前（四季度中）对主要生产设备进行一次普遍的检查。目的是掌握设备的技术状态，摸清存在的问题，作为编制第二年修理计划和做好第二年修理准备工作的重要依据。

程序二：按检查目的实施

（1）事后检查。是指在发生故障进行修理时再检查其技术状况，对于多数有备用的设备和一般设备采取事后检查。

（2）预防性检查。是指事先的、以预防为目的的检查，对于要求随时能开动的关键设备或重要生产设备，则应采取预防性检查。为提高检查的经济性，可根据预防性检查系数来确定是否应当进行预防性检查。

程序三：按检查内容实施

（1）性能检查。是对设备的各项机能进行检查和测定，如有无泄漏、腐蚀、划伤，零件的耐压耐热性能如何及能否完成规定的功能等。

（2）精度检查。是对设备的各项工作精度进行检查测定，确定设备的实际精度。

程序四：实施与执行检查

（1）日常检查的实施，由操作者每日作业前依照机器设备日常检查表的项目，实施检查并记录。

（2）月度检查的实施，由操作者每月依照机器设备月度检查表之检查项目，实施检查并记录。

（3）年度检查的实施，由维修保养部依定期维护保养计划表排定的日程及年度定期检查表的检查项目，实施检查并记录于"年度定期检查表"。

三、设备维护保养程序

程序一：通过操作人员的注意和检查及时发现并消除隐患

（1）机械能否确保完成工作定额，达到技术性能的要求。

（2）机械能否达到质量要求。

（3）设备在操作或运行中是否正常可靠。机械、传动机构是否有潜在的不安全因素。

（4）设备运行中是否有漏油、噪声、振动、温度升高、冒烟、异味等异常现象。

（5）有无降低设备寿命等隐患。

程序二：遵守设备维护的原则

（1）预防为主、保修并重。

（2）为生产经营服务。

（3）专群结合。

（4）维护与改造结合。

程序三：按规定定期进行必要的维护作业

（1）清扫。
（2）润滑。
（3）紧固。
（4）调整。
（5）防腐。

四、设备日常保养操作

程序一：调整

对机械上局部零部件进行细微的调整，如齿轮的啮合间隙、轴和轴承的配合等。

程序二：保养

加润滑油、清理切屑、擦洗油垢、更换易损件等。

程序三：运行维修

对设备影响很小或无影响的运行时的修理，如输电线路的带电作业、安全规程许可的不停机检修等。

程序四：定期检修

有计划的定期停工检修，包括小修、中修和大修。这些检修包括检查和修理，一般需要停机检修。

程序五：临时停工检修

计划外的意外停工修理，大部分是在设备发生突发性故障或意外事故后不得不停工的检修。

程序六：设备维护重点

（1）润滑管理。设备的润滑管理，认真执行润滑"五定"（定点、定质、定量、定期、定人），能有效地减少摩擦阻力和磨损，保护金属表面，使之不锈蚀、不损伤。这是保证设备正常运转、延长使用寿命、提高设备效率和工作精度的必要措施。

（2）防泄漏。防泄漏也是维修保养工作的重要内容之一。认真治理和防止设备的跑风、冒气、滴水、漏油，是一切设备管理的共同要求。

（3）防腐蚀。设备的腐蚀会引起效率和使用寿命的降低，影响安全运行，甚至会造成设备事故。

第五节　高尔夫球场设备统筹管理

程序一：合理地配备设备

（1）根据企业本身的生产特点和工艺过程，经济合理地配备各种类型的设备。

（2）根据工艺技术要求，按一定比例配备在各班组内。

（3）及时地调整设备之间的比例关系，使其与作业对象和工作相适应。

程序二：恰当地安排任务

（1）根据各种设备的性能、结构和技术经济特点来安排。

（2）要使各种设备物尽其用，避免"大机小用"、"精机粗用"等现象。不同的设备是依据各种不同的科学技术原理设计制造的，它们的性能、结构、精度、使用范围、工作条件和能力以及其他技术条件是各不相同的。

程序三：合理地配备操作者

（1）为设备配备具有一定熟练程度的操作者。为了充分发挥设备的性能，使机器设备在最佳状态下使用，必须配备与设备相适应的工人。

（2）要求操作者熟悉并掌握设备的性能、结构、工艺加工范围和维护保养技术。上机新工人一定要进行技术考核，合格后方可允许独立操作。

（3）对于精密、复杂、稀有以及对生产具有关键性作用的设备，应指定具有专门技术的工人去操作。

（4）指定具备专门知识和操作经验的高级技工或技术人员去掌握。

程序四：认真地创造运转条件

（1）安装必要的防护、保安、防潮、防腐、取暖、降温装置。

（2）配备必要的测量、控制和保险用的仪器、仪表装置。

（3）对于精密的机器设备，要求设立单独的工作室，工作室的温度、湿度、防尘、防震等工作条件应有严格的要求。

程序五：持久的教育培训

（1）经常对操作员工进行关于正确使用和爱护设备的宣传教育。

（2）对操作员工经常进行思想教育和技术培训，使操作员工养成自觉爱护设备的风气和习惯，使设备经常保持整齐、清洁、润滑、安全，处于最佳的技术状态。

程序六：严格执行作业制度

（1）制定有关设备使用和维修方面的规章制度，建立健全设备使用的责任制度并严格执行有关设备使用和维修方面的规章制度。

（2）根据设备各自的特点制定出切实可行的责任制度。规章制度一经确定，就要严格执行。对于严格遵守规程，爱护设备有功的人员，应当给予表扬和物质奖励；对于违反操作规程以致造成设备事故者，应给予批评教育和纪律处分。

第六节　高尔夫球车库与设备维修车间清洁程序

程序一：明确范围和程序

（1）清扫对象：明确清扫范围。

（2）清扫场所：窗户、通道、设备、工作现场、车床等。

（3）清扫的责任人：姓名、小组等。

（4）清扫的时间：从哪天的几点到几点等。

（5）使用的工具：棉纱、拖布、扫帚、吸尘器、清洗剂等。

（6）清扫到什么程度：制定每台设备和车间的清扫标准。

（7）按照什么方法清扫：清扫的程序。

程序二：明确责任人

（1）明确各自的责任，实行岗位责任制和值班制，对其中共同使用的工装和工具等物品的管理产生良好的效果。

（2）将作业现场的空地和设备、备件等进行区分后，确定责任人，要求被任命的责任人和执行者要有责任感。

（3）对每个空地和设备、备件要有规定清洁方法和程序的手册。

（4）进行定期的检查。

程序三：检查结果

（1）污垢是否清除了。

（2）是否杜绝了机械设备产生污垢的来源。

（3）是否对地面（机械设备的周围、通道、堆放物品的场所、办公室、楼梯等）进行彻底的清扫。

（4）对地面损坏的地方是否进行了修补和涂覆。

（5）对机械设备是否进行了擦拭和检查等。

第七节　高尔夫球车停放泊位管理

程序一

（1）球车在使用完毕回到球车维护部时，必须清洗。

（2）每周冲洗球车电瓶外部两次。

程序二

（1）球车应停泊在相应的球车停泊位。

（2）球车车身不得超出泊位线所示范围，将前轮方向打直。

程序三

（1）把球车挡位开关拨至"N"位。

（2）把充电插头完全插入球车充电插口。

（3）确认充电器正常工作后，才可离开泊车位。

程序四

（1）球车在充电过程中或充电后，如需使用球车，需将充电插头拔出。

（2）然后把充电电源线卷起，挂在充电架上。

（3）严禁将充电电源线及其插头倒垂至地面上。

第八节　高尔夫球场草坪机械设备领用及泊位管理

程序一

（1）使用机械和工具前，必须办理领用登记手续。

（2）根据派工单领取相应的机械设备和工具。

程序二

（1）检查与核对机械设备和工具后，签署领用单据。

（2）发现机械和工具有故障无法使用时，应立刻通知维修部进行维修处理。

程序三

（1）机械设备和工具使用完毕后，须开回设备维护部冲洗、加油。

（2）在领用登记单上登记好返回时间并签名后，将机械放回指定位置。

（3）机械应停泊在相应的机械泊位处，车头一律向着箭头指示方向，且车身不得超出泊位线。

程序四

不得将机械设备和工具领用卡带离卡位或涂改记录。

第九节　高尔夫球场场地养护部门物料管理

一、利用拍照方法进行整理

程序一

将未经整理现场照片和经过整理活动后现场照片进行比对，实施整理的效果就会一目了然。

程序二

对这些变化进行分析，区分出经常使用的和不经常使用的物品，这样就会形成一个理想的作业现场。

程序三

（1）拍摄时，要特别注意选择适当的位置和摄影的角度，对作业现场进行完整的拍摄。

（2）经过整理后，在同样的位置按同样的角度再拍摄一次。

（3）将两次拍的照片放在一起进行比对，注意经常使用的和不经常使用的物品作了哪些调整，然后对使用频率高的物品进行认真的研究，确定其放置的位置。

程序四

过一段时间再拍摄一次，反复进行比较，以达到最佳的整理效果。

程序五

注意拍照片要在同样的位置，以同样的角度拍摄，照片上要标注日期。

二、清除不需要的物品

程序一

整理和区分需要的和不需要的、使用频率高的和使用频率低的、价值高的和价值低的……弄清楚这些以后，分门别类地进行安置，这是整理最基本的方法。

程序二

（1）在进行整理前，首先考虑为什么要清理以及如何清理，规定定期进行整理的日期和规则。

（2）在整理前要预先明确现场需放置的物品，区分要保留的物品和不需要保留的物品。

（3）向员工说明保留物品的理由。

（4）划定保留物品安置的地方。

程序三

（1）因为现在不需要的物品将来也许是最急需的，所以应先将其放置在一个合适的位置，以两个月或三个月为限。

（2）如果到了期限还没有使用，就将这些物品清出现场，妥善保管，以防同使用频率高的物品混杂在一起。

程序四

（1）在进行暂时不需要的物品整理时，也许不能确定今后是否会用，这可根据实际情况来决定一个保留期限，先暂时保留一段时间，等过了保留期限后，再将其清理出现场。

（2）为确认这些保留的物品是否有保留的价值，则需要对这些物品进行认真的研究，并弄清保留的理由和目的。

程序五

全体作业人员都参与整理，组织在规定的时间内大家一齐动手，并由此形成整个企业常规性的习惯。

程序六

（1）在进行整理时，要决定整理的场所和对象，制定不需要物品的判定原则和需保留物品标准及放置方法。

（2）对名称、批号、物品的分类、数量、场所和判定的依据等要制作成专用表格认真填写。

三、保管和保存

程序一

（1）保管和保存两者的区别在于存放时间的长短，短期的为保管，长期的为保存。

（2）区分使用频率高、数量大的物品和使用频率低的物品，根据不同目的选择保管和保存的方法。

程序二

（1）根据对象的不同，要明确保管和保存的标准，使用前暂时的放置为保管，长期的为保存。

（2）保管是在作业现场的附近，保存则是放置在仓库，可以离现场较远。

程序三

（1）对使用量大、使用频率高的物品进行保管，要确定最适宜的固定位置。

（2）使用量小、使用频率低的物品可以不设固定保管场所，放入仓库保存即可。

程序四

整理出需要保管的物品后，对不需要的物品进行处理，对需要保管的材料、产品、备件、工具和消耗品等确定保管的位置空间。

程序五

在整理保管空间时，要将不需要的物品清除后，对整个现场空间重新整理。

程序六

腾出来的保管空间放置什么物品要根据物品使用的必要性和使用频率来决定。

程序七

放置物品的场所不能混乱，要划出界线进行统一的规划。

程序八

对体积不大的物品可放置在货架、柜子上和抽屉内。

程序九

对垃圾箱、灭火器材、清洁用具、危险品等要确定专用的放置场所。

四、利用标志牌进行标准化整理

程序一

在整理完成以后，要做到需要的物品能立即得到，根据指示牌或黑板就能很清楚地知道什么物品在什么地方，这样就可以节约很多寻找的时间。

程序二

标注区域和名称要在确定了保管场所之后进行，以此来决定整个场地的划分和布局。

程序三

在必要的场合中，将放置方法和排列的条件用指示板进行说明。

程序四

对能够区分的物品用记号或序号进行表示，用图表和图片将其特征表示出来。

程序五

用指示板将有关内容简明扼要地表示出来，如物品名称、分类、数量、存放位置或正在由谁使用等。

程序六

指示板要灵活运用大小分类、不同颜色和不同形态等方式加以区别。在保管场所中运用指示板，容易识别，效果非常好。

程序七

（1）使用指示板，有贴标签、用彩色颜料笔标记、用指示板记述等方法。
（2）根据具体情况，指示板可固定安装在货架上或从天花板上悬吊下来（可移动）。

（1）为达到理想的整理效果，使用指示板时，要考虑指示板的美观，尺寸、材质、字体、表示的内容等要统一。

（2）对不同种类的物品和放置区域要用不同的颜色来表示。

第十节　高尔夫球场设备事故处理规程

一、机械操作人为责任事故处理

（1）发动机缺机油造成拉缸、烧瓦的事故。

（2）发动机缺冷却水，盲目操作造成机体损坏的事故。

（3）电瓶缺补充水，造成电瓶干枯报废的事故。

（4）操作过程中，轮胎脱落、机件丢失的事故。

（5）操作过程中，碰撞、翻车事故。

（6）操作员私自将机械交给他人试机操作，造成的机械损坏事故。

（7）违反操作规程，强行、高速违规操作造成机械部件的损坏事故。

（8）机械操作过程中，因草地上有明显异物未发现或未清理造成的刀组、轮胎等损坏事故。

（9）机械操作过程中出现异常情况，操作工未予以检查，造成的机械部件严重损坏事故。

（10）故意违反机械操作规范，故意损坏机械的责任事故。

以上均为人为责任事故，通常受到以下处罚：机械人为责任事故造成的机械零部件损失金额由直接责任人全额赔偿，并根据情节对责任人进行处理；对故意损坏机械的责任人要全额赔偿所造成的损失，扣除当月工资或作开除处理。

二、机械操作过失责任事故处理

（1）机械运输、装卸过程中，未采取有效保护措施造成的碰撞及机械损坏事故。

（2）因客观因素造成的机械损坏事故。

（3）培训新操作工时，由于操作不熟练所造成的机械损坏事故。

以上均为过失责任事故，通常受到以下处罚：根据损失金额，按比例作责任赔偿；对故意损坏机械的责任人要全额赔偿所造成的损失，扣除当月工资或作开除处理。

三、机械运作管理责任事故处理

（1）机械作业过程中，由于草地上不易见的异物造成刀组、部件严重损坏，由异物的相关负责人赔偿损失金额的5%。

（2）机械每天必须放入机械库存放或停放到指定地点，对未按规定存放所造成的机械丢失和部件损失，由机械负责人赔偿。

（3）机械进行场地养护作业时，未按照操作规范和工作标准作业，造成机械部件严重损坏的，由机械负责人赔偿损失金额的10%。

（4）必须定机、定人、定责，因随意安排、胡乱操作所造成的机械损失，由机械负责人赔偿损失金额的 60%，操作员赔偿损失金额的 40%。

四、机械保养维修责任事故处理

（1）因保养工作不到位所造成的机械损坏事故，由维修负责人赔偿损失金额的 60%，维修工赔偿损失金额的 40%。

（2）因操作工所负责的保养项目不到位所造成的机械损坏事故，由操作工赔偿损失金额的 80%，机械负责人赔偿损失金额的 20%。

第二十七章 高尔夫球场设备维修保养操作流程

第一节 高尔夫球场草坪机械设备维修流程图

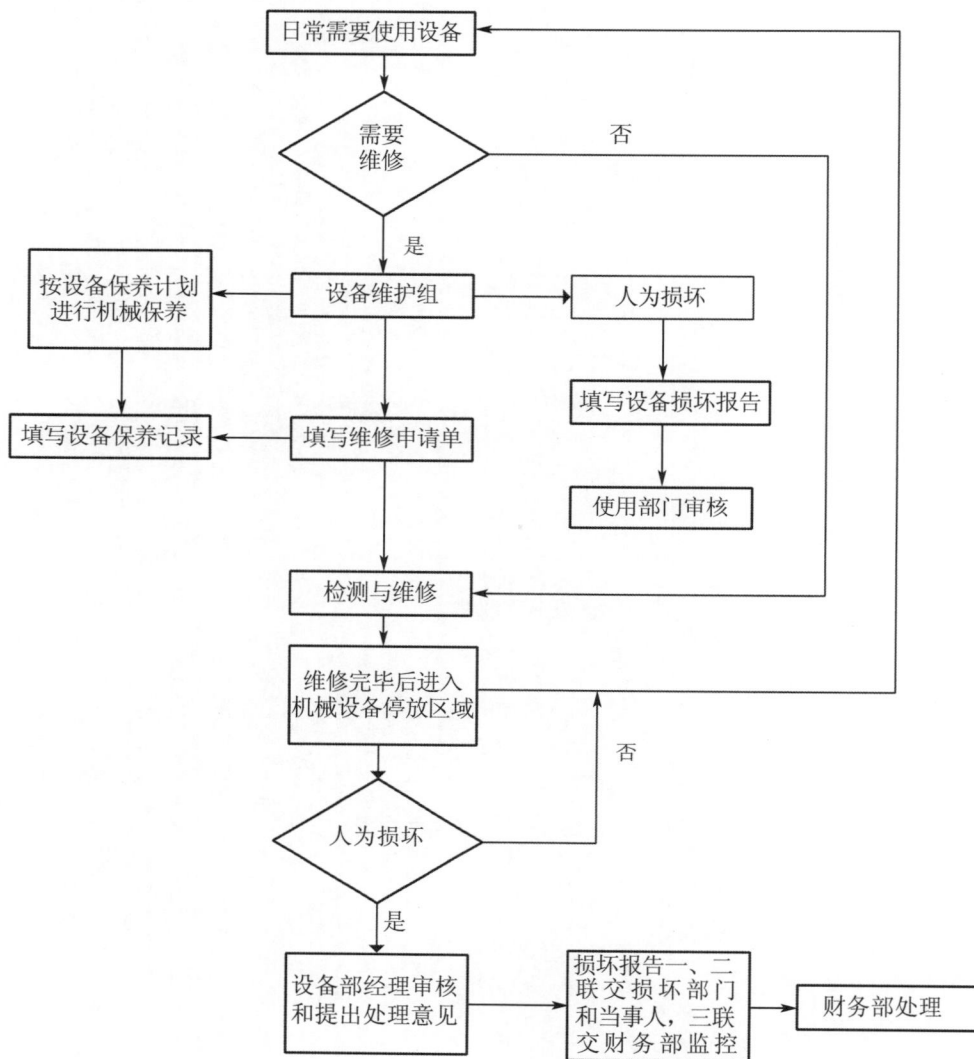

```
                          日常需要使用设备 ◄───────────────────┐
                                │                              │
                                ▼                              │
                          ╱ 需要  ╲         否                 │
                         ╱  维修   ╲──────────────┐            │
                          ╲       ╱               │            │
                                │ 是              │            │
                                ▼                 │            │
  按设备保养计划      ◄──── 设备维护组 ────► 人为损坏        │
  进行机械保养                  │                 │            │
        │                       │                 ▼            │
        ▼                       ▼           填写设备损坏报告   │
  填写设备保养记录 ◄──── 填写维修申请单          │            │
                                │                 ▼            │
                                │           使用部门审核       │
                                │                 │            │
                                ▼                 │            │
                           检测与维修 ◄───────────┘            │
                                │                              │
                                ▼                              │
                         维修完毕后进入 ─────────────────────┘
                         机械设备停放区域
                                │              否
                                ▼
                          ╱ 人为损坏 ╲────────────►
                           ╲        ╱
                                │ 是
                                ▼
                         设备部经理审核 ────► 损坏报告一、二 ────► 财务部处理
                         和提出处理意见        联交损坏部门
                                              和当事人,三联
                                              交财务部监控
```

第二节 高尔夫球车维修流程图

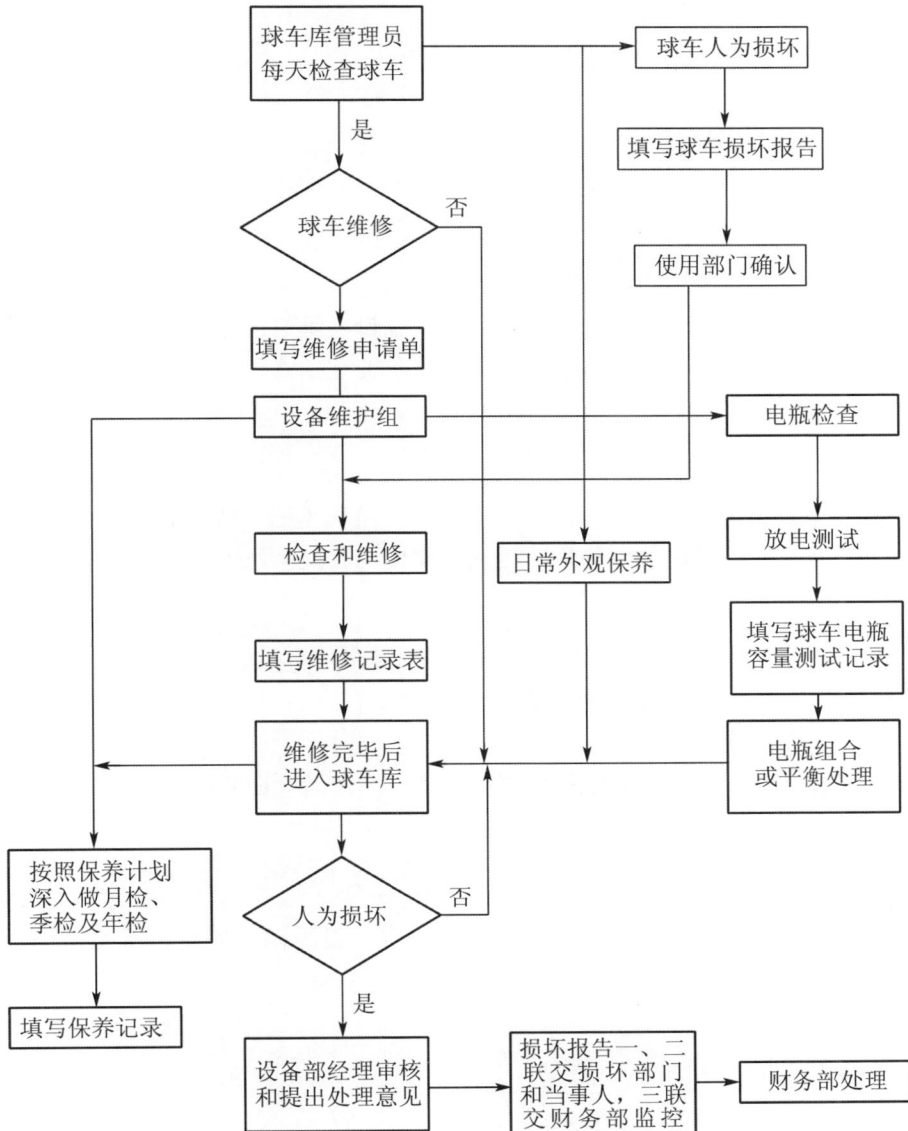

```
┌──────────────┐                    ┌──────────────┐
│ 球车库管理员 │───────────────────>│ 球车人为损坏 │
│ 每天检查球车 │                    └──────┬───────┘
└──────┬───────┘                           │
       │是                                 ▼
       ▼                           ┌──────────────┐
    ╱─────╲        否              │ 填写球车损坏报告 │
   ╱ 球车维修 ╲──────┐             └──────┬───────┘
   ╲         ╱       │                    │
    ╲─────╱          │                    ▼
       │             │             ┌──────────────┐
       ▼             │             │ 使用部门确认 │
┌──────────────┐     │             └──────┬───────┘
│ 填写维修申请单 │    │                    │
└──────┬───────┘     │                    │
       ▼             │             ┌──────────────┐
┌──────────────┐     │             │  电瓶检查    │
│  设备维护组  │─────┼────────────>└──────┬───────┘
└──────┬───────┘     │                    │
       ▼             │                    ▼
┌──────────────┐ ┌──────────────┐  ┌──────────────┐
│  检查和维修  │ │ 日常外观保养 │  │  放电测试    │
└──────┬───────┘ └──────┬───────┘  └──────┬───────┘
       ▼                │                  ▼
┌──────────────┐        │          ┌──────────────┐
│ 填写维修记录表 │       │          │ 填写球车电瓶  │
└──────┬───────┘        │          │ 容量测试记录  │
       ▼                │          └──────┬───────┘
┌──────────────┐        │                 ▼
│ 维修完毕后   │<───────┘          ┌──────────────┐
│ 进入球车库   │<─────────────────│ 电瓶组合     │
└──────┬───────┘                   │ 或平衡处理   │
       │                           └──────────────┘
       ▼
┌──────────────┐     ╱─────╲    否
│ 按照保养计划 │    ╱ 人为损坏 ╲─────┐
│ 深入做月检、 │    ╲         ╱      │
│ 季检及年检   │     ╲─────╱         │
└──────┬───────┘        │是          │
       ▼                ▼            │
┌──────────────┐ ┌──────────────┐ ┌──────────────┐ ┌──────────────┐
│ 填写保养记录 │ │ 设备部经理审核 │>│ 损坏报告一、二 │>│ 财务部处理   │
└──────────────┘ │ 和提出处理意见 │ │ 联交损坏部门  │ └──────────────┘
                 └──────────────┘ │ 和当事人,三联 │
                                  │ 交财务部监控  │
                                  └──────────────┘
```

第三节 高尔夫球场设备维修保养程序

程序一

（1）按照"电瓶球车维护保养计划"，保养每一台电瓶球车。

（2）按照"汽油球车维护保养计划"，保养每一台汽油球车。

（3）按照"草坪机械设备维护保养计划"，保养每一台草坪设备。

（4）球车及草坪机械设备遭受意外损坏时，按"球场设备意外损坏报修程序"执行。

程序二

（1）机械设备使用者发现机械出现故障后，立即通知设备维修保养部。

（2）设备维修保养部接到操作员报告后，立即派技工前往抢修。

程序三

（1）对于正处于维修中的设备，须在设备上挂写着"机械维修，暂停使用"的告示牌。

（2）准确判断设备故障，及时修复使用。否则，向使用者说明原因，并报告上级主管。

程序四

（1）按场地养护草坪修剪工序标准和不同的草坪区域留茬高度要求，研磨和调整每一台剪草设备，确保设备正常运作。

（2）培训剪草机操作员如何及时发现任何漏油现象，发现后立即停机，并通知维修员现场处理。

程序五

遵照"保养为主，修旧利废"的原则，降低维修成本，提高维修质量，禁止带病机械外出作业，保障使用部门的正常运作。

程序六

（1）更换电瓶时，防止电瓶中硫酸溢出，将电瓶安装牢固。

（2）将废旧电瓶收集，储存于凉快、通风的地方，并按月交大仓统一处理。

程序七

（1）每周例行检查液压油管是否有老化、磨损等现象，防止使用过程中爆管。

（2）维修人员更换液压部件时，须用容器接载油料，避免漏到地上。

（3）准备各种型号的备用油管，随时到现场更换，绝不许设备带病行驶。

程序八

（1）维修液压件时，须先将工件内的油倒入盆内，再集中到大油桶回收。

（2）严格遵守油库管理，在油库内装手摇油泵，防止倒油时漏在地上。

程序九

严禁吸烟，消除一切安全隐患。

程序十

维修完毕的设备，交领班或经理验收后再登记使用。

第八篇

高尔夫球场园林护养流程

阅读重点

第二十八章　高尔夫球场园林护养职能概述

第一节　高尔夫球场园林护养范畴

一、部门功能

一个18洞的高尔夫球场面积通常在1 000~2 000亩左右，是利用天然地形、地势，综合各种因素加以整理而设计出来的。球场的类型可分为山岳球场、河川地球场、丘陵地球场、海边球场、平原球场及森林球场等。高尔夫球场设计者以当地具体自然景色为基调，以草坪、树木、花坛、花境、花径、水塘、沙地、山丘、路径、小桥、小亭等为背景材料构成具有高尔夫特色的园林景色。

高尔夫园林植物的生长发育与环境有密切的关系。当环境因素适合于某种园林植物则这种植物能生长良好。环境因素主要为温度、光照、水分、空气、土壤与肥料等。这些因素之间的关系很复杂，既相互联系又相互制约。因此，环境因素对高尔夫园林植物的生长具有综合性的作用。

在园林分类学上可以称之为高尔夫园林。构成高尔夫园林的植物材料主要为草坪、树木、花卉等。高尔夫园林的护养管理，正是针对其中两种植物材料即树木和花卉的管理和护养。

二、职能概述

高尔夫球场在发展过程中，在球场设计、场地养护、园林配置等方面已形成一套较为完整的运行机制和独特的管理办法。园林植物在高尔夫球场中有三大主要功能：使用功能、美化功能和环保功能。

高尔夫球场的主要作用是通过对当地具体地形、地貌加以整理提供给球员一个击球的场所。这种场所的实现不仅仅是指场地的变化，同时包括园林植物在内。而高尔夫园林植物在设置球道陷阱方面充当了极为重要的角色，其栽植和配置的方法、方向、数量、格式、植物类型甚至护养方式都为陷阱的成功运用起到了应有的作用。如相关的轮廓修剪法，就是采用一定的角度剪出既节约经费，又使运动更富刺激性的轮廓。至于球场中的水中果岭、孤树果岭、盆花果岭更是这种陷阱的体现。

园林植物有助于美化球场外观，增加球场设施的艺术效果。园林植物对维持生态平衡、改善周围环境也具有明显的作用。树木除美化和加强球道质量外，还行使许多其他功能，如遮阴、充当击球标桩树、阻挡风吹等。

高尔夫园林植物在为人类制造新鲜氧气的同时，还能有效消除有害气体的污染。污染空气的有害气体种类很多，最主要的有二氧化硫、氯气、氟化氢、氨、汞、铅蒸气等。这些有害气体虽然对园林植物生长不利，但在一定条件下，许多植物对它们具有吸收和净化作用。

第二节　高尔夫球场园林护养作业安排表

工作项目	1月	2月	3月	4月	5月	6月	7月	8月	9月	10月	11月	12月	备注
春季草花播种									●	●	●		
夏季草花播种		●	●										
秋季草花播种					●	●							
冬花播种								●	●				
草花上盆、假植	●	●	●	●	●	●	●	●	●	●	●	●	
切花、草花生产管理	●	●	●	●	●	●	●	●	●	●	●	●	
室外花坛定植			●	●	●	●	●	●	●	●	●		
观叶植物养护	●	●	●	●	●	●	●	●	●	●	●	●	
会所大型观叶植物更换	●	●	●	●	●	●	●	●	●	●	●	●	
重要活动插花布置	●	●	●	●	●	●	●	●	●	●	●	●	
大棚、温室防寒	●	●									●	●	
温室、大棚降暑						●	●	●	●				
大棚防涝（梅雨期）					●	●	●						
会所花坛盆花及小盆栽更换	●	●	●	●	●	●	●	●	●	●	●	●	
草花扦插													
病虫害防治	●	●	●	●	●	●	●	●	●	●	●	●	
绿篱修剪			●	●	●	●	●	●	●	●	●		
春夏鹃施肥					●	●							
香樟幼苗及其他幼苗			●	●	●	●	●	●	●	●	●		
小景浇水	●	●						●	●		●		
蚜虫类防治					●		●	●					
天牛防治								●	●	●	●		
食叶类刺蛾防治						●	●	●					
樟叶蜂防治					●	●			●	●			
雪松根腐病防治		●	●	●	●	●							
其他病虫害防治			●	●	●	●					●		
树木移栽	●	●	●	●	●					●	●	●	
樟树修剪	●	●	●									●	
垂柳修剪	●	●										●	
紫薇、桃树修剪											●	●	
美人蕉	●											●	
苗圃扦插			●	●	●	●	●	●					
垂柳扦插	●	●	●									●	
湖泊小溪清杂草	●	●	●	●	●			●	●	●	●	●	
园艺护养工具保养与更新	●	●	●	●	●	●	●	●	●	●	●	●	
球道、小景清杂草		●	●	●	●	●	●	●	●	●	●	●	
湖泊小溪清洁	●	●	●	●	●	●	●	●	●	●	●	●	
野花播种	●	●	●	●					●	●	●	●	
水景改造					●	●	●						

第二十九章　高尔夫球场园林护养管理

第一节　高尔夫球场园林植物分类

根据园林植物的分类方法，高尔夫球场的植物常依其外部形态分为乔木、灌木、竹类、花卉和草坪五类。

一、乔木

具有体形高大、主干明显、分枝点高、寿命长等特点。依其体形高矮可分为大乔木（20米以上）、中乔木（8～20米）和小乔木（8米以下）；按叶子是否脱落可分为常绿乔木和落叶乔木；按照叶子大小可分为针叶乔木和阔叶乔木。

二、灌木

无明显主干，多呈丛生状态，或基部分枝。一般体高为1～2米。灌木分为绿叶灌木与落叶灌木。

三、竹类

属于禾本科的常绿乔木或灌木、实心或空心、具节，是一种观赏价值和经济价值较高的植物。

四、花卉

主要指姿态优美、花色鲜艳、具有观赏价值的草本和木本植物。根据花卉生长期的长短及根部形态以及对生态条件的要求可分为一年生花卉、两年生花卉、多年生花卉，球根花卉和水生花卉。

第二节　高尔夫球场园林护养作业重点和技术

工作月历是高尔夫球场园林护养每月的主要内容和工作计划，各类植物的养护管理内容很多，尤其是草本花卉的种类多，栽培方式各异，难以采取统一栽培措施。园林植物的养护管理工作应顺其生长规律和生物学特性以及当地的气候条件而进行，必须在植物的不同生长时期、季节采取不同的养护管理措施。因季节性比较明显，全国各地气候相差悬殊，养护工作阶段的划分应根据各地域情况而定。

下面仅以华北、华中、华南区域为例，介绍一年中每月园林养护管理的作业重点和技术。

月　份	华北区域	华中区域	华南区域
1月	① 积肥和储备草炭或泥炭。 ② 对园林树木进行修剪。 ③ 巡视，看护，检查防寒设施情况。	① 进行冬季修剪，将枯枝、病虫枝、伤残枝及与架空线有矛盾的枝条修掉。但对有伤流和易枯梢的树种暂时不剪，推迟至萌芽前再进行。 ② 检查防寒设施的完好程度，发现破损应立即补修。 ③ 在树木根部堆集不含杂质的雪。 ④ 利用冬闲积肥。 ⑤ 控制病虫害，在树根下挖越冬虫蛹、虫茧，剪除树上虫包集中处理。	① 打穴、整理地形，为下月进行种植做好准备。 ② 对植物修剪整形，除枯枝、病虫枝、伤残枝及影响交通的枝条。 ③ 堆肥积肥，深施基肥。 ④ 对耐寒性较差的树种如国王椰子等植物采取适当的防寒措施，如将其树干包上稻草或薄膜等。 ⑤ 清除枯萎的乔灌木。 ⑥ 控制越冬病虫害，消灭害虫卵，清除杂草。
2月	① 进行松类冻坨、移植。 ② 冬季修剪。 ③ 继续积肥。 ④ 检修机具。	① 继续进行树木修剪，月底结束。 ② 堆雪，利于防寒。 ③ 检查巡视防寒设施的情况。 ④ 积肥与沤制堆肥。 ⑤ 控制病虫害。 ⑥ 进行春季绿化的准备工作。	① 个别植物开始萌芽抽叶，开始绿化种植、补植、原有植物的改植。 ② 逐步撤除棕榈科等耐寒性差的树种的防寒设施。 ③ 继续积肥，沤制堆肥。 ④ 继续进行修剪。 ⑤ 松土，对已抽梢的植物进行追肥、施花前肥。
3月	① 做好春季植树准备工作。 ② 继续冬季树木的修剪。 ③ 继续积肥。 ④ 如在冬季低降雨量时，可在晴朗的午后对绿篱及草坪进行少量喷水，缓解干旱。	① 树木结束休眠，开始发芽、展叶。春季植树，做到随挖、随运、随栽、随养护。 ② 进行春灌，补充土壤中的水分，缓和春旱现象。 ③ 对树木进行施肥。 ④ 拆除防寒措施，扒开埋土，根据树木的耐寒能力分批进行。 ⑤ 控制病虫害。	① 绝大多数植物抽梢长叶，重点对原有植物进行松土、追肥，开始松土除草和病虫害控制。 ② 绿化种植的主要季节，进行补植、移植；对刚种植的树木立支架和防护设施。 ③ 开始对整形式修剪的植物进行修剪。 ④ 对树冠过密的树木进行疏枝。
4月	① 土壤解冻至40～50厘米时，进行春季植树，做到"挖、运、栽、浇、管"五及时。 ② 撤除防寒设施。 ③ 进行春灌和施肥。 ④ 4月下旬进行树木整理及栽种草花。 ⑤ 对新植树木设置护树架。 ⑥ 重视常绿乔木的叶面喷水。	① 在植物萌芽前完成种植任务。 ② 继续春灌、施肥。 ③ 修剪冬春枯梢、绿篱植物。 ④ 对开花植物进行看管维护。 ⑤ 控制病虫害。 ⑥ 冲洗喷灌设备。	① 绿化种植的主要季节，继续进行补植和改植。 ② 修剪绿篱、树木枯残枝、残花。疏除过密树枝，防止台风危害。 ③ 继续对新植的树木进行立支架、淋水养护。 ④ 对开花植物进行巡视保护，摆设花卉。 ⑤ 松土、除草和施肥。 ⑥ 控制病虫害。

月　份	华北区域	华中区域	华南区域
5月	① 对新植或树冠更新的树木及时抹芽。 ② 灌水抗旱，进行追肥。 ③ 5月初对树木洗冠除尘。 ④ 中耕除草。 ⑤ 控制病虫害。 ⑥ 铺草坪。	① 对植物进行灌水，植物旺盛生长需大量的水分。 ② 结合灌水施速效肥或叶面施肥。 ③ 修剪残花，对新植树木剥芽除蘖。 ④ 控制病虫害。 ⑤ 松土除草。	① 对新种植的树木加强管理。 ② 修剪绿篱及花后植物。 ③ 继续加强松土除草施肥工作，追施的肥料以氮肥和复合肥为主。做好病虫害控制工作。 ④ 继续进行绿化种植。 ⑤ 及时剪掉树木枯枝以免风折。
6月	① 修剪树木，清除病虫枝、枯枝，对内膛过密枝进行疏剪。 ② 对园林树木进行灌溉与施肥。 ③ 松土除草。 ④ 控制病虫害。 ⑤ 铺设草坪，栽植五色草。	① 进行树木灌水与施肥，保证水肥供应。 ② 雨季即将来临，疏剪与架空线有矛盾的枝条，特别是行道树。 ③ 中耕除草。 ④ 控制病虫害。 ⑤ 做好雨季的排水工作。	① 继续进行绿化种植。 ② 对年内种植的植物进行严格的水分管理，加强淋水，排除积水。 ③ 做好树木过密树冠的疏剪。 ④ 加强树木的抗风能力。 ⑤ 撤除陈旧的花卉摆设。 ⑥ 加强松土除草，对植物的施肥要采用氮磷肥结合或复合肥。对花后植物进行修剪处理。 ⑦ 植物的修剪整形。 ⑧ 控制病虫害。
7月	① 对一些树木进行造型修剪。 ② 松土除草。 ③ 控制病虫害。 ④ 调查春季栽植成活率。	① 排除积水防涝。 ② 中耕除草及追肥，增施磷、钾肥，保证树木能安全越夏。 ③ 移植常绿树种，最好在入伏后降过一场透雨后进行。 ④ 修剪树木，抽稀树冠，做好防风措施。 ⑤ 控制病虫害。 ⑥ 及时扶正被风吹倒、吹斜的树木。	① 继续进行绿化种植，原绿化植物移植或绿化改造。 ② 处理被台风吹倒的树木，对易被风折的树木枝条进行修剪。 ③ 对绿篱、花木等整形修剪的植物加强修剪。 ④ 控制病虫害。 ⑤ 中耕除草、松土，特别加强花后花木的施肥，以补充体内营养。
8月	① 加强雨季排水，防止水涝。 ② 对树木整形，修剪绿篱。 ③ 调查春季栽植保存率。 ④ 挖掘枯死树木。 ⑤ 控制病虫害。 ⑥ 加强后期管理，中耕除草，保证树木正常生长。	① 排涝，巡视，抢险。 ② 继续移植常绿树。 ③ 进行中耕除草，可结合施肥进行。 ④ 控制病虫害。 ⑤ 加强对行道树的养护和花木的修剪，对绿篱等整形植物进行造型。	① 继续进行绿化栽植。 ② 做好低洼地段的排水防洪工作。 ③ 对受台风影响的树木进行清理及扶正修剪等。 ④ 松土除草，施肥以磷钾肥为主，提高植物的木质化程度。 ⑤ 控制病虫害。 ⑥ 积肥、花后植物的修剪。
9月	① 整理园容和绿地。 ② 修剪树木，修去枯干枝和病虫枝，挖除枯死树木。 ③ 中耕除草。 ④ 控制病虫害。 ⑤ 做好秋季植树准备工作。 ⑥ 花卉栽植与摆放。	① 整理绿地园容，修剪树枝。 ② 对生长较弱的植物追施磷钾肥。 ③ 中耕除草。 ④ 控制病虫害。 ⑤ 做好秋季植树的工作。	① 带土球植物仍可种植，绿化施工。 ② 处理被台风影响的植物。 ③ 加强积肥，控制病虫害。 ④ 松土除草施肥，肥料以磷钾复合肥或磷、钾肥为主。 ⑤ 进行整形式植物修剪整形、植物树形维护。 ⑥ 花卉摆设。

（续上表）

月　份	华北区域	华中区域	华南区域
10月	① 本月下旬开始秋季植树。 ② 本月下旬及11月上旬对近一两年栽植的树木进行灌冻水。 ③ 收集杂草、落叶积肥、沤肥堆肥，对园林树木做好防寒的准备工作。	① 准备秋季种植。 ② 集中枯枝落叶进行积肥。 ③ 于本月下旬开始灌冻水。 ④ 控制病虫害。	① 带土球植物的绿化施工。 ② 加强植物的灌水，尤其是花灌木，减轻旱情。 ③ 摆设花卉的淋水、看护。 ④ 清除一年生花卉，松土除草。 ⑤ 控制病虫害。
11月	① 封冻前结束树木栽植。 ② 灌冻水。 ③ 对不耐寒树种及珍贵树种用草绳卷干防寒。 ④ 做好冻坨移植的准备工作，在土壤封冻前挖好坑并准备好暖土。	① 土壤冻结前继续栽种耐寒树木。 ② 土壤封冻前完成最后一遍灌冻水。 ③ 对不耐寒的树种做好防寒工作。 ④ 有条件的可于土壤封冻前施基（底）肥。	① 带土球或容器苗绿化施工，检查绿化种植成活率。 ② 清除摆设的花卉。 ③ 加强植物灌溉，减轻旱情。 ④ 翻松土壤，深施基肥，停止施用速效肥。 ⑤ 冬季修剪。 ⑥ 控制病虫害。
12月	① 冻坨移植树木。 ② 砍伐枯死树木。 ③ 继续积肥。 ④ 对园林树木进行巡视、看护；检查防寒设施情况。	① 加强防寒工作。 ② 冬季树木修剪整形。 ③ 消灭越冬虫卵。 ④ 继续积肥。	① 加强淋水，改善植物生长环境的缺水状况。 ② 深施、施足基肥。 ③ 植物冬季修剪。 ④ 杀灭越冬害虫，做好病虫害控制工作，对少数不可耐寒植物加强巡查，注意防寒措施。

第三节　高尔夫球场园林整形修剪工序

一、修剪树木

（1）准备好修剪球场树木工具，如枝剪、锯子、叉梯等。

（2）确定应修剪高度，如分枝点以下或2米以下的高度。

（3）把小枝从基部剪去。

（4）将较大的树枝用手锯锯下，锯口要平整，靠近基部，并涂抹伤口愈合药剂。

（5）树冠部分，需要剪去的枝条有断枝、伸出树冠范围的枝、过密枝、病枝、枯枝、徒长枝。

（6）把剪下的树枝收走。

（7）将工具还回仓库。

二、种植树木

（1）准备好球场树木种植的工具，小心移植树木。

（2）将盆或塑料袋拿掉。

（3）将树木放置于事先挖好的坑内，不可过深或过浅，按规定执行和实施。

（4）将树木放置后，将坑填满、踩实，保证土球与周围土壤紧密结合。

（5）树木之间应留足够空间，以避免它们争夺养分。

（6）按规定执行和施用肥料。

（7）按规定执行浇水，第一遍定植水必须浇足，保证原有土球被水分完全浸透。

（8）清扫垃圾。

（9）未使用的树木应及时送回苗圃假植。

（10）将工具还回仓库。

三、园林整形修剪

（1）准备好整形修剪球场园林工具，确保枝剪、锯等干净锋利。

（2）剪除枯死、病害和虫害严重的枝条。

（3）按规定对不同季节、不同形状的灌木和乔木进行修剪。

（4）确保切面干净整齐，当切面较大时（直径超过2厘米），需要涂抹伤口愈合药剂。

（5）确保枝条所切之处距主干是按规定距离修剪。

（6）剪蒲葵叶时，所剪之处尽量靠近主干。

（7）修剪时小心刺和锋利物。

（8）整形修剪完毕，确保工作之处整洁，垃圾运至指定地点。

（9）将工具还回仓库。

四、球场园林施肥操作

（1）穴施。

在树冠正投影的外缘挖数个分布均匀的洞穴，将肥施入后，上面覆土踩实，使其与地面平。这种方法操作方便省工。

（2）环状沟施。

沿树冠正投影线外缘，开挖30~40厘米宽的环状沟，将肥料施入沟内，上面覆土踩实，使其与地面平。这种方法可保证树木根系吸肥均匀，适用于青、壮龄树。

（3）放射状沟施。

以树干为中心，距干不远处开始，由浅而深，挖4~6条分布均匀呈放射状的沟。沟长稍超出树冠正投影的外缘。将肥料施入沟内，上面覆土踩实，使其与地面平。这种方法可保证树盘内的根也能吸收肥分，对壮、老龄树适用。

（4）撒施。

适用于园林中的草坪和地被及小灌木。

（5）根外追肥。

即将化肥按一定比例兑水稀释后，用喷雾器喷施于叶面，使之直接被树叶吸收利用。根外追肥简单易行，肥料利用率较高，肥效较快，并可避免某些肥料成分在土壤中的化学和生物固定作用，但营养元素从叶面向其他器官转移有一定的局限性，宜作为土壤施肥的一种补充。主要用于盆栽的园林植物和一些木本观花植物，结合生长调节剂一起施用更好。

（6）叶面施肥。

结合药物混合施用，节省喷药的工时。叶面施肥主要通过叶片上的气孔、角质层进入叶片，而后转运到树体的各器官，一般喷后15分钟到2小时即可被树木吸收利用。通常幼叶由于气孔面积占比例比老叶大，生理机能也较旺盛，对肥分的吸收较老叶快；叶背气孔通常比叶面多，表皮下有松散的海绵组织，细胞间隙大而多，利于渗透和吸收，因此叶面喷施实质上应喷在叶背上才利于吸收。喷施时间最好在上午 10 时前和下午 16 时后。

第四节　高尔夫球场苗圃备草区管理

一、备草区管理

程序一：缓冲区域

（1）缓冲区域是指草坪草品种种植区域与周围其他植物之间的间隔区域。

（2）缓冲区域是草坪种植区域的四周向外扩展 20 米。

（3）在这一区域中必须清除地表的所有植物。

程序二：隔离围网

（1）隔离围网是由遮阴网（或尼龙网）、铁丝和木桩搭建而成的。

（2）为半封闭垂直隔离设施，高 1.5 ~ 1.8 米。

程序三：水源

（1）必须有充足的水资源。

（2）需要定期检查水质的变化。

程序四：坪床准备

（1）对场地进行清理、平整和建造排水系统。

（2）安装喷灌和铺沙。

（3）对土壤进行熏蒸，土壤熏蒸是备草区建造非常关键的工序，可防止本地生长的草进入球场，避免病害的发生。

程序五：防护和管理措施

（1）在备草区的入口处建水泥平台。

（2）设置冲洗装置，供洗刷草坪机械用。

（3）入口处要建造清洗池，工作人员进出球场必须清洗鞋子或套上靴套。

二、苗圃起植草皮工序

（1）检查机器编号，核对工序要求，正确配备机械设备、工具配件；检查和确认机械设备与工具为正常使用状态；检查机油是否适当，油量是否充足，若油量不充足，先确定所使用油的类型，再加油。

（2）起草皮时须保证边线平直，以确保每块草皮宽度一致。

（3）小心并恰当放置草皮于运输车（斗）内，并运往植草皮区。

（4）植草皮前须确保植草区已准备好，确保表面平整且已修好边。

（5）植草区需要施基（底）肥。

（6）草皮须放置紧凑，确保草坪表面光滑平顺，对草皮间快速弥合有更好的帮助。

（7）重植草皮大小须适合植草皮区域，必要时须切掉多余草皮，但必须平整边区。

（8）所有草皮边缘要铺上沙子。

（9）清理工作区，捡走垃圾废物。

（10）用完机械后须清洗，冲洗后加油并放置于指定停泊地点。

（11）设备有任何问题须向当值主管报告。

第五节　高尔夫球场园林设计规则

高尔夫球场园林是一座比较复杂的绿化园林。它不仅包括球道两侧的植树工程，也包括会所门前屋后的植树工程。此外，还包括小亭、小店、湖泊、道路周围的植树工程。因此，植树工程考虑的因素比较多。

高尔夫球场园林植物配置的原则是根据球场与植物功能、球场艺术构图和植物生物学特性的要求使三者相互结合。

一、树木孤植设计

（1）孤植树主要是为了表现植物的个体类。孤植树的构图位置应该十分突出，体型要特别巨大，树冠轮廓要富于变化，树姿要优美，开花要繁茂，香味要浓郁，叶片具有丰富的季相变化。如榕树、珊瑚树、黄葛树、白皮松、银杏、红枫、雪松、香樟、广玉兰等。孤植树并不意味着只栽一棵树，有时为了构图需要、增强其雄伟感也常将两株或三株同一树种的树木紧密地种植在一起，形成一个单元，效果如同一株丛生树干。

（2）在园林中孤植树常布置在大草坪或林中空地的构图重心上，与周围的景点要取得均衡和呼应，四周要空旷，要留出一定的视距供球员欣赏。最适距离为树木高度的 4 倍左右。

（3）孤植树可以布置在开阔的湖泊边缘以及可以眺望辽阔远景的山丘上或高地上。在球道设计具有转弯的狗腿洞的转弯处，常布置姿态、线条、色彩特别突出的孤植树，以提示球员击球方向，或增加难度，这在高尔夫球场上又称标志树。

（4）在果岭的旁边或后面常配置孤植树，用来造景和起伏的山丘、沙地相呼应。

（5）发球台边常配置孤植树，除造景外，还为球员在等待出发或发球时提供休息和乘凉的场所，这种地方常配置木椅和木凳。

（6）在球场会所门前屋后的假山悬崖上，巨石旁边常布置特别有吸引力的孤植树。而且孤植树在此多作配景，但是姿态要盘曲苍古，才能与嶙峋的山石相协调。孤植树也是树丛、树群、草坪的过渡树种。

二、树木对植设计

（1）凡乔、灌木以相互呼应栽植在构图轴线两侧的称为对植。对植不同于孤植和丛植，前者永远是作配景，而后者可作主景。种植形式有对称种植和非对称种植两种。

（2）对称种植经常应用在规则式种植构图中。球场内道路两侧是对植的延续和发展。非对称种植多用在球场建筑物门口和球场进出口两旁。

（3）对植的最简单形式是用两棵单株乔、灌木分布在构图中轴线的两侧。属于对称种植的，必须体型大小一致，树种统一，与对称轴线的垂直距离相等。非对称种植树种也应统一，但体型大小和姿态可以有差异。与中轴线的垂直距离大者要远，小者要近，才能取得左右均衡，彼此之间要有呼应，顾盼有情，才能取得动静相宜。

（4）对植可以在一侧种一大树而另一侧种植同种的两株小树，或者分别在左右两侧种植组成为近似的两个树丛或树群。

三、树木丛植设计

（1）树丛通常由2~10株乔木构成。如果加入灌木，总数最多可达15株左右。树丛的组合主要考虑群体美，选择单株植物的条件与孤植树相似。

（2）树丛在功能和布置要求上与孤植树基本相似，但其观赏效果远比孤植树突出。作为球场门前的纯观赏性或球道标志树，可以用两种以上的乔木搭配栽植，或乔、灌木混合配置，同山石花卉相结合。

（3）球场中供应庇阴用的树丛，采用树种相同、树冠开展的高大乔木为宜，与灌木配合。树丛下放置自然山石，或安置座椅供休息之用。

（4）丛植配置的基本形式：

两株配合	① 两株配合采用同一树种或外形十分相似的树种，能使两者统一起来，但必须有对比。 ② 在姿态和大小上应有差异，才能动静结合，生动活泼。 ③ 两株间的距离应该小于两树冠半径之和，大则易造成分离现象，不成其为树丛。
三株配合	① 三株配合采用姿态、大小有差异的同一种树，栽植时忌三株在同一直线上或成等边三角形。 ② 三株的距离都不能相等。其中最大的和最小的树要靠近一些成为一组，中等大小的远离一些成为一组，两组之间彼此应有所呼应，使构图不致分割。 ③ 如果采用两个不同树种，应同为常绿，或同为落叶，或同为乔木，或同为灌木。其中大的和中的同为一种，小的为另一种，这样就可以使两个小组既有变化又有统一。
四株配合	① 四株配合采取姿态、大小不同的同树种，分为两组，成为3:1的组合。 ② 最大树和最小树都单独成为一组。基本平面形式为不等边四边形或不等边三角形两种。在此两个图面中，无论如何变化，最大树始终与最小树组合在一起，其他两个中等树，其中一个与大树、小树组合在一起，另外一个单独一组。
五株树丛组合	① 采用一个树种或两个树种，分成3:2或4:1两组，若为两个树种，则其中一种为三株，而另一种为两株，分在两个组内。 ② 三株一组的组合原则与三株树丛的组合相同，两株一组的组合原则与两株树丛的组合相同，但是两组之间距离不能太远，彼此之间也要有所呼应和均衡。
六株以上组合	① 实系两株、三株、四株、五株等几个基本形式相互组合而已。 ② 丛植树数量少时可供球员休息之用。 ③ 数量大时可移植于球道两侧障碍区供树之用。 ④ 如在树下种草，应注意树与树之间的距离以方便草坪护养剪草机器自由出入和林下草坪能得到充足的阳光为原则。

四、树林设计与规划

（1）树林是大量树木的总体。它不仅数量多，面积大，而且具有一定的密度和群落外貌，对周围环境有着明显的影响。

（2）高尔夫球场障碍区栽种成千上万的树木，称为高尔夫保护风景林，分为密林和疏林两种。

① 密林有单纯密林和混交密林之分。郁闭度为 0.7 ~ 1.0，阳光很少透入林下，土壤湿度很大，地被植物含水量高，组织柔软脆弱，不能践踏，易弄脏衣服，一般为阴性植物。由于树木密度大，当球员击球时误入其内后不便寻找和挥打。

单纯密林	由一个树种组成，没有垂直郁闭度景观和丰富的季相变化。采用异龄树种造林，结合利用起伏变化的地形，同样可以是林冠变化。在林区边缘即障碍区边缘，配置同一树种的树群、树丛和孤植树，以增加林缘线的曲折变化。林下配置一些开花繁茂的耐阴灌木进行多种混交可以取得丰富多彩的季相变化。
混交密林	一个具有多层结构的植物群落，即大乔木、小乔木、大灌木、小灌木、高草、低草各自根据自己的生态要求和彼此相互依存条件，形成不同层次，所以季相变化比较丰富。混交密林地下地被植物的选择关键在于杂草控制。采用这种设计的球场有其优越性，不需要修剪林下草，可节约大量养护费用，并防止林下杂草侵入球道、果岭区、发球台的草坪中。北方气候的球场林下应种植暖季型草，南方气候的球场在林下种植冷季型草。
密林配置	面积大的采用片状混交，面积小的多采用点状混交，一般不用带状混交，注意常绿与落叶、乔木与灌木的配合比例以及树木对生态因子的要求。

② 疏林郁闭度为 0.4 ~ 0.6，常与草坪相结合，为草地疏林或林下草地。在球场运作和场地护养管理中，障碍区草地疏林的树种具有较高的观赏价值，树冠要展开，树荫要疏朗，生长要强健，花、叶要富于季节变化，常绿树与落叶树搭配要合适，树木种植要三五成群、疏密相间，不污染衣服，冬季不枯黄。

第六节　高尔夫球场树木种植与配置

根据高尔夫球场演变过程，早期的高尔夫球场树木不多。无树球场最初起源于苏格兰，受苏格兰自然气候的影响。为了丰富球场变化，球场设计建造师通过使用树木辅之湖泊、球道、果岭、发球台以及沙坑等处进行一些战略设置，使高尔夫球场更富刺激性和挑战性。

树木的多种用途能给球场带来挑战性变化。因此，越来越多的设计师借助树木创造出了风格多变的球场。球场上出现树木，树木参与球场设计是高尔夫球场设计趋于完善和成熟的一种标志。

高尔夫球场运用树木时，应按自然状况或类型来表现大自然特征。设置和种植时，运用树木应力求形状、大小、颜色和质地都有所变化。通过形状、大小、颜色和质地造成球场不同地方的多种景点和树木设计。在球场树木栽植方法上切忌排植。除考虑机械行走畅通外，树与树之间以不均衡的距离和数量形成群丛。

从球场的发展趋势来看，树木花卉与园艺应当成为球场的一部分，无论它在球场单纯作为造景材料，还是参与球场设计，其作用都是明显的。归纳起来，高尔夫球场树木种植与配置由三部分构成，即边界树、隔离树和背景树。

一、设置边界树

（1）边界树位于球道边界部分，是构成球场的一个重要组成部分。

（2）包括那些不易看见的地方以及其他影响球员注意力集中的地方。

（3）包括球场道路、服务区和其他球场设施区。

（4）目的是将这些区域隐蔽起来。

（5）在球场这些区域宜设置落叶乔木、常绿树和灌木。

（6）辅助一些有花之树以丰富季相变化。

（7）当球场随着时间增长，常绿树将处于支配地位，树和灌木的生长会逐渐缩小空间。防止的办法是选择窄型树种。

（8）尽量避免排植。在一定的原则下尽可能地展露自然状态。

（9）边界树的选择依赖于许多因素，诸如地形、地势、迅速隐蔽某些区域的需要、空间和环境因子（如太阳辐射、遮阴需求、湿度、风、土壤等）。

二、设置隔离树

（1）沿着击球路线的球道边缘栽植的树称为隔离树。

（2）主要功能是防止不准确的击球穿过邻近球道；设置障碍增加竞争刺激；阻挡风吹；增加球场隐蔽气氛。

（3）为了增加隔离树的容量可适当牺牲一部分球道。

（4）隔离树不应当留有过多坚硬的树干、树枝和树叶，除非它被用作一种屏障。

（5）应该保留开阔的视野和景观、增加球场较深的自然景观，沿着击球路线进行丛栽。

（6）靠近频繁落球点附近的丛栽树可作击球指示和自测距离之用，也可作为休息时遮阴场所。

（7）关于球道边如何栽植丛树和独立树应按设计师的设计意图来进行。

（8）栽植时每组丛群都应有一个引人入胜的中心点。

（9）当采用相同的树种构成一个群丛时应紧密靠在一起，造成更大、更为紧凑的视觉景点。

（10）为了保证机械行走和修剪护养之便，群丛和群丛之间应保持适当的距离。

（11）不同树种构成的群丛应当有优势种或者是速生种，或者是不同外形、颜色和质地的材料。次生种应数量大、体积小或外观上趋于小巧柔和。

（12）球场上栽植树丛无论在树木养护上还是在剪草方面均优于独立树，事实上树木对狗腿球道的转弯处是特别有用的。

（13）树或灌木常常被当作一定距离段的标桩树。应选择与周围环境相匹配的树种，并尽可能地置于靠近障碍区附近。

三、设置背景树

（1）背景树是指设计于果岭区和发球台附近的树。

（2）背景树的作用是为娱乐提供中心景观，提高能见度。

（3）通过选用适当的树木可加强树和草地的视差感。

（4）生长速度最慢的树种可以使球洞区更为广阔，高树能使球洞区更为窄小；高地势种植高树、低地区种植矮树和小山丘种植矮树则效果不好。

（5）果岭区后缘栽植树木能大大加强外观和击球准确度，能提供一种宜人的景点和背景，并能提示击球路线和视差用以判断距离，特别对于盲洞更是如此。

（6）随着球员渐近果岭区，树木应造成一种末路或死路的感觉。推杆完之后，也要造成一种峰回路转的感觉，然后转到下一个发球台。

（7）生长缓慢树种或优质树种置于果岭区后面能使一个球洞区显得更长一些；较大的树种或劣质树种则显得短一些。

（8）果岭区后面植树的方法是较小树型应栽于前面，随后可栽植常绿树，形成一个斜坡。

（9）切忌将大小树分开来栽，应进行混栽，这样显得自然些。采用混栽还要注意的是果岭区后面植树在外观上应有中心点，使果岭更具有吸引力。切忌本末倒置地显示树木。

（10）为了避免遮阴、根部的地下竞争、空气流通等问题，树要远离果岭。

（11）发球台附近植树可造成一种宜人的气氛。这种树可提供遮阴休息场所，掩蔽不良视线，防止不准确的击球或作为风的屏障。

（12）发球台的植树应在后面进行，要留心树种的选择和栽植位置，保证充足的阳光和流通的空气。

第七节　高尔夫球场露地花卉布置和应用

一、花坛设计

（1）凡在具有一定几何轮廓的植床内种植各种不同色彩的观花或观叶的园林植物，从而构成的有鲜艳色彩或华丽图案的景观称为花坛。

（2）花坛具有装饰作用，在园林构图中常作为主景或配景。

（3）花坛的种类分为独立花坛、花坛群、花坛组群、带状花坛、连续花坛群、连续花坛组群。

（4）花坛作为园林中局部构图的主体，通常布置在建筑广场的中央，公园进口的广场上，林荫道交叉口，以及大型公共建筑的正前方。在高尔夫球场，花坛一般布置在会所前的广场上。

二、花境设置

（1）花境是园林中从规则式到自然式过渡的形式。平面轮廓与带状花坛相似，植床的两边是平行的直线或有轨迹可寻的平行曲线，最少在一边用常绿木本或草木矮生植物镶边。

（2）花境内植物配置是自然式的，主要平视欣赏其本身所特有的自然美以及植物自然组合的群体美。一般在建筑或围墙墙基、道路沿线、挡土墙、绿篱前等地可布置。

（3）花境布置有单面观赏和双面观赏两种。单面观赏，植物配景由低到高形成一个面向道路的斜观。双面观赏，中间植物最高，向两边逐渐降低，其立面应该有高低起伏错落的轮廓变化。

三、花径布置

（1）在高尔夫园林中常常出现花径，多置于前后球道头尾相连处。

（2）花径是利用道路两旁的空地或沿草地的边缘，栽种各种草花。

（3）形式采用规则式或不规则式均可。

（4）靠近路面的花径，前方栽植矮小的一年或两年生草花；后面种植较高的宿根或球根花卉。

四、花坛材料应用

（1）适于作花坛中心的花卉材料：苏铁、大叶黄杨、龙舌兰、石榴、橡皮树、棕榈、散尾葵、蒲葵、一叶兰、一品红。

（2）适于作花坛边缘的材料：荷兰菊、半支莲、孔雀草、雏菊、天冬草、美女樱、福禄考、翠菊、三色堇、玉兰花。

（3）适于布置花坛主体部分的材料：金鱼草、一串红、凤仙花、万寿菊、百日草、鸡冠花、美国石竹、蕾香菊、景天、郁金香。

（4）花丛、花径、花境常用花卉材料：美人蕉、大丽花、蜀葵、波斯菊、扫帚草、草茉莉、金光菊、晚香玉、鸢尾。

第三十章　高尔夫球场园林树木护养工序

第一节　高尔夫球场树种选择

一、气候原则

中国地域辽阔，各地地形和气候变化均不同。在选择树种上首先应遵循气候原则，以乡土树种为主。乡土树种对土壤、气候的适应性强，苗源多，易栽活，有群众基础和地方特点，应作为当地高尔夫园林的主要树种。已有多年栽培历史，适应当地土壤、气候条件的外来树种也可选用。

二、抗逆原则

抗逆原则是指对酸、碱、旱、涝及坚硬土壤有较强适应性的树种。对病虫害、烟尘及有害气体应具有较高的抗性。

三、美化原则

美化原则是选择一些树姿端正，体形优美，花朵艳丽，花香馥郁，春季发芽早、秋季落叶迟且整齐，花果无异味，无飞絮，无飞粉，叶色富于季相变化的树种。

四、养护原则

（1）通常球场树木栽植在次级障碍区内，有些球场树下栽植有大量的草坪植物，形成林下草坪。这些林下草坪要定时进行修剪。因此在树种选择上要照顾到修剪机械进入林下的作业方便，避免树冠和车辆互相碰撞的可能性，因而应尽量选择树茎高大、分枝点高的树种。

（2）球员由于不准确的击球，有时将球击落于林下，需要从林中重新击球。树种的高低、树冠的大小和密度、植株设置的位置和距离，直接决定击球的难易度，特别是落球机会较多的区域更要充分考虑。

（3）选择树种时应选择落花落果不打伤球员和工作人员，不污染衣服和地面，不造成滑车跌伤以及无刺的树种。

（4）落叶对高尔夫球场无论是击球还是护养都造成了较大的困难，应尽量选择一些抗逆性强的常绿树种或落叶较为一致的树种。

（5）浅表根系发达或浅表根系植物影响周围草本植物的正常生长，栽种时应适当考虑草坪因子。

（6）高尔夫球场一经建植要运作若干年。在树种选择上要注意速生树种与慢长树种相结合的选树原则。速生树早期绿化效果好，容易成荫成活，但寿命较短，与高尔夫球场运作时间不配套，因而需要及时更新、补充。为了避免发展树种与高尔夫运作脱节现象，需要种植一些慢长树种如樟、柏、银杏、杉树、棕榈类树木等，这些树种虽然成树时间长，大约需 30 ~ 40 年，但寿命长（百年以上）。这样在速生树衰老的时候，慢长树种就可补充速生树造成的脱节现象。

（7）为了早日配合开场运作应该以速生树为主，为了保持球场运动的连续性，还应搭配一部分慢长树种。同时要远近结合，有计划、分期分批地使慢长树替代衰老树。

第二节　高尔夫球场苗木定植

北方地区植树适期有春季、雨季和秋季三个时期，但以春、秋两季最好。南方地区全年可植树。最好的时期仍然是春季，冬季植树也可取，但要注意寒流对新植树成活率的影响。夏季植树一般情况下不可取。因为雨季易涝，蒸发量大，成活率低。当然，这还要根据树种来定，因为不同的树种有不同的植树要求，其所适应的植树季节也不完全相同。有的树种全年都可栽植，有的树种仅适合于一年中某个季节种植。不过，大量的研究和实践表明，无论哪种树种，春季都是植树的最佳时期。这个时期移植的树，不仅成活率高，而且生长旺盛。

一、春季植树

（1）春季是植树造林的主要施工季节，所有的树种都适宜在这个季节栽植。

（2）从土壤解冻至树木发芽之前，从3月中旬至4月下旬45~50天内都适于植树。

（3）树种的定植工作宜早不宜迟。早栽则苗木扎根深、出芽早、易成活。对于一些发芽晚、长叶困难的树种，如悬铃木、白蜡树等在晚春栽植较易成活，即在芽开始萌动将要展叶时为宜。一般带土球的常绿树，可持续到4月下旬栽植完。

二、雨季植树

（1）雨季植树，只能移植带土球的常绿树。

（2）适期是在常绿树春梢停止生长，秋梢尚未开始生长的间隙时间。北方为7月，实际上是雨季前期。南方稍早一些。此时温度高，蒸发量大，要尽量缩短移植时间，要即时掘苗、及时运苗、立即栽植，最好在阴天或降雨前移植，做好枝叶自然修剪，还需要做好遮阴处理。

三、秋季植树

（1）秋季植树只限于定植部分较耐寒的落叶树。

（2）适期是从树木大部分叶片已脱落至土地封冻之前，即10月下旬至11月下旬的一个月内。南方地区可稍晚一些。

（3）秋季定植的苗木、经过苗圃中一年的生长，其内部组织较饱满充实，养分积累多，定植时已接近休眠期，栽植后的根部土壤经过冬、春的冻化作用与根系能够密接，因而早春时吸水快、扎根快、易成活。

四、植树准备

（1）了解球场的地形、地貌、球场设计意图、设计方案和施工要求，掌握工程预算、定点的依据以及其他的有关问题。

（2）进行现场勘察。在了解设计意图、方案和要求的基础上，应踏勘植树施工现场，了解水源、土质等实际情况，落实苗木来源、苗木规格和苗木质量，落实人力、材料、机械等，然后制订出切实可行的施工方案和具体计划。

（3）加强施工协作。施工之前，应与有关施工单位配合协作，以便解决实际问题，使植树工程顺利进行。

第三节　高尔夫球场植树技术与工序

一、定点放线

（1）球场行道树定点：以行道边线或道路中心线为定点放线的基础，根据设计图的要求，标明现场中每株树木的位置，用镐刨出小坑，向坑内放入小撮白灰。然后用脚踩实，此点即行道树位置。

（2）球场会所门前屋后景点的植树定点：在定点前，先清除障碍，将各景点和绿地边界、道路、花坛、建筑物等位置标明，然后根据标明的位置就近确定树木的位置。

二、掘苗

（一）掘苗质量

要保证苗木根系不受损伤。裸根苗的根不能劈裂，切口要平滑。掘取带土球苗要保证土球完好、平整，土球应形似苹果，土球底不应超过土球直径的1/3；用麻袋、蒲包等包装物将土球包严，用草绳捆紧，不可使其底部漏出土来。

裸根乔木、灌木的根部规格	掘取苗木时，苗根直径一般乔木可按胸径的 8~10 倍确定；土球高度是直径的 2/3，灌木可按冠丛高度的 20~60 厘米确定。
常绿树土球的规格	掘取常绿针叶树，土球直径可按树高的 1/3 来确定；慢长的常绿树（如云杉、冷杉）的土球直径应比一般的常绿树的直径大一些。

（二）掘苗工序

程序一：裸根苗木的挖掘

（1）当土壤过干时，掘裸根苗应于掘苗前 2~3 天灌一次水。

（2）掘取苗时先按规定的根部直径在树干的四周向下挖够深度，翻出土。

（3）再向中心掏底，将主根铲断，将苗放倒，打碎土坨。

（4）将掘出的苗及时装车运到定植现场栽植。

（5）如不能及时运走，应在原坑埋土候植，如候植时间过长，应适当浇水。

程序二：带土球苗木挖掘

（1）挖掘常绿树带土球的苗木时要先用草绳将树冠捆拢，但不要捆得过紧，以免损伤枝条。

（2）掘土球时将树干基部周围的浮土铲去，以不伤树根为准。

（3）按保留土球的大小，围绕苗木画一圈。

（4）用铁锹沿圈的外围挖一条上下等宽的沟，要边挖沟边将土球修成苹果形。

（5）将沟挖至规定深度时，向土球中心部位掏底。

（6）挖直径50厘米以上的土球，底部应留一部分不挖，以支撑土球，避免发生危险。

（7）挖好土球之后，要在土球兜草绳处挖一小槽，以便于打包。

程序三：带土球苗木的打包

（1）包装土球直径在40厘米以下的苗木时，如遇苗木根部土质坚硬，可在坑外打包。先将蒲包在坑边铺好；然后用手抄底将土球从坑中捧出，轻轻放在蒲包上；最后用蒲包装土球并包严，用单股或双股的草绳把蒲包捆紧。

（2）包装土球直径在50厘米以上的苗木时，应在坑内打包，将苗木的土球修整好以后，给它围上腰绳，腰绳的宽度应根据土质而定，土质松软的应圈8~10道，土质坚硬的可圈6~8道；围好腰绳之后，用蒲包将土球包严；用草绳在蒲包上横腰捆两道；将蒲包固定住后开始打包；打包应由两人配合进行，一人递草绳，一人拉紧草绳；草绳通过树木根部成条直线；然后将草绳往下通过底部位边缘，再从对面绕上去；从上到下、再从下到上每隔8~10厘米绕一圈反复进行，直到将整个土球包住；拉草绳的人，每拉一次，都应用小砖块顺着草绳前进的方向捶打土球外部的草绳，使草绳紧紧地兜住土球底部；包打好之后，要留一个草绳头把它绕在树干的根基处，使草绳不松散；包打好后要在土球腰部连续绕6~10道草绳，将土球上所有的草绳固定住而不致滑脱。

（3）封底是为土球打包的最后一道工序，封底之前应顺着苗木倒斜的方向，在坑底处先挖一道小沟；将封底用的草绳紧紧拴在土球中部的草绳上；将树推倒，用蒲包和草绳将底部土球封严捆紧。

三、刨定植坑

（一）刨坑质量

位置	严格按照定点放线的标记进行。坑壁要直上直下呈桶形。不得上大下小或上小下大，否则易造成窝根或填土不实，影响树木成活率。
坑径	按规定的苗木根部或土球直径大20~30厘米。确定坑径时多依据苗木的干径或苗木的相应高度。

（二）刨坑工序

程序一

刨坑应以所定位置为中心，按既定的相应规格画一圆圈，作为刨坑的范围。

程序二

（1）刨坑时应把表土与底土分别置放。

（2）如土质好坏分明时，应分开堆放。

（3）将坑刨到规定深度时，在坑底铺 2～3 锹松土。

（4）如坑土中拌有大量灰渣、焦渣、大块砖石等杂物时，应换用沙质土壤作为回填土。

程序三

（1）将腐熟过筛的堆肥与部分回填土搅拌均匀，施入坑底铺平。

（2）直径为 70 厘米、深 50 厘米的坑，应施满 3 锹堆肥。

（3）施肥后应在肥上覆盖 6～10 厘米厚的素土，以免定植时树根直接接触肥料而被烧伤。

四、苗木运输与假植

程序一：装运

（1）运苗时应按所需树种、规格、质量、数量认真进行核对，无误后再装车。

（2）装运裸根苗，应使苗木的根向前，树梢在后，顺序码放整齐，在后车厢处垫上草包，以免磨伤树干。

（3）注意不要使树梢拖地。

（4）装好后应用绳将树干捆牢，捆绳处垫上蒲包片，以免损伤树皮。

（5）装运带土球的苗木，如苗木高度在 2 米以下的，应直立放入车厢。

（6）2 米以上的则应斜放，土球向前，树干朝后。

（7）土球放稳、垫牢、挤严。

（8）土球直径为 40 厘米以下的最多不超过三层，40 厘米以上的最多码两层，以保证土球不被压散为原则。

（9）装运苗木时不可擦伤树枝和将土球踩坏弄散。

程序二：卸车

（1）苗木运到施工地点后，在指定位置卸车。

（2）卸裸根苗应从上层往下层卸车，轻拿轻放。

（3）卸土球直径 40 厘米大小的土球苗木直接搬下，注意要抱住土球搬下。

（4）卸土球直径 50 厘米以上的苗木应采用滑板式缓缓滑下或直接使用机械吊卸。

程序三：假植

（1）卸车后不能立即定植的苗木，裸根苗应用土将根部埋土，或用草等物遮盖，每天早晚对叶片及根部表面少量喷水。

（2）假植时间超过 7 天的，应适量向土球和枝叶浇水。

（3）对于不能立即定植的带土球苗木，应尽量集中起来，把土球垫稳，使苗木直立。

五、树木栽植

（一）栽植质量

栽植位置	栽植树木应保持上下垂直，不得倾斜；栽植行列树和行道树必须横平竖直，树干在一条线上相差不得超过半个树干，相邻树木的高矮不得超过50厘米。
栽植深浅	树木应与原土痕印相平；速生树按原土痕印深栽3～5厘米；栽植带土球的苗木，应将包装物尽量取出。

（二）栽植工序

程序一：修剪

（1）栽植高大乔木的裸根苗，应在栽植以前进行树冠及根部修剪工作。

（2）栽植高度在3米以下无明显主干的乔、灌木，应在栽后修剪树枝。

（3）栽前要将裸根苗的断根、劈裂根、病虫根、过长的根剪去，将折枝、病虫枝、枯枝剪去。

（4）树苗疏剪时要选好剩下枝条最上部第一个芽的方向，以便将来萌发形成丰满的树冠。

（5）修剪的剪口应离芽1厘米左右，剪口应稍斜成马耳形。

程序二：散苗

（1）散苗是将一株一株的苗木摆放在要栽植的位置上。

（2）散裸根苗应随掘、随运、随栽植，要轻拿轻放。

（3）散行道树的苗应顺着道路的方向放树苗。

（4）散带土球的苗，要轻抬轻放，避免滚动土球。

（5）散50厘米以上的土球苗木应尽量一次放入坑内，要深浅合适。

程序三：栽植

（1）栽植裸根树木时应将裸根树木放入坑内，使根系舒展，不得窝根。

（2）树要立直，使姿态佳的一方朝主要方向。

（3）对准栽植位置后，用锹填入刨坑内挖出表土或换上肥土，填到坑深的1/2处。

（4）将树干轻提几下，使坑内土与根系密接，再填刨坑时挖出的底土或稍次的土，边填土边踏实。

（5）栽植带土球的树木时，要提包土球的草绳，将树苗放入坑内摆好位置。

（6）在放稳固定和使树木深浅合适后，剪断草绳和蒲包，取出包装物。

（7）将挖坑时取出的表土、底土分层回填踏实。

（8）踏实坑土时应尽量踩土球外环，不要将土球踩散。

（9）对栽完的较大常绿树和高大乔木，应在树干周围埋三个支柱以防倒伏。

（10）支柱与树干相接部分应垫上蒲包片以免磨伤树皮。

六、灌水、中耕、封埯

程序一

苗木定植之后，应在周围用土围一个高 15～25 厘米的圆形土埂树埯。

程序二

（1）在定植后的 48 小时内浇第一遍水，浇水应浇足浇透，隔 2～3 天浇第二遍水，再过 5～10 天浇第三遍水。

（2）秋季定植树木，如施工较晚，可少浇几遍水，但每次的灌水量一定要足。

（3）浇水时应先在树埯内放一蒲包片，将水浇在蒲包片上，防止水冲出树根。

（4）浇水后检查树埯有无跑水、漏水和塌陷等现象，及时填土捣实。

程序三

（1）春季和雨季定植的苗木，在第三遍水渗下之后 2～3 天，要及时中耕、封埯。

（2）秋季定植的树木，在浇完最后一遍水时封埯。

程序四

（1）在树干周围堆 30 厘米高土堆，以保持土壤水分和防止风吹而使根部与土壤分离、降低成活率。

（2）中耕时要将土块打碎，不可锄得过深而碰伤树根。

（3）封埯要用细湿土，封埯后苗木根部的土埯应比平地略高些。

七、大树移植工程

大树移植是指移植干径在 10 厘米以上的大型树木的工程。一般移植条件较复杂，要求较高。大树移植是高尔夫园林经常采用的重要手段和技术措施。大树移植的优点是能在最短的时间内改变高尔夫球场的面貌，加快开放营业的速度。

由于树木的种类、生活习性和移植季节的不同，大树的移植方法也有所不同。移植干径为 20～30 厘米的大树，采用大木箱移植法；移植干径为 10～20 厘米的大树，采用土球移植法；移植干径为 10 厘米以下的落叶乔木，采用裸根移植法。

第四节　高尔夫球场树木护养管理

树木的护养管理包括树木护养的质量要求、护养计划和技术。高尔夫球场无论是初定植的树木，还是生长多年的树木，均需要加强护养管理，才能保证树木成活和健壮生长发育。新种植的树木掘苗移植时，根部受到刨伤，有的枝梢受到不同程度的修剪，这就需要有一个适应过程。

在植后的 1～3 年内需要精心护养。对于生长时间较长的树要有一个护养计划才能起到应有的高尔夫园林效果。

一、树木护养质量标准

树上无病虫害	树叶无食叶害虫危害；树枝和主干无蛀干害虫危害；树木生长期不黄叶、焦叶。
根部要护养好，水肥要适当	要适时灌水、中耕、除草、排水换气。
及时修剪整形，保持树形整齐美观	高大乔木不要与剪草机发生干扰，分枝点要高，不挂车辆，不碰球员及员工的头等。
认真采取保护性措施	如立支柱、树下堆放石头、防止剪草机碰伤等。

二、树木护养计划

冬季	冬季指12月、1月、2月这段时间。北方大约有4个月时间，南方大约有2个月时间。这段时间北方土壤封冻，南方虽土壤未封冻，但温度较低，所以树木基本停止生长。	① 整形修剪：主要在发芽前进行一次整形修剪。 ② 控制虫害：通过挖蛹、刮树皮涂白等方法消灭各种越冬虫源。 ③ 积雪：北方地区大雪过后，应给树木堆雪，以增加土壤水分，有利于防寒越冬。 ④ 维护巡查：加强树木保护，减少人为、机械、车辆对树木的破坏。
春季	春季主要指3、4月这段时间。此时天气回暖，树木新芽萌发。	① 浇水：土地解冻后要及时普遍浇水。南方地区要早于春季或在春季前浇水，春季期间应依照天气情况随时浇水。北方地区依照天气情况实施及早浇水。 ② 施肥：根据树木生长情况，施有机肥，施肥后及时灌透水。 ③ 控制病虫害。 ④ 剥芽、去枝。 ⑤ 补植缺株。
初夏	5、6月为初夏。此时气温上升，日照长，树木开始旺盛生长。	① 浇水：初夏时期，由于蒸发蒸腾强烈，应根据树木种类和气候情况及时浇水。对于植后1~2年乔木，应进行叶面喷水。 ② 控制虫害：此时天气情况有利于树木害虫发生。在高尔夫园林内金龟子、蚜虫、红蜘蛛是树木的主要害虫，应注意控制。 ③ 修剪：主要指剥芽、去蘖作业。 ④ 维护巡查：调查了解病虫害发生情况和施药后的控制效果。
雨季	7、8、9月，不论北方、南方雨水都较多，气温很高，树叶生长旺盛。北方树木此时有一段夏季休眠期。	① 继续治虫、治病。 ② 中耕除草。 ③ 注意防涝和封坡。 ④ 修剪。雨季之前，对树冠大的树要适当疏剪以减少风雨灾害。 ⑤ 培土、扶直和立支柱。南方台风正是此期最频发生期，对个别高大浅根树木应培土、扶直和立支柱。 ⑥ 加强巡场，及时了解树木变化情况。

（续上表）

秋 季	主要指 10、11 月。此时气温降低，树木枝干停止生长且木质化。	① 灌冬水：封冻前要灌足水，然后封埝。采取其他防寒保护措施。 ② 施基肥：对因缺肥而生长较差的树木，在落叶之后要在树木根部附近施有机肥料。 ③ 病虫害控制：对在树上过冬的虫卵或成虫要喷洒药剂。及时处理有病虫的枝、干、叶，或火烧或深埋。 ④ 巡场：淘汰病弱株，统计全场树木，做好记录。

三、树木护养工序

程序一：浇水

（1）对新栽植的树木必须连年灌水才能保证树木成活和正常生长发育。一般乔木最少连续灌水 3～5 年，常绿树要 3～5 年。

（2）栽植在土质较差和保水能力差的土地上的树木，应该延长灌水 1～2 年。

（3）新栽小树初期可适当勤浇水。

（4）对于应灌水的树木，全年灌水次数不少于 6 次，即在 3、4、5、6、9、11 月各灌水一次，不过雨季应视情况而异，对于栽植地土质不好或生长不良的树木以及在干旱年份，应增加灌水 2～4 次。

（5）每次浇水量以树埝灌满为准。树埝的土埂一般高 15～25 厘米；树埝的直径，按树的胸径或树木的高度来确定。

程序二：中耕

对于球场而言，特别是疏林草地，一般树基部都广植草坪，似乎不存在中耕除草这一作业。其实不然，球场树下中耕除草主要是对新植树来说，除草主要是指杂草。这项作业结合施肥来进行，将起到良好作用。

程序三：施肥

（1）对于土壤质地差而树木生长较弱的树种，在秋冬施基肥之外，还应在其生长季节向叶面喷施 0.2%～0.3% 的尿素，结合喷施除虫药液进行。

（2）基肥量一般可按每株胸径 8～10 厘米的大树，施堆肥 2 500～5 000 克。

程序四：修剪

（1）修剪是高尔夫园林树木管理中的重要措施之一。

（2）通过修剪能够调节和均衡树势，从而使树木生长健壮，树形整齐，树姿美观，花卉繁密。

（3）修剪能提高移植树木的成活率。

第五节　高尔夫球场园林树木修剪技术重点

一、主轴树木修剪

（1）修剪应在栽植前进行。

主要是先定分枝点。分枝点的高低，要依苗木的大小和下层分枝的情况而定。如在离地2米处有较好的分枝即侧枝分布均匀即可开始选留，否则可将分枝点留高一些；不要超过2.5米，不必一律强求2.5米。因为这个分枝点是临时过渡性的，以后随着树木增高、增粗，将陆续将分枝点提高。高尔夫园林树木如修剪得法，其高大乔木分枝点可提高到4.6米。

（2）修剪应保持或选留主尖。

若树木主轴主尖完好可以保留，如顶芽已损坏，则在主尖上选留一个壮芽，将壮芽上方的枝条剪去，把壮芽下方附近的两三个芽抠去，以免形成竞争枝而出现两三个主尖。

（3）修剪应选留主枝。

主轴强的树种，在主轴上每年形成一轮枝条。每轮有几个或十几个枝条不等。每轮可留枝三个，全树共留九个主枝；这九个主枝应尽量错开，从下而上依次将主枝分别在30～35厘米、20～25厘米、10～15厘米处短截。经过修剪，全株可形成圆锥形树冠。所留的主枝与主轴枝成40～60度角。注意各轮主枝要下强上弱为宜，否则易与主轴枝形成竞争枝。

二、无主轴树木修剪

（1）修剪先定干。

确定分枝点的高度，分枝点为2～2.5米，最高为3米左右。

（2）修剪选主枝。

苗圃苗留的分枝点一般在2.5米以下，不必再改。选3～5个健壮、分布均匀和斜向上生长的枝条作主枝，将其余的全部剪去。所留的主枝要短截，大约留10～20厘米。

（3）修剪是剥芽。

在短截后的每个主枝上，翌年应根据主枝的长短与苗的大小，第一次留5～8个芽，第二次留3～5个芽。

（4）疏枝和短截。

第二年每株选留向四外斜生的侧枝6～10个，形成丰满的树形，每次修剪应逐渐进行。

三、常绿乔木修剪

（1）培养主尖。

培养主尖对常绿乔木很重要。对于多主尖的树，选留理想的主尖，对其余的竞争枝进行修剪经过两三次就能形成一个主尖。油松、云杉、水杉、冷杉、雪松等幼树，因枝条轮生，如因机械损伤或受虫害而丧失主尖时，不能形成良好的树形，从而失去观赏价值。这时可从最上一轮主枝中选一个健壮的扶直：在主轴枝上绑一木棍，将顶轮其余的枝条重短剪，将其下面的一轮枝条轻短剪就能培养出一个新主尖。

（2）整形。

对于树冠偏斜或树形不整齐的树木，采用扶直的办法来修剪。对一侧生长太强的主枝或侧枝，应去大留小，或者截去强的主轴枝，以向外的侧枝代替。

（3）提高分枝点。

高尔夫球场的树木园林护养需求在树长大后往往需要提高分枝点。由于松类主枝轮生，如一次性地将一轮几个主枝去掉，会在整个树干上形成一环状伤口，有碍观赏，宜采用逐个去除的办法进行。

（4）修剪程序。

修剪程序为"一知、二看、三剪、四拿、五处理"。

① 一知：修剪人员必须了解修剪的质量要求和技术操作规程，以及对球场树木、环境等的特殊要求。

② 二看：修剪前对每株树应仔细观察，做到心中有数，对于如何剪，剪后树形如何等应清楚。

③ 三剪：通过"一知、二看"之后，再根据因地制宜、因树修剪的原则，做到合理修剪。

④ 四拿：修剪之后，应将树上断枝随时拿下来集中处理。

⑤ 五处理。最后一步作业是将剪下的枝条集中处理，或烧掉，或埋掉。

第三十一章　高尔夫球场花卉护养工序

第一节　高尔夫球场花卉作用

花卉是高尔夫园林中很重要的布景置点材料之一。作为高尔夫园林材料之一，主要用在球会会所门前屋后、发球台附近、球道与球道连接过渡地带、湖泊、池塘、小亭、小店、选景等处，或形成花径、花境，或形成花坛。由于存在年变率和花期长短等问题，高尔夫球场一年中大部分时间要保持千姿百态、艳丽多彩、气味芬芳的景观，不但需要与之相匹配的花卉种类，而且需要的数量也相当大。

高尔夫球场花卉种类不仅包括草木花卉，还包括木本花卉，其中观花、观叶、观果、观芽、观茎等植物种类范围较广。

高尔夫球场涉及的面积很大，布置的景点较多，要求四季常开，替换的数量较多。营业运作多年的球场应具备花木繁殖场，以保证高尔夫园林材料的种类和数量的供应。

高尔夫园林花卉护养管理包括花卉分类、花卉繁殖、花卉栽培管理、花卉配置等。

第二节　高尔夫球场露地草木花卉护养

露地草木花卉是高尔夫园林使用最多的一种花卉栽培形式，主要用在一组球道中相邻球道连接处，构成花径，点缀园林景色。由于高尔夫球场面积大，洞组多，花径数目也较多，因而球道花径的养护显得更为重要。

球道花径护养包括栽植、灌溉、施肥、中耕除草、修剪、病虫害控制等内容。

一、栽植

程序一

栽植即将从花场移植的幼苗栽植于球场所需要的地方。

程序二

栽植花卉前，必须在前一两天向苗床灌一次水，以免起苗时土坨松散。

程序三

移植或定植后，必须及时灌溉充足的水分。如果脱水，将会影响幼苗生长，严重时会造成黄叶和落叶。

二、灌溉

程序一

（1）灌溉是露天栽培花卉护养的一项重要内容。

（2）特别是在干旱季节，露地花卉由于根系浅，土壤易干燥，花卉易受到缺水的威胁。

程序二

（1）对花卉进行人工补充水分十分重要。

（2）球场虽有完善的灌溉系统，但对花卉进行灌溉基本采取人工浇水，但要注意浇水方式，否则易冲毁根系土壤，造成部分花卉根部外露而死亡。

程序三

（1）花苗移植后应立刻灌水一次，过3天灌第二次水，5~6天后灌第三次。

（2）灌完第三次水后要中耕松土。

（3）生长时间较长的草本花卉，其水量及灌水次数应视季节、土质和花卉种类的不同而异。

（4）在春、夏季干旱时期，要进行多次灌水。

（5）一年生、两年生的和球根花卉的灌水次数应比宿根花卉要多。

（6）灌水时间应随季节而定，夏季在清晨或傍晚灌水，冬季在中午前后灌溉。

三、施肥

程序一

（1）高尔夫园林植物以施化肥为主。

（2）施基肥仅是在种植前施入土壤。

（3）在花卉栽植后的护养管理过程中化肥是其主要施肥原料。

程序二

（1）对于1~2年生露地花卉，在生长期内，每20~30天追一次化肥。

（2）初期施氮肥，以后则可施磷、钾肥。

（3）多年生露地宿根花卉和球根花卉追肥次数不宜多，在春季开始生长时追施一次，开花前追施一次，花谢之后追施一次，对其中花期较长的可在花期追施一次。

程序三

（1）以叶面喷洒、沟施为主。

（2）叶面喷洒的化肥浓度不宜过大。

（3）沟施化肥要距植株远一些，追肥之后要灌水。

四、中耕除草

程序一

（1）中耕除草的作用在于疏松表土，减少水分蒸发；增加土温和土壤的通透性，促进土壤中养分的分解和花卉生长。

（2）雨后和灌溉之后，需进行中耕除草。

程序二

（1）在花卉移植后不久，大部分土壤是暴露的，为减少水分蒸发，要及时中耕。

（2）近花苗根处中耕宜浅，距苗根远处，中耕宜深。

五、整形和修剪

程序一

（1）花卉整形主要是通过修剪和设立支柱、支架以及拉枝和曲枝等手段来完成。

（2）修剪除作为整形的主要手段外，还可调节植物的生长和发育，使各部分生理机能相对协调，从而防止徒长和促进开花结果。

程序二

（1）露地花卉整形方式比较简单，常用的方式有主干式、多干式、丛生式、悬挂式、攀缘式、匍匐式、圆球式、尖塔式、雨伞式形状整形。

（2）高尔夫球场球道相连处的走道两边通常采用丛生式整形。

程序三

（1）花卉整形通过修剪来实现。

（2）修剪具体的程序有摘心、除芽、剥蕾、短截、疏剪、折枝和捻梢以及曲枝等。

六、病虫害控制

程序一

（1）病虫害控制主要以预防为主，在病虫害发生的初期将其控制并彻底消灭。

（2）要创造良好的栽培条件，选择抗病虫能力强的优良品种，实行合理的栽培管理制度，执行严格的种苗消毒和检疫，做好药剂控制工作，尽量减少病虫害。

程序二

（1）由于病虫害的发生与花卉种类、自然气候等有着极重要的联系，在一定时期和气温下病害发生的种类、程度有较高的相关性，控制病虫害时要根据相应气候状况下的病虫种类使用对应药物进行灭杀。

（2）危害花卉的病虫达数百种之多，有些病虫一旦发生或出现其危害甚至是毁灭性的。

程序三

（1）菊花叶斑病、兰花炭疽病、芍药红斑病、唐菖蒲腐烂病、香石竹叶斑病、郁金香枯萎病、白绢病、蔷薇白粉病、立枯病是花卉栽培过程中的主要病害。

（2）蚜虫类、红蜘蛛类、白粉虱、介壳虫类、地下害虫及软体动物等是危害花卉的主要害虫。

（3）针对主要病虫害，兼顾一般进行控制，花卉栽培管理中病虫害控制主要使用的是化学药剂。

第三节　高尔夫球场盆栽花卉护养

一、盆栽花卉

在花盆内有限的土壤中生长的盆栽花卉，容易缺水缺肥。管理技术较高，如浇水和施肥就得视情况灵活掌握。

二、花盆种类与选择

花盆是盆栽花卉不可缺少的设备之一，包括瓦盆、陶盆、瓷盆、塑料盆、石盆等许多种类。盆栽花卉要根据花卉的株形、高矮、植株冠幅的大小和根系的深浅多少选用合适的花盆。

三、培养土选择

选择适当的培养土是养好花卉的重要环节之一。由于各种花卉的生长、开花习性不同，所需土壤条件也不同。

大多数花适宜用含有较高腐殖质，pH 值为 5.5 ~ 7 的中性偏酸、不含草籽杂物、肥沃、排水透气性良好的沙壤土。普遍使用的培养土有田园土、面沙、河沙、泥炭土、煤烟灰、松针土、沼泽土、草皮土、塘泥及腐叶土等。各类培养土，除塘泥外，使用前需用 4 毫米筛孔的筛子过筛。在上盆时掺入适量的杀虫药。

四、花卉盆栽

程序一：上盆

将苗床中繁殖的幼苗，不论是播种或扦插苗移入花盆中栽培均称为上盆。

程序二：换盆

（1）幼苗已长大，根系布满花盆土壤，已无伸展的余地，生长受到限制，此时要换用大盆，以扩大根系的营养面积。

（2）原来的盆土经过较长时间的使用，结构变劣，养分缺乏，换盆主要是换土。

（3）上盆和换盆以后宜保持土壤湿润，第一次灌水要灌透，以后灌水则不宜多，换盆之后的最初7~10天宜将花盆置于遮阴处。

程序三：转盆

（1）为防止花盆长时间不移植株发生偏斜生长的现象。

（2）为防止植株偏向生长应该每20~40天将盆花转动180°。

程序四：松土

（1）松土可促进空气流通。

（2）有利于花卉生长。

五、施肥

程序一

（1）基肥主要在上盆或换盆时施用。

（2）将基肥置于盆底或盆的周围，不可与根系直接接触。

程序二

（1）化肥主要用于花卉追肥。

（2）多用于液体灌施和叶面喷洒。

程序三

（1）追肥前先松土，待盆内稍干后再施肥。

（2）施肥后第一天必须浇水。

（3）追肥次数因花和气候而异。

（4）生长季节施肥次数多一些，天气转凉后追肥次数要少。

六、浇水

程序一

（1）看天浇水是盆花浇水的第一个原则。

（2）晴天干旱季节花卉浇水量大，浇水次数及浇水量均需相应增加，反之少浇或不浇，注意防涝。

程序二

（1）看土浇水即看盆土的干湿情况，干则多浇，湿则少浇。

（2）当施用较多肥料后，浇水次数必须增多，以免引起"烧根"现象发生。

程序三

（1）看花浇水是从花卉外部形态上观察植株是否缺水。

（2）如叶子萎蔫说明缺水的程度，花卉徒长则说明水大。

程序四

（1）看季节浇水。

（2）春季气温处于逐渐上升阶段，花卉生长刚刚开始，对水分要求不多，根据不同种类每隔 2～3 天浇水一次。

（3）夏季气温高，花卉生长迅速，蒸发蒸腾强烈，需要水分较多，应每天浇水一次。

（4）春、夏、秋三季应在清晨 8～9 时浇水。

（5）冬季应在下午 3 时后浇水。

（6）盆花浇水量每次以灌饱浇透为原则。

七、整形修剪

程序一

（1）盆栽花卉的根部营养面积有限，若任其自由生长，不仅枝条杂乱不美观，还将造成地上部分与根部营养比例失调和枝叶疏密不均，影响通风透光，容易发生病害。

（2）需要进行合理的整形修剪，调节与控制其生长发育。

程序二

盆栽花卉整形修剪的常用方法有剥芽、去蘗、短截、摘心、除叶、疏果、支缚、绑扎、固定等。

第九篇

高尔夫球场场地养护辅助工程管理流程

阅读重点

高尔夫球场赛事举办前工作重点

比赛场地果岭与发球台草坪护养重点

比赛场地球道区域草坪护养重点

练习场地草坪护养重点

高尔夫球场场地养护辅助工程管理安排表

第三十二章　高尔夫球场场地养护辅助工程管理职能概述

第一节　高尔夫球场场地养护辅助工程管理范畴

一、部门功能

高尔夫球场的草坪衰退是养护不当造成的结果。主要是土壤氧气供应不足、缺沙、缺肥，有时单株肥已经满足，但密度肥不够；此外，钝刀片或齐根剪、过度低刈，都是造成草坪衰退的常见问题。

当草坪质量出现某些问题时，进行草坪改良就成为管理者的重要工作。如果草坪达不到某一功用要求或规格标准，这块草坪就称为未达标草坪。对高尔夫球场来说，在护养学上，可将其分为三级护养水平。果岭为一级水平；发球台的护养次数少于果岭，为二级护养水平；球道为三级护养水平，作业量或次数明显少于果岭和发球台。对于障碍区，除生长状况特别不好时需给予适量的护养措施外，一年之中基本上处于自然生存的境地。

由于各护养区要求的标准不同，评价各个区所使用的指标亦完全不同。评定果岭、发球台的指标是平滑、稠密、匀整、翠绿，评定球道的指标是杂草少、标准芜枝层。

当评定的质量达不到上述指标要求时，草坪管理者必须查出其原因，这就叫草坪衰退诊断。

通过一定项目耐心细致的详查，找出问题症结，然后实施相应的场地养护辅助工程管理进行草坪特殊改良。

二、职能概述

场地养护辅助工程管理包括场地养护草坪改良、赛事工程、辅助作业等。

高尔夫球场大多数草坪草属于禾草类草坪草。禾草类草坪草一次种植、多年使用。如果进行正确的养护和管理，可提供持久的地面覆盖。正确的场地养护应当做好土壤改良和草坪特殊改良的工作。

高尔夫球场在雨季或暴雨时土壤排水不良，将导致草坪草发霉、发臭、大面积死亡。土壤积水或过湿引起的问题是严重的。这就必须改善土壤质地和结构，然而要真正治本就必须解决排水问题，可通过设置排水系统来解决。

高尔夫球场草坪改良包括草坪改良诊断、草坪特殊改良和草坪土壤改良等。

赛事工程主要是比赛场地护养作业管理，是场地养护辅助工程管理的重点，包括赛事举办前的筹备、比赛场地养护和赛事辅助工作。

场地养护辅助作业是非草坪性的护养作业，包括环圈和护圈护养、长草区护养、沙坑护养、洞杯更换、球车道保养、湖面水塘区域与观赏草坪区域清洁等作业。

第二节　高尔夫球场场地养护辅助工程管理安排表

工作项目	1月	2月	3月	4月	5月	6月	7月	8月	9月	10月	11月	12月	备　注
发球台标志设置	●	●	●	●	●	●	●	●	●	●	●	●	
果岭洞杯更换	●	●	●	●	●	●	●	●	●	●	●	●	
沙桶维修、垃圾桶制作维修						●	●						
数码桩、指示牌保养与维护	●	●	●	●	●	●	●	●	●	●	●	●	
果岭、发球台、球道区域零星维护	●	●	●	●	●	●	●	●	●	●	●	●	
设备库房路灯、排风扇等电器保养及水电维修	●	●	●	●	●	●	●	●	●	●	●	●	
球道造型细整					●					●			
围墙铁栏杆防锈及围墙粉刷											●	●	
广告制作、指示牌油漆	●										●	●	
场内植草砖路维修		●	●	●	●	●	●				●	●	
花房维修	●			●				●				●	
停车棚改造	●	●					●						
围墙粉刷、铁栏杆防锈						●				●			
凉亭卖店维修		●						●					
办公室内装修维修				●				●					
路灯镇流器、灯杆防锈			●				●						
木器零星维修				●				●					
设备仓库粉刷					●								

红邦企业
China Nation

让 战 略 实 现

中国最具合作价值的智业机构
China's Most Intellectual Agent with the Value of Cooperation

Red Nation
红邦咨询

以销售与策略见长
8年卓越进取
成就中国高尔夫专业营销品牌
150个以上高尔夫成功服务经验
会籍销售与运营管理五位一体服务

高尔夫专业管理系统
gbmsoft 圣邦软件

场地养护
+
多仓库存

营业运作
+
采购管理

拥有6项版权注册
成就高尔夫专业流程

GOLF 经营管理

《高尔夫经营与管理》
《用品商情》
《设计与建造》
《高尔夫球会管理流程》丛书1~5册

拥有多个杂志媒体出版权

出版机构：红邦企业有限公司

研发销售：广州市红邦计算机软件有限公司·红邦计算机软件有限公司·红邦企业管理咨询有限公司

策划销售：红邦企业管理咨询有限公司

香港·广州·上海

红邦企业有限公司·红邦企业.com

网站：www.红邦企业.com

电邮：gbm88@126.com / gbmsoft@126.com / chinanation@126.com

电话：86（20）81624887

传真：86（20）81624889

第三十三章　高尔夫球场场地养护辅助作业管理

第一节　高尔夫球场果岭旗杆与球洞更换工序

一、旗杆与旗帜

旗杆通常放置在果岭上的洞杯中，它位于球洞的中心，是洞位置的可移动的直接指示物。

（1）旗杆高 2.1～2.4 米，从球洞以上 7.5 厘米到洞底旗杆的直径不能超过 1.9 厘米。

（2）旗杆通常漆成纯白色、奶油色、黄色、红色或两色相间。旗帜选择鲜艳的、与果岭底色有较鲜明的对比、球手从远处易于辨认的红、黄、蓝等几种颜色。

（3）旗杆可指示球洞的位置，通常在旗帜上以颜色显示，与发球台发球线标志颜色相配，或者在旗杆上装上一个可上下移动的圆球，圆球在旗杆上方表示洞杯在果岭的后部，下方表示在果岭的前部，中间则表示在果岭中部。球的颜色有白色、红色，与旗杆有所区别。

二、球洞与洞杯

果岭上的球洞直径为 10.8 厘米，深至少 10.16 厘米。通常洞里放置一个金属或塑料洞杯。洞杯应放在 20.32 厘米深处。杯口比果岭表面低 2.54 厘米。杯的外径不得超过 10.8 厘米。

（1）洞杯的放置首先要体现公平的原则。

（2）洞杯所选的位置应该使在球道适当位置上打出的好球最易入洞。这需要考虑多种因素，其中主要包括坡度变化、草坪质地、视觉表现、与果岭边缘的距离、果岭上的草地质量、击球点到果岭的距离长度、当天的盛行风向、果岭球洞的设计、打球比赛的类型等。严格来讲，在球洞周围半径为 0.9 厘米的范围内不应该有坡度变化。这并不是说这个区域必须很平坦，而是要求没有坡度角度的变化并且坡度不能太陡，不能让滚动的球加速。若球洞设置在过陡的坡上，结果会由于果岭的干燥使球速加快而洞杯不能持球。

（3）美国高尔夫球协会果岭部建议球洞离果岭边缘要有 5 步（约 4.6 米）的距离，如果到达果岭的球必须越过果岭边缘的障碍物，这个距离还要大些。新球洞的设置要使进出果岭的人流至少远离旧球洞 4.6 米左右。

（4）如果预测到要下雨，球洞就不能设置在低洼地，以防止球洞周围的土壤过度持水甚至积水。

三、球洞更换目的

洞杯的位置定期或不定期的移动称为洞杯的更换，果岭洞杯的更换是一项需要耐心和认真的工作。球洞的位置能代表球场管理的专业水平，也与球会的经营以及果岭的草皮保养有关，给打球的客人带来不同的感觉。

（1）充分保护和利用果岭。

（2）转移果岭上的人流中心，使果岭表面经受均匀的打球强度，避免对局部过度践踏，避免土壤紧实，保护草坪，使受损草坪尽快恢复。

（3）避免原球洞位置的草坪出现病害或受损。

（4）根据比赛要求，移动洞杯能增加赛事的刺激性和竞争性。

四、球洞更换时间

（1）决定洞杯位置更换的因素有：打球的强度、胶钉鞋印痕和球疤；草坪相对的耐磨损性；草坪受损的恢复率；土壤的紧实度；需要改变打球线路。

（2）洞杯位置的更换根据具体运作而决定，通常是周末打球的人数多时，每天移动一次，平日两天一次，冬季打球人数少时3~4天1次或间隔时间更长。

（3）承办比赛期间，每天早晨应根据比赛要求换洞。

五、球洞更换位置

（1）果岭和发球台都有前、中、后三部分之分，果岭前部—后发球台，果岭后部—前发球台，果岭中部—中发球台，这三个组合之间的距离相等。球洞位置应该在果岭左、右、前、中、后轮换放置。

（2）洞杯在左右两侧轮流放置。18洞的设置应该是6个在果岭前部、6个在果岭中部、6个在果岭后部，其中9个在果岭左边、9个在果岭右边，这样做还可避免球道过长或过短；在一个18洞的高尔夫球场上一般是设置6个洞在中间、6个洞在前面、6个洞在后面，或9个洞在左面、9个洞在右面。采用这个方法可以保证球道的真实长度，减少打球者对球道过长或过短的不满。

（3）当果岭的草坪有病害时，可根据实际情况作调整。

六、更换球洞工具

（1）球洞更换工具包括打洞器、取杯器、安装器、水壶、小铁勺、细钢纤（直径0.3厘米）。换洞杯应准备洞杯器和洞杯踏板。应注意换洞器取出的芯土正好可将旧洞杯填满，填入的芯土表面应略高于周围，如果太深，可在洞底垫少许沙，然后用手或脚将芯土表面压平，并及时浇水，否则芯土表面的草坪会失水死亡。用随身携带的水壶补水。

（2）洞杯直径为10.8厘米，深至少10.16厘米，为不锈钢或塑料制作。洞杯用取杯器从旧洞取出后，放入新洞并保持合理的高度，放入洞杯上安装器，踩一下安装器，使其外沿与推球面贴紧，再取出安装器，洞杯便安装成功了。此时洞杯上口距地表2.5厘米。在这2.5厘米的根系层中，如有未被平齐切断的根、茎伸出，应用小刀仔细地剪断，使洞口的草和根茎整齐。否则，根茎会对球入洞造成不合理的障碍。

七、球洞更换操作

程序一

（1）根据球洞位置图或轮换顺序，确定球洞位置。

（2）选择相对平坦的区域，0.9米内不能太陡，不能有明显的坡度变化。

程序二

（1）将打洞器垂直放好。

（2）双手紧握把手站稳，向下压的同时来回转动打洞器，双脚不要碾草，使打洞器垂直进入果岭。

（3）打洞器进入果岭的深度，以草平面距圆筒上部边缘1厘米为宜。

程序三

（1）拔下旗杆，将原洞杯取出，将打洞器内土柱放到原球洞内。

（2）打洞器打出的土柱若过高，可用小勺将高出部分铲掉放回新洞；若过低，自新洞中取土垫入原洞内，总的原则是不能高于周边草坪，尽量与周边草坪一致。

程序四

（1）将洞杯放入新洞内，用安装器轻压，注意别损伤洞沿，以洞杯距草面2.54厘米为标准（即洞口比果岭表面低2.54厘米）。

（2）插好旗杆，把旗杆标志球或颜色合适的旗面放到适合位置。

程序五

（1）清除打洞过程中落在草坪上的沙。

（2）放到旧洞的草块，用细钢纤自草块边缘斜向外刺，中间直刺，总计十余下，以利透气和尽快与周边草坪融为一体。

（3）补足水分，并用脚踏平，以看上去没有修补痕迹为佳。

（4）通过观察旗杆以检查球洞是否直和符合标准。

（5）转移到下一果岭。

八、球洞更换注意事项

（1）球洞若不直，须重新打洞。

（2）换球洞工作需要两人协同，一人换球洞，一人调整梯台上发球标志的位置。

（3）旗杆高度一般为2.4米，旗杆标志球在上方表明球洞在果岭靠后，球在中间表明球洞在果岭中部，球在下方表明球洞在果岭前部。

（4）另一种标示方法是采用红、黄、蓝三种不同颜色的旗面，红色表示在前部，黄色表示在中部，蓝色表示在后部。

（5）新球洞位置要远离原球洞，以利草坪恢复。

（6）球洞位置距果岭边界最近的距离为一旗杆，即2.4米左右，一般只在特殊情况下使用，通常为5米左右。

（7）周末和节假日球洞位置放在相对容易的地方，一是使客人愉快，二是缩短打球时间，增加客流量，防止"堵车"。

（8）打球人较少期间，球洞放在果岭前部，可保护其他部分的果岭草坪少受践踏。

（9）雨季球洞位置放于相对较高处，以避免对果岭过度踩压或积水。

（10）北方球场若冬季营业，在上冻前打出2~3个备用球洞，然后用干沙填满，上盖圆形人工草坪。

（11）若无安装器，同样要保证洞杯距草面 2.54 厘米。

（12）可采用脚踩器以避免不注意时碾伤草坪。

第二节　高尔夫球场发球台标志更换工序

一、发球台标志设置

（1）对于宽度大的发球台，可以分为左、右两部分，发球标志可分别在两部分内进行前、中、后的移动，也可在左、右两部分之间轮换，这样可使草坪有更长的休养生息的时间，利于草坪恢复。

（2）两个发球标志之间的最佳距离是 4.6～6.4 米，发球标志与发球台边的距离至少为 0.9 米。

二、发球台标志更换

（1）发球台标志的更换频率应根据发球台的使用强度和草坪损害的程度来决定。

（2）草坪已由先前的损伤中完全恢复，生长良好，无草皮痕。

（3）发球台标志之后两球杆距离内的草皮应平整、坚实，能为球手提供一个稳定、平衡的站立开球姿势。

（4）发球台标志放置应避免过于靠后，一般要离发球台边缘 0.9 米以上。

（5）发球标志变动应与果岭上球洞的变动互相结合进行，一般为果岭前部—后发球台，果岭后部—前发球台，果岭中部—中发球台，这样能真实反映球道的长度。

（6）发球标志有指明打球方向的作用，对于长洞和中洞，发球台标志应对准球道的第一落球区；对于短洞，发球台标志应对准果岭上旗杆的位置。

三、发球台标志更换注意事项

（1）在比赛或者活动时，要在开杆前移完所有发球台标志位置，以免有失公平。

（2）三杆洞的发球台标志尽量横向移动。

（3）定期对发球台标志、旗杆刷漆，对旗面清洗。

（4）在大型比赛期间，要使用专用的标志、旗面、洞杯，在洞杯位置喷白色漆。

（5）每次换好发球台标志和洞杯，操作人员将换好的洞位标在果岭简图上，18 个洞换完后将图交至出发台，以备客人下场时使用。

（6）周末果岭洞位与发球台标志按客流量进行调整，在球场风力较大、客人不能打球时，应将旗杆放于果岭上或收回。

（7）更换发球台标志和洞杯位置安排在周二、周五、周六较为适宜，也可根据客人多少或比赛情况增减次数。

第三节　高尔夫球场果岭测速操作

一、果岭测速工具

（1）目前最常用的测速仪是斯蒂姆果岭测速仪，这是一个带 V 形槽的铝合金体，长 91.44 厘米。测速时，将其置于果岭较平坦的部分，然后以恒定的速度抬升带凹槽的一端，直到球从槽口滚下，然后以球滚动的距离（以英尺计）来衡量果岭速度。

（2）常见的斯蒂姆果岭测速仪测试方法是在果岭的某个点上，向 2 个、4 个甚至多个方向滚动小球，计算其平均值（换算成英尺），以得出果岭速度。此种方法在某些情况下能够相互抵消误差，得出更精确的数值，但在更多时候，因坡度、弹跳等原因，也会导致更大的误差。

二、测试果岭速度

程序一

（1）在果岭选择一块约 3 米 × 3 米见方的平坦区域。

（2）将果岭测速仪平放在果岭上，将高尔夫球放在 V 形槽上，如果球滚动则说明该区域不平坦。

程序二

（1）在选择区域的近边缘处插入一根球座作为一个始点，持住果岭测速仪带槽口的一端，将锥形端放置于果岭上，瞄准要滚动球的方向，将球放于凹槽上，然后慢慢抬升，直至球开始从凹槽上滚落。

（2）一旦球开始滚落，就保持测速仪不动，直至球滚到果岭表面。

（3）再找两个球重复此项程序，注意保持锥形端在同一点上。

程序三

（1）三个球滚动的距离差异不得超过 20 厘米，如果超过 20 厘米，则说明测试不准确，测速仪在测试过程中移动，高尔夫球损坏或质量较差，或其他存在的异常情况，都有可能导致误差。

（2）无论出现哪种异常情况，都应该重新进行测试。

程序四

如果球滚动的距离差异在 20 厘米以内，则在 3 个停球的平均点上插入第二根球座，两个球座之间的长度则是第一次球滚动的平均距离。

程序五

（1）将第二根球座作为起点，第一根球座作为目标瞄准点，重复程序二，即沿着相同的路线滚动 3 个球，但方向完全相反。

（2）重复程序三和程序四，测出第二次球滚动的平均距离。

（1）将这两次距离取平均值，换算成英尺，换算值即为该果岭的速度。

（2）如果第一次和第二次的距离差异超过 45 厘米，则测试结果可能不准确。可能选择的区域不平或不够代表性，一般需选择另一低点重新测试，或者采用数学公式进行坡度偏差修正：

$$S_{果岭} = (2 \times S_a \times S_b) / (S_a + S_b)$$

其中，S_a 为测速仪测量的上坡距离；S_b 为测速仪测量的下坡距离。

（3）如此得出准确的数值后，为球场提供果岭的基本信息，并及时发现各个果岭的速度差异，采取各种措施减少差异，以便为客人提供相近的推杆果岭。

第四节　高尔夫球场沙坑维护工序

一、耙沙

通过耙沙以维护沙坑良好的击球条件。通过耙沙，使沙面达到以下要求：
（1）经常保持半松软状态，沙面紧实不利于击球和排水。
（2）保持一定的干燥度和光滑性。
（3）没有杂草生长。
（4）没有石块等杂物。

二、耙沙频率

耙沙频率主要取决于灌溉、雨量、沙粒大小、沙粒质地、沙坑使用强度和击球强度等因素。
（1）耙沙作业需根据情况定期进行。
（2）在打球强度高的周末或节假日，沙坑应每日耙一次。
（3）在打球少的季节应根据打球强度、灌溉及雨水情况每 2~3 天耙一次。
（4）比赛时需要良好的击球条件，包括沙坑应有良好的沙面状态，比赛期间需每天耙一次。

三、人工耙沙

人工耙沙的具体操作是将耙子放在沙面上前后往返移动。
（1）操作时要仔细，防止每次提起和放下耙子时在沙面上形成隆起。
（2）耙沙时可以从一侧耙向另一侧，或环绕进行。
（3）耙沙速度不要过快，耙沙过快会在沙面留下波纹。
（4）在沙坑四周耙沙时，应特别注意将沙坑中间的部分沙子耙向沙坑边缘，要使沙耙从沙坑底向上移动，将部分沙子耙到沙坑面上，或在沙坑底将沙子推到沙坑面上，不要使耙子从沙坑面向沙坑底方向移动，使沙坑面的沙子过多地滑动到沙坑底，造成沙坑上面的沙子越来越薄，而沙坑底的沙子越来越厚。
（5）在北方球场，沙坑结冰后也要使用人工耙沙。

四、机械耙沙

（1）操作前要对机械进行全面检查，并确定耙沙深度。

（2）驾驶耙沙机以一定的方式通过沙坑表层，通过安装在耙沙机后面的耙子达到耙沙目的。

（3）耙沙机在沙坑中行走的线路一般有两种：环形和"8"字形。操作耙沙机时，起步不要太快，以免因耙子跳动在沙层表面形成沙岭，耙沙机进出沙坑的通道应选择相对平坦处，而且应经常更换位置，防止单一的行走路线给沙坑边缘造成过多的践踏，损伤草坪。

（4）耙沙机每次完成耙沙作业离开沙坑时，需逐渐提升耙子，避免在沙坑边缘留下沙堆。

（5）机械耙沙完成后，沙坑上若留下沙堆或沙岭，则需要人工耙沙。

（6）对于较陡的沙面或沙坑局部较窄区域，耙沙机无法进行耙沙操作时，应人工耙沙。

（7）沙坑进行一段时间的机械耙沙后，沙坑面的沙子会滑落到沙坑底，也需要人工耙沙，将底部多余的沙子耙回到沙坑面上，机械耙沙完成后，应使用人工耙沙进行修边。

五、沙面维护

（1）由于雨水及灌溉的侵蚀和耙沙、打球等原因，沙坑面上的沙易流向沙坑底部，因此需由专人在耙沙后定期用工具将沙从沙坑底部推回到沙坑面上。

（2）在雨后的耙沙作业中，这是必须实施的养护措施。

（3）操作人员应定期将沙坑面上的大石块捡走，以免损伤杆面。

六、沙坑杂草防治

（1）物理防治是通过日常的沙坑耙沙措施来实现的，通过人工和机械的耙沙，防除沙坑中生长的杂草。耙沙是防治杂草的有效方法之一。

（2）化学防治是使用除草剂来防治杂草。

七、换沙

（1）当沙坑内沙子深度低于 10 厘米、沙坑面低于 5 厘米时，应该添加新沙。

（2）选用的沙子应与之前沙坑所用的沙子的颗粒大小、形状、颜色基本一致。

（3）在操作时，为减少对沙坑的破坏，一般需要采用两次搬运形式加沙，先用大型运输工具将沙子运到沙坑周围堆放，然后用小型运输工具将沙子运到沙坑中散开。

（4）换沙时应灌溉浸湿沙子，使沙子下沉、压实。

八、沙坑切边

（1）切除沙坑边缘草坪时，一定要注意使新的沙坑边界与球场建造时的沙坑边界相一致，并注意保持沙坑原来的边缘和造型。

（2）一般生长季节两周做一次。

九、沙坑边坡草坪修剪

（1）采用提式剪草机与气浮式剪草机结合使用。
（2）注意剪草高度与周边长草区应保持一致。
（3）操作员勿穿平底鞋，以防滑倒受伤。
（4）剪草完毕后，及时用吹风机清除在沙坑上面的草屑，然后进行耙沙。

十、沙坑维护注意事项

（1）大雨后应整修被冲垮的沙坑。
（2）经常将沙坑底部的沙向上刮。
（3）耙沙机要摆放在果岭方向顺向，不应影响高尔夫球的滚动。
（4）做好耙沙机的出入库登记、保养，注意检查沙耙齿的长短。
（5）注意下雨天，有霜冻、露水或施肥、打药后耙沙机对草坪的损伤。
（6）在果岭周边耙沙时，耙沙机尽量由果岭后方绕行。

第五节　高尔夫球场清洁工序

一、场地清洁

（1）各区域剪草后的草屑要及时清理。
（2）进入秋季后，应及时清理枯枝落叶。
（3）在节假日、比赛等客人较多的情况下，应及时清理垃圾篮和草地上的草块、烟头、果皮等垃圾。
（4）在大雨后应对草地上被雨水冲积的草屑、泥土等进行清理。

二、水体清洁

（1）清理水草的主要方法有人工打捞、化学防治、放草鱼等。
（2）在水浪击打的情况下，泥土会逐渐流入湖内，在客人较少或封场时应及时清淤。
（3）喷灌进水口若长时间泡在水中会产生绿沫，为保障其正常使用应定期清理。
（4）因球场长期施肥、施药，被雨水冲洗入的草沫等和水草长期混合会导致水质混浊变质，应经常对水体进行整治。
（5）清理湖面漂浮物。清洁工每天至少清洁相关湖面水塘区域一次；保持相关湖面水塘区域全天清洁，无垃圾杂物，无异味；及时收集垃圾，运往垃圾场。

三、路面清理

（1）为保障路面的光滑和整洁，应定期对路边草坪进行切边。
（2）场地铺沙、打孔、疏草后在运输的过程中可能会使路面不整洁，应及时清理。

（3）路面长期被风吹雨淋或车辆碾压后部分地点可能会出现损坏或积水等现象，应及时修补。

（4）大雨大风后应对路面进行清扫和冲洗。

（5）剪草设备及其他设备要停放在球车路的加宽处或一侧，减少错车以避免损坏草皮。

（6）车辆在球车路上尽量顺时针行驶。

四、球车道保养

（1）球车道地面应保持清洁，无杂物和积水。

（2）保持球车道无油污，一旦发现，应立即清洁。

（3）始终保持球车道畅通和洁净，及时清理道路上所有杂草，至少保证无明显杂草。

（4）及时收集垃圾，运往垃圾场。

五、清除草坪露水

草坪上的露水会使病害发生加速，不仅影响草坪的品质，而且影响客人打球，因此应在最佳时间内将露水清除，减少病害发生。

（1）清除露水的区域主要在果岭、发球台和球道区。

（2）清除露水的时间：一般要在太阳升起前或球场开场前完成。

（3）消除方法：使用自动喷头的方法速度快、效率高，但要注意土壤的干湿度；人工拖拉法是用绳子或软水管，人工在草坪上拖露水，此法一般选在下过雨后的第二天清晨或土壤较湿润时使用，采取此方法时要注意预防病害的传播。

（4）不能有遗漏的区域；忌交叉拖拉和重复拖拉。

（5）发球台、球道、果岭上有标志物的地方不可以将绳子抬起超过标志物，应将标志物取下让绳子通过。

（6）若有小区域病害发生，要将此区域绳子经过的地方消毒；拖露水的人员要及时将鞋子消毒。

（7）观察喷头旋转情况，防止有漏斗区域，即有喷头不能转的现象。

六、人工除草

（1）人工除草按区、片、块划分，定人、定量、定时地完成除草工作。

（2）应采用蹲姿作业，不允许坐地或弯腰寻杂草。

（3）应用辅助工具将草连同草根一起拔除，不可只将杂草的地上部分去除。

（4）拔出的杂草应及时清理掉，不可随处乱放。

（5）除草应按块、片、区依次完成。

七、观赏草坪区域清洁

（1）每周至少修剪草坪一次，保持齐整、整洁。

（2）利用药物或者人工拔草，保证无明显杂草。

（3）每星期修剪一次所有围绕树木、喷头、数码桩以及水泥块的草坪。

（4）每星期执行一次草坪切边，切出的边应倾斜和平整。

（5）保持所有观赏草坪区域的清洁。

（6）保持草坪的齐整性，保证无明显杂草和杂物。

（7）保持观赏草坪区域的基本安静，视野基本开阔，空气清新，无异味。

（8）保持观赏草坪区域附近道路畅通，便利客人观赏或者竞技。

（9）检查球印是否及时用沙填充，确保垃圾桶、沙桶、洗球器清洁干净。

区　域	球场清洁作业内容与标准
果　岭	无树叶、草屑等杂物。
发球台	无树叶、草屑等杂物。
球　道	树叶、草屑基本上清除干净，不影响打球。
长草区	树叶、草屑基本上清除干净，不影响打球。
湖　面	保持干净。
沙　坑	表面基本上没有超过1厘米的石块，没有树叶等杂物，条纹清晰，表面平整。每天整理一次沙坑，机械结合人工同时进行。
观赏草坪	每天人工清扫树叶、草屑，安排吸草机作业，及时将球场垃圾运走，保持球场干净、整洁。

第六节　高尔夫球场垃圾回收与再利用

一、球场垃圾分类

（1）可以再利用的垃圾为第一类，如客人扔的塑料瓶、塑料袋、饮料罐、纸制品等。

（2）不可再利用的垃圾为第二类，如果皮、烟头、农药袋、农药瓶等。

（3）球场内的剪草草屑为第三类。

二、球场垃圾处理

（1）第一类垃圾通常是回收处理之后，当废品卖出，然后加工再利用。

（2）第二类垃圾应深埋或采用其他方式处理。

（3）第三类垃圾应进行集中堆放，经过特殊处理后可制成有机肥使用，这是既环保又实用的好办法。

三、堆肥技术要点

（1）将第三类垃圾如剪草草屑、草木树叶、皮壳等有机物混匀。

（2）浇水使其充分吸水饱和。

（3）当有机物充分吸水后，可选一较高地面按有机物与土壤层厚20∶3的比例进行堆肥。

（4）堆肥最终体积以不超过10米×1.0米×0.9米为适宜。

（5）在此过程中，一般平均20天翻堆一次。

（6）在炎热夏天，作四次翻堆就可以使用了。

（7）高温堆肥虽然材料广泛、制作容易，但必须注意下述几点：

① 为了加快腐熟过程，应加入1%的尿素作为好气性微生物的食源。

② 按时翻堆很重要，否则易造成堆肥缺氧，抑制好气性微生物活动，滞后腐熟过程。

③ 每次翻堆后要重新浇水和施肥并覆盖。

④ 果岭用肥不宜掺土，仅掺入一些沙子即可，否则易形成界面层，影响果岭排水。

⑤ 在果岭用肥时可先粉碎，然后用筛子过筛，每次同沙子混合再使用。

第七节　高尔夫球场特殊气候球场维护工序

由于高尔夫球场为露天经营的场所，受天气影响较大，在特殊气候下（如降雨、降雪、霜冻等），草坪、树木、球场设施会受损坏，因此要使场地在特殊气候下降低损失，必须做好相应的准备工作。

一、霜冻防护措施

（1）根据季节的交换，霜冻出现在秋季10月下旬至春季3月中旬。温度低于0℃的地面和物体表面上有水汽凝结成白色结晶的是白霜，水汽含量少没结霜的称黑霜。两者对农作物都有冻害，称霜冻。作物内部都是由许许多多的细胞组成的，作物内部细胞与细胞之间的水分，当温度降到摄氏零度以下时就开始结冰。从物理学中得知，物体结冰时，体积要膨胀，因此当细胞之间的冰粒增大时，细胞就会受到压缩，细胞内部的水分被迫向外渗透出来，细胞失掉过多的水分，它内部原来的胶状物就逐渐凝固起来，特别是在严寒霜冻以后，气温又突然回升，作物渗出来的水分很快变成水汽散失掉，细胞失去的水分没法复原，作物便会死去。

（2）定时检查草地有无霜冻，霜冻直接影响植物的生长与寿命。早晨可以看到草地上白茫茫的霜与被冻得笔直的草叶，形成霜冻的原因是晚间空气湿度较大，气温较低。如果草地受到人员、车辆或其他物体的践踏、碾压，草坪将很快死亡。

（3）根据天气情况可选用喷头除霜。

（4）晚上使用遮阳网覆盖。

（5）天气较冷时使用果岭被防冻。

二、降雨防护措施

（1）收集历年降雨量的数据，根据数据制订相应工作计划。

（2）进入雨季前检查球场的集水井、沙坑排水、盲排等设施。

（3）球场在遇到降雨集中的天气时，应立即对球场上刚播种的草坪区域加强保护。

（4）降大雨前应减少施肥、打药、铺沙、疏草等工作。

（5）降雨期间应减少人员进入球场，及时引导客人离开，避免在树下、电线等处避雨。

（6）在场上的工作人员要采取及时避雨、防雷电等措施。

（7）雨后应及时对草地进行清理，如冲坏的沙坑、折断的树枝、下沉的地形、集水处等。

（8）雨后应减少车辆在草地上的作业。

（9）在高温高湿情况下，应及时对草坪喷施杀菌剂进行保护。

（10）对经常遇到暴雨、泥土流、冰雹等自然灾害的球场，最好选择买保险，减少损失。

（11）对球场卖店、亭、泵站等设施做好防雷电的处理。

三、降雪防护措施

（1）根据天气预报提供的信息，如有降雪时应提前对其他人员发出通知，加以防范，减少事故的发生。
（2）降雪期间检查是否有未收回的物品和可覆盖的物品。
（3）降雪后应组织人员对果岭区、发球台区、球车路等扫雪。
（4）发出通知，减少人员和车辆的出入。

第八节　高尔夫球场草坪覆盖工序

一、草坪覆盖目的

（1）延长草坪的绿期，使客人有良好的推杆效果。
（2）减少霜冻对草坪的直接危害，使草坪安全越冬。
（3）防止大风对草地的表层蒸发。

二、草坪覆盖区域

（1）主要对果岭进行覆盖，由于果岭草修剪高度较低、叶较小、光合作用吸收较少，在霜冻与大风的胁迫下草坪容易死亡。
（2）有些球场也对发球台及球道区进行覆盖。

三、草坪覆盖时间

北方地区球场在进入霜降后开始覆盖，到翌年惊蛰前后取消覆盖。

四、草坪覆盖材料

选用密度较大的遮阳网、无纺布、采条布、稻草编织的草帘等。

五、草坪覆盖操作

（1）按区域的形状将材料裁剪并编织在一起，形成一块完整的大材料，以便覆盖。
（2）每天做好巡视，确定最后一组客人开球时间，随后按次序覆盖。
（3）早上揭开覆盖物的时间应根据当天天气情况、霜冻大小确定，然后通知运作部门确认开球时间。

六、草坪覆盖注意事项

（1）揭开后应对草地进行检查，避免有树叶、树枝、石子等障碍物影响客人打球。
（2）打开的物品应整齐地叠放在一起，摆放在果岭的后方或侧方，最好在不影响客人打球的地点将长期压在草地上的石头、沙袋等定期移动，避免对草坪草造成伤害。

（3）由于冬季的风力较大，在大风期间检查覆盖物有无吹开处并进行加固保护。

（4）进入春季，将覆盖物进行编号收回，存放在防雨、遮阴处。

（5）冬季大雨覆盖时间较长，要在光照好时揭开覆盖物晾晒。

第九节　高尔夫球场土质与水质取样化验工序

一、土质取样

高尔夫球场的土壤从一个点到另外一个点，有时候仅仅是在很短的距离内，土壤也会有所不同，因此具有代表性的土壤取样就决定了土壤样品检测结果的准确性。

（1）确定采样的区域，切记不要将高尔夫球场不同果岭、球道、发球台和长草区的土壤样品混合在一起。下表为建议取样区域分配，仅供参考。可根据球场实际情况自行决定取样区域，总样品数量不变。

球场球洞数	样品质量				
9 洞球场	共 12 样品	G	T	F	R
		5	2	3	2
18 洞球场	共 20 样品	G	T	F	R
		8	6	4	2
27 洞球场	共 22 样品	G	T	F	R
		8	6	6	2
36 洞球场	共 24 样品	G	T	F	R
		10	6	6	2

（2）每个样品需要包括多个随机采样点的混合样，一般 10 个样点左右。

（3）一个样品的总量应该在 500 克左右，这样可以满足土壤各种营养成分检测的需要。

（4）一个样品不同采样点的取样深度必须一致，果岭的取样深度一般在 10 厘米左右，球道和其他区域的取样深度一般在 15 厘米左右。

（5）取样时间：在施肥 15 天后才可以采集土壤样品，以避免残留肥料对土壤营养检测产生影响。

（6）对于球场部分特殊区域，例如排水不畅、容易生病、盐分累积或者建造时的坪床基质和其他区域不同等区域，应避免将这些区域的样品和正常区域的样品混合在一起，应该单独取样，并且标记说明。

（7）每个样品必须清楚标明取样的区域和时间，例如 1 号果岭（G1）、2 号球道（F2）等。

（8）样品风干后，装入塑料袋（最好是较厚的自封袋）送验。

二、水质取样

（1）水质取样容器：容器材质一般采用聚乙烯塑料、硬质玻璃（又称硼硅玻璃）或饮料瓶。

（2）采样前先用水样洗涤容器和塞子 2 ~ 3 次，然后将水样注满容器，不留空间，尽快送往化验，避免周末滞留。

（3）以地下水源为灌溉水的取样：先开机放水数分钟，使积留在管道中的杂质和陈旧水排出，然后取样。

（4）以河流、湖泊、水库（塘）水源为灌溉水的取样：将系着绳子的采样瓶投入水中，直接取样，同时避免漂浮物的污染。

（5）采样量：一般为 1.5 升左右。

（6）每份样品必须附有标签，写明样品编号、样品名称、采样地点、采样人、采样时间等内容。

（7）送交水样时必须将容器内、外盖盖紧，同时防止破损或污染，并及时送验。

第十节　高尔夫球场作业安全与防火管理

一、球场作业安全管理

（1）对作业人员，除对球洞内以及周边的地形道路、设备的状况等进行教育指导外，还应对各个危险场所、禁止进入的区域以及避险场所、安全卫生等进行必要的教育指导。

（2）工作用的器具、工具等，一定要调配良好，用于适合的作业项目，不得随意使用。另外，在使用前，要对器具进行检查以确认其是否完备。

（3）在作业现场，作业机械等出现异常或危险时，要根据其具体情况采取应急措施，并且及时向主管汇报。

（4）在作业过程中如果发生事故，无论事故的大小如何，一定要向主管汇报。

（5）作业过程中，如果身体有不适的感觉要及时向主管报告，适当休息。

（6）在有"危险区域"、"禁止入内"标语的区域，未经同意或未接到指示，绝对不可以入内。

（7）在不易及时看见飞来的高尔夫球区域工作时，要注意球童"提醒"的声音，如果听到此声音要立刻躲避到认为安全的地方，或伏下身体。

（8）打雷时，立刻停止工作，且躲避到认为安全的地方。

二、球场防火管理

（1）严禁在库房以内区域（设备房、配件房、办公室、宿舍、保安门岗内）吸烟，违者重罚。

（2）在库房内禁止动用明火，不准使用电热设备，不准私拉电线。

（3）工作中需要进行焊割作业及铺设电线时，须经负责人批准，由正式焊工、电工进行现场指导。

（4）油料存放场所要保持良好的通风，必要时增设通风设施。

（5）车辆进行加油时，要停车熄火，禁止在发动机运行状态下加油，加油时注意防止油料飞溅到消音器等高温部位，溅出的油料要及时清理干净。

（6）对于电器设备，要定期检查电线是否老化，接触是否牢固，工作是否良好。

（7）人员离开库房时必须进行防火检查，保证确无问题，切断电源后锁好门窗方可离开。

（8）球场内禁止动用明火、烧荒、乱扔烟头。

（9）及时清理场地上的枯枝落叶、杂草等易燃物品。

（10）车辆消音器要保持完好，防止产生火化，引燃其他物品。

（11）球场与库房内不得乱堆乱放，库房周边 5 米以内要清洁干净，无易燃物品。

（12）任何人不得把易燃易爆物品带入球场和库房。

（13）外来人员进入仓库要进行登记，严格检查。

（14）爱护消防设施，保持防火设施的清洁，禁止随意挪动，并定期进行检查。

（15）消防通道要保持通畅无阻。

（16）员工定期接受消防安全培训。

（17）发现火灾险情时要积极扑救，并立即报警，同时向主管及时汇报。

（18）各部门应建立消防安全监督机制，共同维护公司财产。

第十一节　高尔夫球场场地养护辅助作业与设备使用

一、手推式吹吸尘设备操作

（1）检查机器编号，核对工序要求，正确配备机械设备、工具配件。

（2）检查手推式吹吸尘器机油、燃油的液面情况。

（3）检查机器的所有附加传动部位（传动带、吸袋等），应以一种负责的态度来运送机器。

（4）使用机器过程中应小心并注意安全，操作员须佩戴安全用具，如手套、防护眼镜、耳塞等。

（5）设备停放之前必须加好油以便下一班组工作之用。

（6）工作完成后必须彻底清洗机器并将之停放于规定的区域。

（7）设备入库后，操作员须在设备登记卡上登记入库时间及姓名。

（8）如设备有任何异常或损坏，须及时通知当值主管。

二、拖拉机式吹吸尘设备操作

（1）检查机器编号，核对工序要求，正确配备机械设备、工具配件，使用前全面检查机轮胎、机油、液压油、燃油、水，目视检查机器的状况。

（2）后挂式吹吸尘器应保持传动轴输出杆、平衡器杆和插销三点一线。

（3）检查机器的传动部位。

（4）应以一种负责的态度来驾驶机器。

（5）使用机器过程中应小心并注意安全，操作员须佩戴安全用具，如手套、防护眼镜、耳塞等。

（6）如有机械故障，应立即向部门主管或修理部主管报告。

（7）工作完成后必须彻底清洗机器并将之停放于规定的区域。

（8）设备停放之前必须加好油以便次日工作之用。

三、行走式吹风设备及背负式吹风设备操作

（1）检查机器编号，核对工序要求，正确配备机械设备、工具配件。

（2）确定当日所用机械性能是否正常，检查机械有无明显损坏。

（3）检查油量，如需加油，应先确认所用油种类再作适当补充。

（4）操作员须佩戴安全用具，如手套、防护眼镜、耳塞等。

（5）在使用过程中应注意工作区域有无其他人，并严禁将吹风机出风筒方向对准他人。

（6）完成工作前须将所有垃圾收起，按公司环保规定分类处理。

（7）用低压水冲洗机械并将机械放于指定位置。

（8）机械若有任何问题须向主管或机修工报告。

第三十四章 高尔夫球场草坪改良工程管理

第一节 高尔夫球场草坪质量诊断

一、草坪质量调查

草坪衰退诊断，需要详查作业记录报告。草坪质量衰退调查表内所列若干普通的草坪问题，可作为检查草坪质量的指南。调查完成并指出问题后，需要提出更新方案或解决问题的方法，最后予以实施。

草坪质量衰退调查表

草坪位置：		建立时间：	经手人：	
序 号	调查项目	调查范围	改良作业与建议	备 注
1	杂 草	包括种类名称，用单位面积内株数表示。	果岭、发球台采用人工手拔，其他区域采用化学防除和人工拔除相结合。	
2	草坪密度	包括三个级别：稠密、中等、稀疏。		
3	土壤反应	包括 pH 值、含盐量、质地、磷、钾。	施加石灰或硫、磷、钾，根外追肥。	
4	施肥计划	包括肥料等级，施肥数量，氮、磷、钾比率。	施更多的肥料，使用不同的等级，变换施肥时期和有效使用技术。	
5	遮 阴	包括三个水平即重、中等、全日照。	修剪树木，疏草，打孔。	
6	芜枝层	果岭、发球台标准芜枝层厚度，果岭 0.76 厘米，球道 1.3 厘米。	超过标准厚度应进行打洞、铺沙、疏草，减少施氮量。	
7	修 剪	包括剪草高度过高或过低不标准，每次剪去叶子太多，刀片不利。	磨利刀片，校正修剪高度。	
8	土壤紧实	包括三个级别：紧实、中等、疏松。	打洞或错位打孔。	
9	土壤水分	包括排水，如积水、持水差；浇水包括浇水太勤、间隔太长、流水量不够或流量太多。	设置土壤结构理想的排水系统，采用土壤查墒法浇水。	
10	虫 害	包括种类、栖居地类别等。	使用杀虫剂，注意比率、施用时间，施用后浇水等。	

序　号	调查项目	调查范围	改良作业与建议	备　注
11	病　害	包括诊断病类。	采用相应药物，注意比率、间隔时间，减少施氮量。	
12	苔藓类	包括遮阴，排水不良，浇水过多，土壤酸性，贫瘠，坚实。	修剪树木，疏草，打洞，设置排水系统，加石灰，减少浇水，铺草木灰，重施肥料，使用硫酸亚铁铵、波尔多液等。	

二、草坪质量改进技术重点

（1）草坪衰退诊断之后，要根据详查项目制定出有效的改进方法。

（2）根据草坪质量衰退表逐项调查就可得出草坪植物衰退的原因。

（3）大多数情况下，草坪衰退是养护不当的结果，主要是土壤氧气供应不足、缺沙、缺肥，有时单株肥已经满足，但密度肥不够，尤其对于耐肥种类如狗牙根和葡匐翦股颖更是如此。

（4）钝刀片或齐根剪、过度低刈造成草坪衰退都是常见的问题，可通过剪草方案来纠正。

（5）当较为简单的护养改进方案能纠正问题时，要确定草坪的危害程度。

（6）草坪危害程度轻时，采用一般方法可望几周内恢复；质量已遭到严重损害的草坪，如能针对变坏的原因加以纠正，最终会得到恢复。

（7）当草坪变得很稀疏，并有大量裸露地和杂草斑块时，需要一年或更长时间才能恢复。

（8）对于如此长的恢复时间，利用常规护养措施通常不能使草坪很快恢复，可以采用补种、插葡匐茎或铺草皮等方法来进行恢复。

（9）关于草坪质量改进的方法很多，依据草坪危害程度，可分为草坪修补和草坪重建两种方法。

第二节　高尔夫球场草坪特殊改良

一、草坪修补作业

（1）草坪修补是在原草坪的基础上，对局部因管理不当或遭到意外事故而发生损坏的草坪进行处理的一种护养技术。草坪修补通常采用两种方法来处理不可避免的问题，如使用时间紧迫，可补播或铺草皮。

（2）当草坪出现以下状况时，应及时进行草坪修补作业。

① 果岭修剪错误引起边缘缺草。

② 错误使用农药和肥料造成药害和烧伤。

③ 连续大雨造成积水而死亡。

④ 不当护养引起的过度磨损。

⑤ 草坪机械错误操作以致漏油引起烧伤。

⑥ 球台击球和球落时对草坪的伤害。

⑦ 高尔夫球车使用不当造成损伤。

（3）补播：通常用于种子建造的草坪。北方型高尔夫球场常见此种草坪修补。补播时，应利用小型耙将表面耙松，然后撒上种子，再轻轻耙磨。果岭使用补播种子千万要注意与原草坪一致。为了加速生长，还应适当进行拌肥、消毒、覆盖等播种处理。

（4）铺草皮：采用营养体建造的草坪，通常用于南方高尔夫球场草坪。铺草皮是所有种植方法中成本最高的一种建坪方法。

（5）利用铺草皮来修补草坪的具体过程如下：

① 标出受害地块。

② 利用平铲去掉受害部分。

③ 翻土、施肥。

④ 耙平坪床。

⑤ 铺新草皮。

⑥ 镇压或滚压。

⑦ 铺沙。

⑧ 浇水。

（6）注意事项：

① 如果岭换草，在未滚压前，新铺草坪应稍低于原草坪0.3厘米或滚压后应低于原草坪0.3厘米。这样可避免等高或过高后的齐根剪影响生长效果。

② 新草皮铺完后，应每隔4~5天铺沙一次，保护新长的嫩芽直至与原草坪同高为止。

（7）修补斑块的工序：

程序一

① 把裸露于地面的草株沿斑块边缘取走。

② 垫入沃土或泥炭土2~3厘米，垫土厚度要稍高于周围的草坪土层，以防发生沉降造成凹陷。

③ 平整地面。

程序二

① 播种或无性繁殖或铺植草皮，注意播种时所播草种需与原来品种一致。

② 播种后对修补坪床稍加镇压，浇水养护。

③ 如铺植草皮，可用0.2~0.3吨的碌子压实地面，使其平整。

程序三

① 对修复的草坪应精心养护，使之早日与周围草坪的颜色一致。

② 因病虫害或其他原因严重退化的草坪应进行重新建植。

二、修补球疤作业

（1）修补球疤是草坪特殊改良作业之一。当球击落到果岭区时，旋转的球可能插进草坪中，或掀起小块草皮，这些凹陷称为球疤。

（2）球疤处的草很易死亡，特别是雨天或地面潮湿时，很易造成球疤，且深又大，该处草坪草的死亡率很高。

（3）为了保持果岭区"平滑、稠密、匀整、翠绿"的状态，不影响击球的准确性，球童和客人首先要对球疤进行修补。

高尔夫球场场地养护管理

314

（4）修补球疤工序：

程序一

① 用果岭和发球台球疤专用维修工具或小刀。

② 在球疤中央打一个小洞。

程序二

① 将小洞四周的正常草推向上处。

② 用手或脚小心地将草坪弄实，直到与草坪表面相平。

③ 适量铺沙。

程序三

① 如果果岭由于破坏行为、意外灾害等其他问题造成草坪严重破坏，枯死的草坪植物可用小刀或草皮切割机从果岭区移走。

② 补上茁壮的草块。

三、草坪重建作业

（1）如果草坪质量太低劣，就要考虑重建。考虑重建的条件是：原草坪的盖度为50%以下，并且出现难以控制的杂草与病害，草质极度衰退。

（2）草坪重建一般有四种方法：全部重建、改建、完全更新、部分更新。

① 全部重建：先对所有植物进行消毒，然后进行土壤耕作，耙碎、播种或铺设草皮、草胚、匍匐茎或根状茎等，种子建坪需覆盖，注意在草坪未建立起来以前应保持适当水分。

② 改建：改建主要指土壤发生严重问题时所进行的一系列建坪工作。土壤问题主要指土壤表层土太浅，无法育出茁壮、稠密的高质草坪，改建的任务就是添加表土，此外，土壤质地太黏或者过于沙性，会使土壤排水不良或持水性不好，难以生长高质草坪。

③ 完全更新：对所有植物进行消毒；喷药液七天后，用疏草机把出芜枝层，然后用播种机开沟播种，或用插植机栽植匍匐茎。无论播种机还是插植机均需开沟，使繁殖材料与土壤充分接触，距离为7.6厘米，最后拖平。完全更新不需翻耕土壤，比全部重建与改建节省费用，但效果不如全部重建与改建好。

④ 部分更新：是指在不破坏原有草坪植被的情况下，在草坪上再播种或再种植。在许多情况下，不符合标准的草坪仅需要部分更新。这种情况往往是草坪植物群体存在衰退现象，而通过补播种子或补栽匍匐茎进行处理，在短时间内就能恢复原有质量。如果大面积覆盖的是所需草坪植物，通常不需要整个场地重建，采用部分更新就是最好的恢复方法。

（3）更新或重建时间：冷季型草坪最好时间是晚夏或早秋，暖季型草坪主要在春季或夏初。

（4）二级以上草坪如出现直径10厘米以上秃斑、枯死，或局部恶性杂草占该部分草坪草50%以上且无法用除草剂清除的，应局部更换该处草坪草；二级以上草坪局部出现被踩实，导致生长严重不良的，应局部打孔改良或更换草皮。

（5）部分更新工序：

程序一

① 在草坪稀疏的地方，可用机械或手工播种，或栽匍匐茎或小草坯。

② 在更新前，应该剪低草坪植物，然后用圆盘播种机或匍匐栽植机把种子或匍匐茎种入稀薄的草坪中。

程序二

① 圆盘播种机广泛应用于更新，因为它能直接将种子播进土壤。

② 种子必须接触土壤，才能保证发芽。

程序三

① 如果没有更新机械可供使用，应进行五六次打洞耕作，或者用疏草机垂直切割几次，或打洞耕作之后，再进行垂直切割，后者效果更佳。

② 该作业能扩大种子与土壤的接触面积，提高发芽率。

程序四

① 用种子播种时，播种量一般要高于正常量的五倍。

② 用插枝时，最好用手将其插入穴孔或沟槽里。

程序五

① 在播种或栽植匍匐茎后，需轻轻压紧，以便同土壤紧密接触。

② 在其上面进行加土铺沙。

③ 需适时浇水。

④ 当新芽长出后要及时进行施肥等管理工作，直到草坪完全恢复到标准化状态。

四、冬季补播作业

（1）冬季补播主要是针对暖季型草因冬季寒冷而休眠，不能提供如同其他季节一样的草坪质量而进行。

（2）冬季补播的原理是冷季型草和暖季型草对气候冷暖的耐受能力存在差异。冷季型草在南方冬季生长旺盛，利用这一点可解决暖季型草冬季死亡不能提供绿期的缺陷。当冬季过去、春季到来之际，随着气温的回升，有利于暖季草坪生长时，冷季型草因难耐酷热则渐渐消失。高尔夫球场广泛利用这一原理来解决果岭和发球台以及球道的绿期问题。

（3）冬季补播使用的草种应具备三个条件：价格低、发芽快、成坪迅速。如意大利黑麦草、多年生黑麦草、细羊茅、草地早熟禾符合冬季补播条件。

（4）补播时间的把握。补播太早，易发生原有草坪同补播草的竞争问题，此外病虫害问题也相当严重；补播太迟，也易产生地温低、种子发芽慢的问题。补播通常在第一次预期的霜前 20～30 天进行。还可以测定土壤温度来决定补播时期。一般是 10 厘米处的温度在 21℃ 时，或者中午气温稳定在 21℃ 以下时进行补播效果最好。

（5）促进恢复和生长。当春季温度回升时，补播的禾草逐渐死亡，多年生草开始返青。为了促进草坪草迅速恢复原状，这时应采用低剪方法促使冷季型草坪消失。当然刈剪高度应以原草坪草为依据。

（6）喷洒绿色剂。有时候，为了降低成本，关于高尔夫草坪颜色的问题，可采用喷洒绿色剂来解决，这种颜料能使休眠草变为受欢迎的颜色，但必须使用恰当，否则会伤害草坪。另外，如果使用量不当，会使球员的球染上颜色。春季草坪返青时应剪掉喷色草叶。

（7）冬季补播工序：

程序一

① 清除芜枝层。关键的一点是地表不能有超标准的芜枝层，如果芜枝层太厚，种子发芽和幼苗生长都很困难。

② 错位或异位疏草。补播前按几个方向进行垂直疏草，然后低剪。

程序二

① 种子处理。为了维护临时草坪的旺盛生长，播前可用杀菌剂处理种子。

② 撒播种子后用耙或金属拉网将种子耙进草坪中。

程序三

铺沙。为了促进种子迅速萌发可在表层铺一层沙子。

程序四

浇灌。经常浇灌，直到新草长出。

第三节　高尔夫球场草坪土壤改良

一、完全改良作业

（1）完全改良即当土壤质地太差时采用添新土、换旧土的一种土壤改良方法。

（2）进行完全改良的原质土壤的主要问题是土壤太薄、质地过细或人类活动过频。

（3）用作全部改良的土壤不应含有太多的黏土。

（4）壤土或沙壤土是进行全部改良时理想的改良填充材料。

（5）在有些条件下如黏质太重，改良材料可使用（80%～100%）沙土。

（6）在高尔夫球场果岭区、通道区、发球台等其他人流量太大的地方，为减少土壤紧实问题，应考虑完全改良。

（7）基质最好用 0.25～1.2 毫米粒径的沙土。

（8）改良后的土层应达 20～30 厘米厚。

（9）注意事项：

① 用合乎需要的土壤改造成一块新地是解决土壤质地问题最理想的途径。然而大量换土和填充改良材料成本太高，而且还需动用大批人力搬用新土、撒土和平整新地。为防止地表不平，还需移去若干土方。

② 完全改良只能在小范围内或确实需要改造的地段且在经费充足的条件下才可使用。

③ 关于改良区段所需土壤改良填充材料的数量是极易计算的，但材料价格需要认真考虑，价格一

般由其所在的位置远近、质量和购买量来决定。

④ 土壤界面不相容现象，由此造成排水困难。新改良的地块中由于添加了新土，破坏了原有的土壤结构，水向下渗透会被截留在新旧土层的界面处。雨季或流水量过频过大的情况下常常见到地表积水现象。要消除积水，就必须消除分界面。

⑤ 解决办法：在表土上层几厘米内混合一些下层土，以便在两层中间有一逐渐过渡层。如果上层土很厚或安装有排水系统，则不应存在这种现象。

二、部分改良作业

（1）部分改良是在经费有限或土壤问题不甚严重的情况下实施，仅给现有的土壤掺和一些改良材料，用以改良其结构和质地。相对完全改良来说，这是一种部分改良技术。

（2）部分改良所使用的填充材料主要是沙子和有机质及富含有机质的壤土。

（3）不理想的土壤质地一般是指透气和排水不良，这时加入沙子是为了解决其通气和排水问题。但沙子对改善土壤质地的作用不是很大，因为沙土中加入沙子后常导致黏土形成一种泥状的混合物。如果非用沙子不可，就必须把大量的沙子混合到根系层方能起到显著作用。

（4）掺和材料是富含有机质的壤土。有机质土壤至少含有 30% 的有机物，一般为 80% 或更多。当植物死亡时，其纤维常被土壤生物一般是需氧微生物所分解。有机质土壤在潮湿环境中形成如沼泽和池塘。由于水阻止空气进入土壤中，因此，在此类地方生长的植物死亡时并不迅速分解，导致这类土壤中含有大量的有机物。多数有机质含有少量营养，只有当有机质分解时，营养被释放到土壤中才被草坪草吸收。此类材料对改善黏性和沙质土壤具有良好效果。

（5）部分改良工序：

程序一

用 5～10 厘米厚的壤土均匀混入待改良土壤上层 15～20 厘米处。

程序二

逐渐进行直到待改良土壤质地达 25～36 厘米时就能获得最好的效果。

三、改善土壤结构的材料应用

土壤结构主要是指团粒结构。加入有机质材料目的是使待改良土壤形成既能排水、保水、保肥，通气性又好的土壤结构。改善土壤结构的材料主要为有机质，如泥炭藓、粪肥等。

（1）泥炭藓。

泥炭藓是一种优质的土壤改良材料，它是有机质的一种类型。当详查了解待改良土壤后，如不需要全部改良或花费过多时，用掺和材料有机质来改良土壤结构比改良土壤质地方法在草坪护养方面更普遍。然而掺和材料有机质的作用只是暂时的，大约只能维持到新草坪建立起来后一段时间，因为有机质会分解，不过它将被禾草产生的植物组织所代替，这时建坪数月后的草坪开始向土壤供给大量的有机质。加之草坪根系不断扩展，从而加强了土壤团粒结构的形成和增加。

使用有机质进行土壤结构改良的工序如下：

程序一

有机质必须均匀地撒布在土壤上。

程序二

① 在土壤上层 10～15 厘米处与土壤完全混合。

② 掺和有机质 5 厘米厚或再多些效果将更好。

（2）粪肥。

粪肥是进行部分改良的另一种材料，不过这种材料应完全腐熟。新鲜的粪肥在建坪前不应直接施入土壤中，因为它易生虫，且含有杂草种子，会降低草坪草质量。

① 堆肥是一种作用与粪肥类似的有机质掺和材料。用于堆肥的材料来源十分广泛，有叶子、草头、稻草、木屑及垃圾等。

② 高尔夫球场进行堆肥是完善球场草坪护养自我维持的一种思路和方向。草坪每天作业时会剪下大量的草头，这些草修剪物如不利用会造成球场垃圾，有碍观瞻。进行堆肥则可以变废为宝，返废还旧。

③ 如果将堆肥用于果岭和球道，特别是用于果岭和发球台时，必须粉碎并加以过筛，然后与沙子混匀。

④ 有机质用于果岭可在果岭每次铺沙加土时实现。

⑤ 如将木屑等作为土壤掺和材料，还应加适当氮肥，否则由于微生物分解木屑等时会消耗掉大量氮素，将导致土壤氮素临时缺乏症。

第三十五章　高尔夫比赛场地护养作业管理

第一节　高尔夫球场赛事举办前工作重点

一、赛事准备方案和预算

（1）赛事一般由管理层和运作部门确定，并发出特别通知和要求。

（2）场地养护部总监组织有关赛事管理人员详细考察球场，发现问题并寻找原因。制订初步的赛事准备方案和预算。

（3）邀请有关专家巡视球场，针对球场的现状和赛事的特别要求，提出改进意见。

（4）根据有关专家的意见，修订赛事准备方案和预算，并递交管理层审核、批准。

（5）获得批准后，场地养护部总监制定详细的日程安排，确定各岗位的分工和协作。

（6）做好相关物资材料的采购和使用。

二、比赛场地养护工作

（1）过渡期植物管理。

（2）按照日程安排表，如期进行。

（3）对所有工作和相关活动，都做详细的记录。

（4）果岭、发球台、球道等区域将进行相应的特殊作业护养，达到赛事要求。

（5）确保所有设备正常运转。

三、赛事辅助工作

（1）对维修地、湖边等区域进行喷漆。

（2）按赛事标准设置旗帜和旗杆。

（3）准备水泵和软管预防下雨和水涝。

（4）准备木板、沙、木屑等物料，以应对恶劣天气。

（5）检测对讲机，保持通信网络通畅，确保赛事工作进展顺利。

（6）遇到恶劣天气时，要求所有人员待命。

（7）做好安全工作及医疗服务，如有紧急事件，应迅速采取措施。

（8）做好停车位置的安排工作，指引车辆停放在赛事指定的位置。

第二节　高尔夫比赛场地果岭与发球台草坪护养重点

一、比赛场地果岭护养

（1）对赛前果岭草坪的养护可以说是整个比赛场地草坪护养的重中之重，因为果岭草坪是高尔夫球场草坪护养中难度最大、最容易出问题的地方，对整个赛事期间球员的成绩有直接的影响，是电视和平面媒体关注最多的区域。

（2）赛事期间对果岭速度要求高，因此果岭必须保持快速、硬实、美观。

（3）锦标级比赛对果岭速度的要求达到 3～3.5 米，草坪的剪草高度一般控制在 0.3～0.38 厘米。

（4）通常采取的草坪护养措施主要包括剪草、施肥、病虫害治理、水分控制、打孔、疏草、切根、铺沙、滚压等。

（5）果岭草坪在养护初期要留高草坪，随着比赛时间的临近再逐渐降低草坪高度，直至达到比赛草坪高度要求。在进行相关的养护期间也要留高草坪高度，这样可以促进草坪草根长叶壮，生长旺盛。

（6）为了使果岭草坪的剪草高度保持在 0.3～0.38 厘米，最有效的办法是采用新型快速果岭剪草机。使用快速果岭剪草机可以比普通果岭剪草机剪出高球速的草坪，而且不需要将草坪修剪得很低。

（7）施肥一般是与水分控制、打孔、疏草、切根、铺沙、滚压结合进行的。施肥要根据果岭的现状来调整氮、磷、钾和微量元素肥的比例。

（8）治理病虫害的目的是要减少病斑，使果岭表面各区域草坪密度、颜色、弹性、果岭速度均匀一致，达到最佳效果。

（9）在临近比赛期间要结合天气状况逐渐减少浇水次数，比赛前两天一般一天浇一次水。

（10）打孔、疏草、切根、铺沙、滚压等是保证果岭达到快速、硬实、美观所采取的有效措施。

（11）打孔一般要采用空心打孔，这样可以改善果岭土壤的通气性能。

（12）每个果岭都要对有明显凹陷的地方进行仔细的手工补沙，然后再进行机械铺沙。铺沙要进行多次，打孔后也要铺沙，多次铺沙就能形成一个平滑的果岭面。

（13）滚压能提高果岭表面的平整度和果岭硬度，增加果岭球速。滚压可以在铺沙后进行，也可以在剪草后进行。

（14）大型比赛对果岭的难度有较高的要求。球场一般会对达不到难度要求的果岭进行改造，主要是抬高果岭表面坡度、加大果岭前后的坡长等。改造完成后草坪养护措施要配合得当。

（15）通过相应措施，可以降低果岭草坪枯草层的厚度，增加草坪的密度、硬度和平滑度。

二、比赛场地发球台护养

（1）发球台比赛场地草坪要求：草坪的高度为 1 厘米，土壤硬度适宜，草坪密度和颜色均匀一致。

（2）根据比赛难度的要求，有些球洞要增加长度，需要后移发球台。

（3）一旦确定需要后移发球台就要尽快实施，以便为移动后的发球台留出更多的养护时间。

（4）对有问题的发球台要制订好整修计划，要对所有的发球台采取施肥、病虫害治理、打孔、疏草、切根、铺沙、滚压等措施，保证发球台土壤硬度合适，草坪密度和颜色均匀一致。

第三节　高尔夫比赛场地球道区域草坪护养重点

一、比赛场地球道护养

（1）大型比赛一般会对 4 杆洞、5 杆洞球道的宽度有所收窄，有时也会把距离较短的 5 杆洞改为 4 杆洞，这就需要对相应的球道进行改造。

（2）球道草坪的高度为 1 厘米，要求草坪密度和颜色均匀一致。

（3）要对所有的球道采取施肥、病虫害治理、打孔、疏草、切根、铺沙、滚压等措施，使草坪密度和颜色均匀一致，提高草坪的外观质量。

二、比赛场地半长草区和长草区护养

（1）半长草区比赛期间草坪高度为 2.5 厘米，过渡草坪地带宽度为 1.5 米。

（2）长草区草坪高度 7～10 厘米，景观长草（如芦苇）的高度可以按其自然高度生长。

（3）草坪养护包括施肥、修剪等日常管理措施。

三、比赛场地沙坑护养

（1）为了提高球场难度，有时也需要增加果岭和球道沙坑数量，加大沙坑边缘坡度。

（2）对大雨冲刷的沙坑边缘要整修、加固。

（3）沙坑沙层的厚度要达到 13～15 厘米，每个沙坑的沙层厚度都要一致。

（4）耙沙时要对着果岭旗杆方向拉平。

四、水障碍护养

（1）主要是改善球场内湖的水质。

（2）可以在湖面开阔的水域安装喷泉，既可增加景观效果，又可改善水质。

（3）对湖的边缘要进行美观修整。

（4）可以移植一些造型美观的水生植物，放养野鸭等野生动物。

五、树木花卉护养

（1）为了适应大型比赛的电视转播，要求球场更加美观。

（2）在球场的会所、进场道路、练习场等附近增加花卉景点，移植造型美观的树木。

（3）在球道的某些区域，根据球道难度的要求，提前移栽一些比较高大的树木。

（4）定期对树木花卉进行施肥、浇水养护。

第四节　高尔夫球场练习场地草坪护养重点

一、真草练习区护养

（1）赛事一般要求赛事承办球场的练习场有 30～40 个真草打位席，球道长度为 280～350 米，草坪宽度为 15～18 米。

（2）练习场打位草坪的品种、修剪高度、草坪密度、草坪硬度要和比赛场地发球台草坪相同。

（3）养护的措施与其他区域一致。

二、推杆练习果岭护养

（1）一般要求有一个 1 500 平方米左右的推杆练习果岭，有 15 个以上的洞杯。

（2）比赛练习日要设有围栏，留有仅供比赛球员进出的出入口。

（3）推杆练习果岭草坪的品种、修剪高度、草坪密度、草坪硬度都要和比赛场地果岭草坪相同。

（4）养护的措施与其他区域一致。

三、短铁杆与沙坑杆练习区护养

（1）短铁杆与沙坑杆练习区的果岭面积在 1 000 平方米左右，周围要有 2～3 个沙坑。

（2）短铁杆练习区草坪高度为 1 厘米。

（3）草坪的品种、修剪高度、草坪密度、草坪硬度都要和比赛场地草坪相同。

（4）养护的措施与其他区域一致。

第十篇

高尔夫球场场地养护统筹监督管理流程

阅读重点

第三十六章　高尔夫球场场地养护统筹监督职能概述

第一节　高尔夫球场场地养护统筹监督范畴

一、部门功能

场地养护统筹监督管理范畴主要包括工序检测监督、技能训练考核、仓储配置管理和部门行政管理。

统筹监督管理是配合总监对高尔夫球场场地养护进行日常作业管理、人员管理和物资管理的重要环节。

工序检测监督是依据场地养护工序操作标准、岗位职责以及各项管理制度，对场地养护常规作业进行质量检查，对存在的问题进行分析、纠偏并监督整改，对各区域工序操作与质量标准进行评估。

技能训练考核工作要坚持"连续培训和循环培训"准则，培训建设与管理相结合，从而满足现实需要和未来发展需要。

仓储配置管理是负责场地养护部门所有物资材料的验收、发放、保管、回收工作以及购进、领用物品的账务处理工作环节。应严格把握物资出入库验收和合理使用，储备物资保障部门作业需求；加强与球场财务及采购员的联系，及时反馈存货余缺信息，避免物资断档、积压；认真做好仓库的安全及管理工作。

部门行政管理的重点是做好场地养护部门的人、财、物的管理工作。

二、职能概述

统筹监督管理是配合总监对高尔夫球场场地养护进行日常作业管理、人员管理和物资管理的重要环节。工序检测监督、仓储配置管理、技能训练考核和部门行政管理是场地养护统筹监督管理的重点。

（1）工序检测监督。

工序检测监督的重要职责是对所有工序操作与质量标准进行监督指导。负责制定工序操作各环节的标准与规范，对执行情况进行督导检查，并对员工不断进行培训，使工序操作与质量管理工作走向规范化。通过对场地养护常规作业进行质量检查、监督、评估、指导，激励先进，发现后进，纠正错误，帮助提高，最终使球会场地养护质量和球会营运效率得到提高。

（2）仓储配置管理。

本着对企业负责的原则，严格验收手续，对购进物资实行严格验收，确保质量；严格审核领用手续，加强控制审查领用物资数量，严格把关，合理使用，降低损耗；按照企业统一制定的各项物资的最高及最低储备量对物资进行储存，保证科学合理的库存，有效控制流动资金；按照各仓库库存物品性质的不同，采用适当的存放措施，保证库房及存储物资的安全；保证各项库存物资账与物相符，确保对物资数量的有效控制。

（3）技能训练考核和部门行政管理。

技能训练考核工作是坚持"连续培训和循环培训"准则，培训建设与管理相结合，从而达到满足现实需要和未来发展需要之目的。部门行政管理的重点是做好场地养护部门的人、财、物的管理工作。负责起草部门工作规划、计划、报告和总结等公文函件并审核待签发的文稿；负责安排办公会议，编写会议纪要和决议；协助各部门班组有效贯彻部门管理规程，并检查各部门班组贯彻落实情况；协调各部门班组之间的关系，做好上传下达工作；负责组织有关人员做好公文收发、打字、复印以及文书档案等工作的管理；负责处理相关的来信、来函、来访和投诉；负责办理确认员工入职与离职手续、帮工申请与安排、部门成本核算与资产核对的管理和协调工作。

第二节 高尔夫球场采购核货管理

一、采购规程

（1）定期编制采购计划，保证提高采购工作效率；制定符合质量要求的物资采购统一标准，以稳定采购物资的质量。

（2）进行市场调查研究，不断开发货源渠道，提供市场信息，制定降低物资采购成本的措施并付诸实施；保证按时按量采购供应，以适应使用部门和仓库申购原材料的时间和数量要求，否则将增加库存、占用资金或难以保证物资的按时供应。

（3）开发市场新产品并及时提供给使用部门参考，配合部门场地养护作业顺畅实施；保证购买的物资质优价廉，安排好物资的采购渠道，以最合理的价格进行采购。

（4）征询各班组对进购物资使用情况的反馈信息；要统筹兼顾计划采购与临时采购，以保证采购工作有条不紊地进行。

（5）根据采购工作的具体情况，不断总结经验，实行采购质量标准化、采购成本最低化和工作效率最高化的采购模式，从而降低企业的采购成本。

二、采购操作

程序一：采购物品报价

（1）根据询价结果报价。
（2）对比询价结果，上报同质同效的最低报价。
（3）输入申购单，报部门总监审批。
（4）报球会财务成本部审批。

程序二：采购物品审核

（1）部门创建单据，注明数量、采购日期等要求。
（2）总监在收到单据后审单。
（3）结合仓库库存、采购周期及最低采购量进行审核。
（4）对有异议的单据提出意见，反馈给创建单据部门。

程序三：储备采购

（1）储备采购分类。
（2）总仓创建单据。
（3）核实采购数量。
（4）修改填充单据。
（5）落实价格。
（6）部门总监审批。
（7）球会财务成本部审批。

（8）总经理审批。

（9）订货单生成。

（10）通知供应商送货。

程序四：物资订货单生成

（1）创建的单据通过审批后方可形成订货单。

（2）打开采购系统，在下达的申购单界面操作。

（3）点击选项选择、确认。

（4）在订货单界面下核查生成结果。

程序五：供货合同与协议签订

（1）通过询价及对比选定供货商。

（2）制作合同/协议内容。

（3）与签订方洽谈协商合同条款，达成一致。

（4）按洽谈结果调整内容。

（5）律师审查内容。

（6）对方签字盖章。

（7）球会签字盖章。

（8）存档备案。

程序六：供应商考察、审核管理

（1）定期考察公司资质。

（2）通过报价及市场调查的结果对供应商进行检验。

（3）不定期考察供应商物资生产、加工地。

（4）抽验货品品质。

（5）对有疑问的供应商重点审核。

（6）更换不合格供应商。

程序七：计划外的特殊采购

（1）明确计划外特殊采购的范围。

（2）接部门通知，了解详情。

（3）请示总经理批准。

（4）时间充足时需按程序操作。

（5）时间紧急时先采购、后补单。

程序八：将到期肥料与农药调换

（1）供货或购货前确认调换条款。

（2）使用部门提供书面报告。

（3）联系供货商洽谈更换事宜。

（4）向部门反馈结果。

（5）无法更换的建议调拨。

程序九：紧急采购

（1）紧急采购物品分类。

（2）各部门填单。

（3）初次购买询价、报价及协议签订。

（4）修改填充单据。

（5）部门总监审批。

（6）球会财务成本部审批。

（7）生成订货单。

（8）通知供货商送货。

程序十：设备设施损坏联系维修

（1）保质期内供货商负责维修。

（2）保质期后统一报维修保养部。

（3）维修保养部无法维修的，通知采购部。

（4）采购部联系供应商商讨维修事宜。

（5）洽谈维修费用及配件费用。

（6）反馈结果至场地养护部门总监。

程序十一：肥料与农药及场地养护备用原料质量抽验

（1）质量抽验为核查供货商的手段之一。

（2）不定期进行抽查。

（3）到货时到收货部抽验。

（4）不合格品严禁收货。

（5）同一供应商抽验不合格超过三次的，取消供货资格。

程序十二：市场调查

（1）结合供应商报价进行市场调查。

（2）提前准备调查内容、项目。

（3）分市场、分类别调查。

（4）整理汇总结果，形成调查报告。

（5）上报财务部核算成本。

程序十三：物资收货单生成

（1）创建的单据经过审批下达订货后方可生成收货单。

（2）打开采购系统在订货单界面下操作。

（3）点击选项、确认。

（4）在收货单界面下核查生成结果。

程序十四：物资未到货跟催工作

（1）每周周末打印本周订货清单。

（2）与收货单进行核对。

（3）对未到货的订单逐笔确认。

（4）确认最终到货期，与使用部门确认。

（5）每周做出汇总表并存档。

程序十五：采购物品询价

（1）接单后，了解物品详情，进行询价。

（2）按照"货比三家"原则，对三家以上供应商进行询价。

（3）在同等质量、相近功效的情况下选择价格较低者。

三、核货操作

程序一：准备应备物品

（1）应备有足够数量的磅秤设备，以便检验原材料的重量。

（2）应备有电子秤，以便称小件货物或精密度要求较高的原材料的重量。

（3）应备小刀、剪子各一把，以便开启原材料外包装时使用。

（4）应备足量的《物品质量合格验收单》及复写纸、书写垫板等以备验收时使用。

程序二：检查储存地方

（1）检查各种物品分类储存的地方，确保能够正常使用。

（2）与仓管员及时联络并确认货物入仓和储存。

程序三：准备单据

将本期收到的采购部转交的单据装订成册，验收时一并带齐备查。

程序四：清点货物

（1）检查货物是否与企业订购的货物相符。

（2）核对订单数量与供货单位的供货数量。

（3）对整体包装的物品采取大数点件，点清件数，拆装抽查。

（4）对贵重物品应逐一清点。

（5）认真检查货物包装，如发现包装物破损，要打开包装检查货物数量是否短缺。

程序五：验收入库前检验

（1）认真检查货物包装物，如有破损应检查货物是否被污染，若被污染应在《物品质量合格验收单》上做好记录，并通知采购部。

（2）验收进口物品时，必须要有中文标志和相关验证标志；必须审核货物的生产日期、保质期、厂家、商标、外观包装等。如发现物品外观质量异状，要根据异状的轻重程度，作出暂收待查或拒收的决定。

（3）对验收中发生的问题，如数量不符、品种串户、开错单据等，应及时与供货方取得联系，并尽快解决。

（4）对于不容易破碎的物品，检验合格后可按实收数量办理入库；对于玻璃器皿等容易破碎的物品，抽检合格后，按10%的正常破损率予以扣除后办理入库，如超过正常破损率则按实际破损数量予以扣除。

（5）清点农药、肥料等场地养护用品数量后，应认真检查商标、物品名称、重量，检查包装物是否百分百完好。

（6）对化工物品、液化气、酒精等危险品要认真检查阀门或瓶盖是否拧紧，是否有异味，发现不安全因素立即查找原因，做到100%全检。

（7）对常用电器、五金类物品、化工类中的油漆等物品，应检查生产许可证、合格证、保质期、精细度等；对其他杂项类，应核对规格、数量、型号与申购计划是否一致，检查外观包装是否破损。

程序六：确认入库

（1）检验完毕，在《物品质量合格验收单》及《入库单》上签字确认。

（2）对不合格的物品进行标示，单独存放，并通知采购人员，填写《不合格品处理报告单》，按处置意见处理。

（3）对于直供货物，及时通知使用部门及相关验收部门验收，在《收料单》上"验收人"处签字，并请领用人在《收料单》上签收。

（4）对于供货厂家配赠的物品，在《配赠物品登记表》中签字确认。

第三节　高尔夫球场记账核算管理

一、物品申领核对

程序一：审核物品申领单

（1）审核领料部门所需领用物品是否属该部门《物品月计划申报单》范围之内的物品。

（2）如《物品月计划申报单》中未有，审核是否有特殊申领通知。

（3）确认有相关申领手续后，方可开具《物品申领单》。

程序二：开具申领单

（1）将需申领物品按仓库类别进行分类。

（2）按申领物品项目类别逐项填写《物品申领单》，要求字迹清楚，不得涂改或任意增加项目和物品数量。

二、记账与结账

程序一：账本设置

原材料账本可采用三栏式活页账本。

程序二：账本启用

（1）启用新的原材料账本时，在账本扉页上填写单位名称和账本名称。

（2）在账本启用表上注明启用日期、账本起止页数、记账人员和会计机构负责人、会计主管人员姓名等，并加盖个人印章和单位公章。

（3）根据材料类别划分不同账户，设立独立账本。

程序三：账单登记

（1）根据审核无误的出入库单据每周登记一次账本，并随时结出各账户余额。

（2）登记账本时，应将出入库凭证日期、业务内容摘要、金额和其他有关资料逐项登记在账本上。

（3）登记完毕在出入库凭证上"记账"处签名或盖章，并打"√"注明已登账。

（4）账本中书写的文字和数字要留有适当的空间，不要写满格，一般占格距的二分之一。

（5）登记账本要用蓝黑墨水或者碳素墨水书写，不得使用圆珠笔或者铅笔书写。

（6）登记账本时不得跳行，如果发生此类情况，将空行画线注销，或者注明"此行空白"字样，并由记账人员签名或盖章。

（7）原材料账本每一账页登记完毕结转下页时，结出本页合计数和余额，写在本页最后一行和下页第一行有关栏内，并在摘要栏内注明"过次页"和"承前页"字样。

（8）结出余额后，在"借或贷"等栏内写明"借"或"贷"的字样。

程序四：账单更正

登记账本时若发生错误，应将错误的文字或者数字画红线注销，但必须使原有字迹仍可辨认，然后在画线上方填写正确的文字或数字，并在更正处盖章。

程序五：核对账单

（1）月末将当月发生的所有出入库单据的"转交财务"一联全部转交给财务部。

（2）核对各原材料账户的余额与财务部原材料相关账户的余额是否相符，各类物品的账面结余数量与各仓库库存商品的数量是否相等，保证账账相符，账实相符。

（3）每月将账本记录与出入库凭证内容、金额进行核对，查看记账方向是否相符，保证账证相符。

程序六：结账

（1）每月月末结账前，必须将本期内所发生的经济业务全部登记入账。

（2）月末结账时，要在最后一笔经济业务记录下面通栏画红单线。

三、保管原始凭证

程序一：装订原始凭证

（1）每月末将本月所有的出入库凭证按照编号顺序折叠整齐，装订成册统一保管。

（2）由装订人在凭证封面上装订线封签处签名或盖章。

程序二：保管原始凭证

（1）出入库凭证档案必须做到妥善保管，存放有序，查找方便。

（2）严格执行安全和保密制度，不得随意堆放，严防毁损、散失。

第四节　高尔夫球场库存储备与管理

一、库存计划编制

程序一：填制报表

根据各部门上报的《物品月计划申报单》及各类物资的库存数量，填写《物品月计划申报单》，制订下月仓库补库计划。

程序二：上报审核

（1）将仓库补库计划同各部门《物品月计划申报单》一并转交给部门总监签字。

（2）部门总监确认后，上交给财务总监审核。

二、库存保管

程序一：搬运

（1）根据物品的性质，使用适当的工具和方法进行搬运。

（2）搬运过程中，严格遵守物品使用说明进行搬运和存放。

（3）搬运中应保护好物品的标志，如有损坏应重新标示。

（4）在搬运过程中，必须爱护设备设施、运输工具等，对于较大物品的搬运，部门须设专人监督检查，每人定量搬运，不得超负荷运输。

程序二：储存

（1）对家电及电工器材等，要防潮隔热，避免和有磁性的物品摆放在一起。

（2）其他物品放置在箱内和货架上，纸箱要与地面隔离存放。

（3）物品要站立摆放，禁止横放或在上面放置其他物品。

（4）五金、水暖管件的储存要防潮、防水、隔离地面，防止生锈，对不锈钢物品或贵重物品，必要时用布包好，存放于干燥处。

（5）对容易潮湿物品的存放，地板货架要离地面50厘米以上，将货物密封在塑料袋中，然后盖上篷布，地板下面要通风，阴雨天气后，应马上开蓬翻垛、晾晒。

（6）木质类如三合板、大芯板等木材，要摆平存放或立放，置于通风处，防止受潮后弯曲变形。

（7）将入库的物品根据物品的检验结果划分为合格品、不合格品、待检验品三大类，根据仓库内的不同区域分别将合格品放入合格品区域，不合格品放入不合格品区域，待检验品放入待验区域，经验证后，根据合格、不合格状态分别放置，以防发货时混淆。

（8）物品码放必须保证人身安全、物品与仓库的安全，便利物品出入库操作，节约仓库容量。

（9）物品要按种类分开存放，入库原材料要在《货卡》上注明入库时间、数量、单位及保质期，严格执行"先入先出"的原则。

（10）容易散发气味和吸收气味的食品要隔离存放。

（11）根据《入库统计表》检查库存商品的保质期，对于离保质期不到半个月的物品应填写一式两份的《物品调换通知单》，通知采购部予以调换。

三、物品盘存与清查

程序一：日常盘点

（1）仓库保管员建立物品保管数量账，每日登记物品的增加、减少、结存数量。

（2）各仓库每日核对当日货物的结存数量，检查账、卡、物是否相符。

（3）盘点时，逐件点货对卡，以卡对账，核对相符时，要在数量账账面和货卡上做好盘点标记，账物不符时，查明原因并逐级上报。

程序二：月末盘点

（1）每月按照库存商品类别，进行一次全面盘点。

（2）填写一式两份的《盘点明细表》，注明盘点日期、商品名称、单位、本期增加、本期支出、本期结存数量及金额，由制表人及仓管部经理签字后，一份转交财务部，一份留存。

程序三：每年对库存物品进行有计划清查

（1）3月份清查基建维修仓库。

（2）4月份清查备品仓库。

（3）5月份清查工具仓库。

（4）6月份清查办公用品仓库。

（5）7月份清查化工仓库。

（6）8月份清查设备仓库。

（7）9月份清查家具仓库等。

（8）清查完毕后填写《盘点明细表》，交至相应仓库的记账员处核对账物是否一致。

程序四：报废处理

（1）根据各仓库报废物品及包装物的领用情况，每月请稽查部人员进行1～2次共同鉴定报废。

（2）报废销毁时，依据《以旧换新及包装物退回明细表》中登记的退回数量核对。

（3）核对无误后，将报废物品及包装物分类转入垃圾房，对可作废品变卖的应放入干垃圾房。

（4）销毁后，在《以旧换新及包装物退回明细表》中的"销毁"一栏登记销毁的日期、数量并由鉴定人及仓库保管员签字确认。

四、物品发放

程序一：审核申领单

（1）《物品申领单》为各部门领用物品的凭据。

（2）《物品申领单》一式四联，一联为仓库保管员留存，一联交财务部，一联转交记账员，一联由领料部门留存。

（3）《物品申领单》要按项目类别逐项填写，字迹清楚，不得涂改或任意增加项目和物品数量。

（4）《物品申领单》必须由审批人和申领人签字。

程序二：发放物品

（1）发放物品时领取人及发放人当面点清物品的数量，双方分别在《物品申领单》上签字确认。

（2）仓库保管员发货完毕后在《货卡》上注明领用日期、领用部门及领用数量等信息。

（3）对于需按以旧换新手续领用的物品在《以旧换新及包装物退回明细表》中的"领用"一栏填写领用日期、数量、领用部门并由领用人及仓库保管员签字确认。

（4）妥善保管好申领单据，每月装订成册，以备查阅。

第五节 高尔夫球场技能训练考核管理

一、技能训练考核准则

（1）坚持"连续培训和循环培训"的准则。
（2）坚持"内部培训与外界培训相结合"的准则。
（3）坚持计划、指导、监督、管理相结合的准则。
（4）坚持培训队伍建设与管理相结合的准则。
（5）坚持满足现实需要和未来发展需要相结合的准则。
（6）坚持对管理人员培训在先、员工培训相连续的准则。

二、技能训练考核操作

程序一：培训教材设计

（1）向各部门管理人员和基层员工分别发放《培训需求调查问卷》，了解员工的培训需求和建议。

（2）了解球场发展规划与目标对场地养护工序与质量的需求，分析目前人员素质与球场工作要求之间的差距。

（3）了解同行业场地养护工序与质量管理的最新信息，针对存在的问题，研究培训内容与培训方案，确定培训目标及培训内容。

（4）根据培训拟达到的效果设计培训教材。

程序二：培训教材确定与更新

（1）将编制好的培训教材呈培训主管审阅。
（2）在一个部门或一个班组内对新编培训教材进行试用。
（3）根据上级领导的意见及实际的培训效果对教材进行修订。
（4）将制定好的培训教材打印装订成册并统一编号，以便于使用和保存。
（5）在实际培训中注意员工对培训内容和培训形式的反应，时刻注意相关资料的更新，每半年对

程序三：入职培训

（1）根据人事部提供的新入职员工的《职位申请表》，了解新员工的有关情况，如学历、特长、拟上岗部门及用工形式等；参照"岗前培训课程安排"制订新员工培训计划。

（2）督导新员工按要求进行签到，填写《培训情况报告表》；按培训计划进行岗前应知应会的培训；培训材料内容相对固定，未经领导审批不得超出管理模式范围。

（3）组织新员工熟悉和参观球会及场地养护各项工序与管理环节，参观过程中要细心讲解，认真回答新员工提出的问题；结合培训内容向新员工提问，考核其掌握程度。

（4）培训课程结束后，进行考试、测评；考核形式应笔试与实际操作兼顾，凡不达标者，不允许上岗。

（5）将每位员工入职培训考核情况填写在《入职培训记录表》上；上报给部门经理签字后，一式两份，一份报送人事部，另一份部门留存。

程序四：岗位培训

（1）根据人事部提供的转岗（晋级）人员的有关情况，了解其原所在岗位与转岗后岗位的操作程序标准与职责；按培训计划进行培训。

（2）根据人事部提供的培训协议以及外来人员、临时工的简历，了解员工的有关情况，如所在企业、学历、特长、拟上岗部门等；督导外来人员、临时工按培训计划培训。

（3）培训课程结束后，进行考试、测评；考核形式应笔试与实际操作兼顾，凡不达标者，不允许上岗。

程序五：检查

（1）按照培训计划，每月对部门的各个班组的实际培训情况进行抽查。

（2）每周对部门各个岗位的持证上岗情况进行抽查。

（3）对于检查中的不合格问题要及时予以指出，并加以记录。

（4）检查培训时，要注意检查培训内容是否与计划一致。

（5）对于新上岗的员工，应对其熟悉岗位情况进行检查，要求员工在一周之内熟悉所在岗位，填写《员工熟悉岗位情况表》，并将该表交予直接上级，直接上级审核后三天内交给审核部门。

（6）将培训的检查情况记录在《培训检查记录表》上，写明班组、时间、检查的地点及培训内容；将上岗证的检查情况记录在《上岗证检查日报表》中，写明岗位、时间、地点、被检人姓名及持证情况；将部门培训计划、《培训检查记录表》进行分类、入卷、存档。

第六节　高尔夫球场场地养护部门行政管理规程

一、部门行政工作准则

（1）负责起草部门工作规划、计划、报告和总结等公文函件并审核待签发的文稿。

（2）负责安排办公会议，编写会议纪要和决议。

（3）协助各部门班组有效贯彻部门管理规程，并检查各部门班组贯彻落实情况。

（4）协调各部门班组之间的关系，做好上传下达工作。

（5）负责组织有关人员做好公文收发、打字、复印以及文书档案等工作的管理。

（6）负责处理相关的来信、来函、来访和投诉。

（7）负责办理确认员工入职与离职手续、帮工申请与安排、部门成本核算与资产核对的管理与协调工作。

二、部门行政工作程序

程序一：办理确认员工入职与离职手续

（1）接到球会行政部和人力资源部新员工的到位通知后，立即通知工序培训主管安排人员的培训；在安排上岗前做好工具和用品的准备、发放工作。

（2）员工离职要先填写辞职信，由部门经理签字批准后方可办理。

（3）办理辞职时要领取相应表格，到各部门交回所领取的物品及工装，最后到财务部，财务部应配合部门查看该员工是否有欠款、漏收款或错账等。

（4）办理确认员工离职手续时，应做好工具和用品的核点回收工作，并通知球会的行政部和人力资源部进行工资发放和福利计付工作。

程序二：帮工申请与安排

（1）为了完成场地养护任务，需要增加帮工时，行政办公室要于三日前通知球会的行政部和人力资源部，申请和报批所需人员数量。

（2）接到球会的行政部和人力资源部的帮工人员到位通知后，应立即通知工序培训主管安排帮工人员的培训。

（3）在安排帮工人员上岗前，应做好工具和用品的准备、发放工作。

（4）在撤离帮工人员时，应做好工具和用品的核点回收工作，并通知球会的行政部和人力资源部进行工资发放和福利计付工作。

程序三：部门成本核算与资产核对

（1）每月应对所有易耗品及固定资产进行盘点。对盘点有差异的物资应及时查清原因，如查不清应立即上报部门总监。

（2）确保场地养护部门所辖范围内的物品与设备等月末盘点实物与盘点单相符；定期对部门的盘点结果进行抽查，做好成本核算管理工作。

（3）严格按照固定资产、低值易耗品管理制度，对部门内部的固定资产、低值易耗品进行管理，对检查中发现的问题作出合理的解释。

（4）对于没有合理解释的固定资产及低值易耗品的缺损，由部门按照一定比例进行赔偿并申报球会行政部。

第三十八章　高尔夫球场场地养护工序监督管理

第一节　高尔夫球场场地养护工序检测监督职能与规程

一、工序检测监督职能

（1）工序检测监督是依据场地养护工序操作标准、岗位职责以及各项管理制度，对场地养护工序操作进行全面检查，并对出现的问题督促整改。

（2）负责制定、完善工序操作与质量标准，配合做好场地养护质量管理教育。

（3）对场地养护常规作业进行质量检查，对存在的问题进行分析、纠偏并监督整改。

（4）对各区域工序操作与质量标准进行评估。

二、工序检测监督准则

（1）确保工序操作与质量标准，公平、有效地进行检测监督。

（2）工序检测监督的重要职责是对所有工序操作与质量标准进行监督指导。

（3）负责制定工序操作各环节的标准与规范，对执行情况进行督导检查，并对员工不断进行培训，使工序操作与质量管理工作走向规范化。

（4）通过对场地养护常规作业进行质量检查、监督、评估、指导，激励先进，发现后进，纠正错误，帮助提高，最终使球会场地养护质量和球会营运效率得到提高。

三、工序检测监督规程

程序一：准备工作

（1）准备检查所需的表格，包括《管理者检查表》、《不合格通知单》。

（2）准备检查所需的物品，包括照相机、小尺子、小手电、小铲子、高尔夫球和球杆。

程序二：区域与工序检查

（1）核对工序要求，检查各区域剪草高度是否正确；检查草坪修剪状态是否良好、修剪纹理是否清晰。

（2）检查草屑是否清除。

（3）检查更换果岭旗杆位置，检查果岭洞杯深度是否一致。

（4）测试果岭滚球速度；确认旗杆与发球标志位置复原。

（5）检查球道区域数码桩和指示牌状态。

（6）检查球印是否及时用沙填充；确保垃圾桶、沙桶、洗球器清洁干净。

（7）检查球车道地面是否清洁无杂物、积水；检查球车道是否清洁无油污，其基本要求是始终畅通、清洁；及时清理道路上所有杂草，至少保证无明显杂草；及时收集垃圾，运往垃圾场。

（8）检查沙坑是否保持平整，松紧适度；保持沙坑无杂物，雨后无积水。

（9）检查相关湖面或水塘区域是否全天清洁、无垃圾杂物、无异味。

（10）检查树木、灌木和覆地植物的修整是否以平整、有形为度，保持球场树木花坛整齐整洁。

（11）检查喷灌系统控制器及泵房周围排水是否畅通，保持各区域灌溉正常。

（12）检查设备出勤状态，核对机械设备与工具正常使用状态；检查设备是否机油适当，油量是否充足；设备要等机械冷却后才能清洗，冲洗后须加油并放置于指定停泊地点；当值主管做好设备出勤状态报告。

（13）检查确保施药机缸体干净，喷杆运作正常，芯滤网清洗干净，喷嘴正常工作；操作员佩戴口罩、手套，穿工作服和皮长靴。

（14）检测监督场地养护所有区域的特殊作业链按照作业程序正常执行。

（15）检测监督球车库和维修车间的正常运营状态。

（16）检测监督仓储配置的正常运营状态。

（17）检测监督行政办公室的正常运营状态。

程序三：整改与复查

（1）发现问题应及时通知场地养护部总监。

（2）现场复查整改情况。

（3）不能现场整改的问题要下发《不合格通知单》，限定整改日期。

（4）通知单到期后要准时复查整改情况。

程序四：汇总

（1）将检查的主要问题填写在《工序检测监督表》"检查内容"一栏。

（2）写明责任部门或责任人，并在"检查人"一栏签字。

程序五：上报

（1）将检查中发现的除常规工序操作问题之外的严重问题记录在《管理者检查表》上。

（2）将《管理者检查表》上报总经理和人事部门备案处理。

第二节　高尔夫球场场地养护工序检测监督重点

一、果岭发球台区域检查

（1）核对工序要求，检查剪草高度是否正确。

（2）检查果岭、果岭边发球台的草屑是否清除。

（3）确认旗杆与发球标志位置复原。

（4）测试果岭滚球速度。

（5）检查更换果岭旗杆位置，检查果岭洞杯深度是否一致。

二、球道区域检查

（1）核对工序要求，检查剪草高度是否正确。
（2）检查球道区域的数码桩和指示牌状态。
（3）检查球道区域的草坪修剪状态，确保修剪纹理清晰，并定期更换方向。
（4）保持所有草坪区的清洁。
（5）保持草坪的齐整性，确认无明显杂草和杂物。
（6）保持草坪区的基本安静。
（7）保持所有草坪区视野基本开阔，空气清新，无异味。
（8）保持草坪区附近道路畅通，便利客人观赏、竞技。
（9）检查球印是否及时用沙填充。
（10）检查垃圾桶、沙桶、洗球器是否清洁干净。

三、球车道区域检查

（1）检查球车道地面是否清洁无杂物。
（2）检查球车道是否清洁无油污。
（3）基本要求是始终保持畅通、清洁。
（4）及时清理道路上所有杂草，至少保证无明显杂草。
（5）及时收集垃圾，运往垃圾场。

四、沙坑区域检查

（1）沙坑保持平整，松紧适度。
（2）沙坑底部沙层厚度一般为 10～15 厘米，边缘厚度为 5～10 厘米。
（3）靠近果岭的沙坑边，沙层要求低于周围 3 厘米。
（4）沙坑边的草坪高度在 4～5 厘米范围内。
（5）保持沙坑无杂物，雨后无积水。

五、花坛区域检查

（1）树木、灌木和覆地植物的修整以平整、有型为度。
（2）及时清除花坛中的所有杂草。
（3）及时将花坛中清理出的垃圾运往垃圾场。
（4）根据土壤的温度合理淋水，使植物不受缺水威胁。
（5）合理施肥，使植物健康，色泽良好，形态摆放合理。
（6）合理用药控制和检测病虫害的发生。
（7）保持花坛整齐、整洁。

六、树木生长检查

（1）修剪树木使之保持合理形状。

（2）及时清理枯死树枝和树木。

（3）及时扶植歪斜树木。

（4）合理施肥，使植物健康，保持树木健康、壮实。

（5）合理用药控制和检测病虫害的发生。

（6）保持球场树木整齐、整洁。

七、球场区域清洁检查

（1）检查路边草坪剪切情况，保障路面的光滑。

（2）场地铺沙、打孔、疏草后在运输过程中的清理。

（3）及时修补路面和对路面进行清扫、冲洗。

（4）保持相关湖面水塘区域全天清洁，无垃圾杂物，无异味。

（5）检查所有围绕树木、喷头、数码桩以及水泥块的草坪。

（6）观赏草坪利用药物或者人工拔草，保证无明显杂草。

（7）及时收集垃圾，运往垃圾场。

八、苗圃区域检查

（1）所繁殖的苗木健康，外形良好，符合出圃要求。

（2）所有摆放的植物保持健壮、整洁、齐整。

（3）每一星期更换摆放的植物。

（4）每两天对摆放的植物淋水、清理、修整、施肥和清洁。

九、灌溉设备检查

（1）检查喷灌系统每一控制器的日期/时间是否校对准确。

（2）每一洞或外围如发现阀门或喷头漏水或不正常或爆管应立刻维修或关水。

（3）所有大管闸阀完全打开，排湖闸阀不允许有漏水。

（4）换出的喷头、阀门堆放集中。

（5）保证控制器及泵房周围排水畅通。

（6）保持各区域灌溉正常。

（7）所有维修、保养工作记录于日报表上，主管负责质量检查。

十、设备使用检查

（1）机械设备操作前的准备。

①操作者上机时身着合身的工装、防滑平底工作鞋，女性员工严禁身着裙装、佩戴饰品、穿高跟鞋，须将长发盘固在头顶并用工作帽压住；操作者严禁酒后或服用药物后操作机械，机械上不搭乘其他人员。

②在操作设备前必须查看场地，消除一切危害机器的隐患，在不良天气和恶劣环境下谨慎使用机器；在雨天、坡地、湿滑等情况下驾乘机器时要确保安全。

（2）设备出勤状态检查。

①检查和核对机械设备与工具是否处于正常使用状态。

② 检查设备机油是否适当，油量是否充足。

③ 设备推上运输车或拖斗后是否稳固。

④ 用完设备后须清洗。

⑤ 冲洗后须加油并放置于指定停泊地点。

⑥ 当值主管须做好设备出勤状态报告。

十一、施药工序检查

（1）检查和核对机械设备与工具是否处于正常使用状态。

（2）确保施药机缸体干净，喷杆运作正常，芯滤网清洗干净，喷嘴正常工作。

（3）操作员佩戴口罩、手套，穿工作服和皮长靴。

（4）缸内溶液达到指定数量要求，盖好药缸盖。

（5）喷药过程中压力与速度控制合理。

（6）清洗药缸并确保缸体内无残余物，用洗洁精清洗每个滤芯。

（7）施药技工做好个人清洁。

十二、施肥工序检查

（1）检查和核对机械设备与工具是否处于正常使用状态。

（2）在一个定量的面积内做施肥实验，以保证施肥的准确、均衡。

（3）根据施肥的溶解速度，掌握肥料可在空气中暴露时间的长短，通知灌溉人员浇水。

在坚守中成长

黄丽坚

这个系列能不断写下来并且写完，全托高尔夫同业朋友的福！

我写这个系列，就是要完成"高尔夫球会管理流程丛书"。我自20世纪90年代初期进入高尔夫行业，集中精力研究高尔夫企业制度和管理流程问题，在业界工作已十数年了，是段不长不短的时间，但人生最美好、最富激情的十年能有几个呢？蓦然回首，总得给自己留下些什么吧。我得到了没有，没法判断得失错漏。主要还是为了给自己这些年一个总结，以期待在总结之后，以更沉稳的心态和勇气去拥抱与创造未来的岁月。

自己一直喜好写点东西，十数年来，看到什么想到什么就赶快记下来。平时随身都带一支笔，随看随想随记，看书就喜欢在书的空白处写，没带笔的时候，坐地铁就在手机里写，甚至听一些产品发布会的时候没有拿纸，举办方也没有发纸，就直接在人家产品的彩页上写。有时候也会写在自己的名片背后。

所以，我在5年内完成这套丛书（一共5册）的编写，朋友们都惊呼，问我怎么能一边管理公司一边写书？其实，如果没有过去十数年积累的大量的片断文字，我怎么可能在这么短的时间内完成书稿呢？

2010年出版第一册《高尔夫俱乐部会所经营与管理》后，发行量和发行速度惊人（2011年已计划印刷第二次），看到不少读者认同我的观点，并觉得此书很有学习的价值，这使我越发有了写作的动力；而为写作付出的精力和占用家人时间太多了，真的感到亏欠。

我写这套丛书，心中只有一条主线——明确流程的执行。

第二册《高尔夫球场场地养护管理》的出版，中国国家环境保护总局中国环境科学研究院创新岗位研究员、环境工程博士、环境生物工程博士后侯文华先生审读本书并为本书作序；草坪杂草防除研究专家、南京东华杂草技术研究所所长薛光先生多次与笔者探讨细化高尔夫球场场地养护中的"工序"和"流程"的管理并为本书撰写评论；中国第一位高尔夫球场设计师梁国坤先生审读本书并命笔谬赞；资深高尔夫球场管理专家谭晓晖先生多次为本书提出批评建议并奉献管理心得。笔者对上述专家学者给予的宝贵支持和批评表示衷心的谢意。

本书参考引证了大量的文献资料，其中贺本兴先生、黄昌禄先生、蓝云翠小姐、乐昌龙先生、刘刚建先生、刘千山先生、罗文新先生、牛立荣先生、唐志成先生、张继斌先生等专家学者的研究成果对本书贡献巨大，因为这是来自他们直接参与高尔夫球场场地养护及草坪管理的研究心得。此外还有社会各界的大批朋友，他们多年来热心于发展高尔夫事业，笔者从他们那里得到和引证的资料文章众多，限于篇幅和联系困难，未能与这些资料文章的作者取得联系，笔者对他们的学术贡献深表敬意。

暨南大学出版社的领导和编辑杜小陆先生对本书非常重视，多次提出修正意见，他们严谨的编辑态度和对丛书出版的器重让人感动。笔者对他们的辛勤劳动和支持安慰表示感谢。

这本书不是技巧书或者点子书，不是大家看完照搬到日常工作中用完就了事的。读者的鼓励和批评，让我从解决问题的角度去写文章，增强了针对性和实用性。毕竟我只在高尔夫行业工作十多年，年资尚浅，见识恐怕难免狭隘，欠缺普遍性。因受本人水平的所限，本书在认识上和表述上的偏见或问题可能不少，欢迎读者指正。批评意见请寄《GOLF经营与管理》读者服务部黄丽坚收，电子邮箱：ah1021@126.com。

参 考 文 献

1. ［美］F. W. 泰罗. 科学管理原理. 胡隆昶, 冼子恩, 曹丽顺译. 北京: 中国社会科学出版社, 1980.

2. 刘光庭. 质量管理. 北京: 清华大学出版社, 1986.

3. 潘家辂, 刘丽文等. 现代生产管理学. 北京: 清华大学出版社, 1994.

4. 陈荣秋. 生产计划与控制. 武汉: 华中理工大学出版社, 1995.

5. ［日］远藤健儿. 生产管理实务. 刘丽文等译. 台北: 五南图书出版公司, 1996.

6. ［日］熊谷智德. 生产经营论. 东京: 放送大学教育振兴会, 1997.

7. ［美］理查·M. 霍德盖茨. 质量测定与高效运作. 黄志强, 张小眉译. 上海: 上海人民出版社, 1998.

8. 刘丽文, 张尔正. 工业信息化. 北京: 京华出版社, 1998.

9. ［英］J. 佩帕德, P. 罗兰. 业务流程再造. 高俊山译. 北京: 中信出版社, 1999.

10. 周朗琦, 侯龙文, 郝和国. 质量经营. 北京: 经济管理出版社, 2000.

11. 刘丽文, 杨军. 服务业营运管理. 台北: 五南图书出版公司, 2001.

12. ［美］Roger W. Schmenner. 服务运作管理. 刘丽文译. 北京: 清华大学出版社, 2001.

13. H. 詹姆斯·哈林顿. 业务流程改进全面质量管理. 北京: 中国财政经济出版社, 2002.

14. 周健临. 管理学教程. 上海: 上海财经大学出版社, 2002.

15. 张志军. 基于企业管理信息系统的管理变革机制研究. 北京: 中国人民大学出版社, 2002.

16. 王玉荣. 流程管理. 北京: 机械工业出版社, 2002.

17. 刘丽文. 生产与运作管理（第二版）. 北京: 清华大学出版社, 2002.

18. 罗鸿. ERP 原理设计实施. 北京: 电子工业出版社, 2003.

19. 陈俊愉等. 中国花经. 上海: 上海文化出版社, 1990.

20. 夏宝池等. 中国园林植物保护. 南京: 江苏科学技术出版社, 1992.

21. 陈志一. 草坪栽培管理. 北京: 中国农业出版社, 1993.

22. 李银, 刘存琦. 草坪绿地规划设计与建植管理技术. 兰州: 甘肃民族出版社, 1994.

23. 孙吉雄. 草坪学. 北京: 中国农业出版社, 1998.

24. 张志国. 草坪建植与管理. 济南: 山东科学技术出版社, 1998.

25. 韩烈保, 杨碚等. 草坪草种及其品种. 北京: 中国林业出版社, 1999.

26. 黄复瑞, 刘祖祺. 现代草坪建植与管理技术. 北京: 中国农业出版社, 1999.

27. 陈佐忠. 面向 21 世纪的中国草坪科学与草坪业. 北京: 中国农业大学出版社, 1999.

28. 赵美琦等. 草坪养护技术. 北京: 中国林业出版社, 2001.

29. 丁文铎. 城市绿地喷灌. 北京: 中国林业出版社, 2001.

30. 胡林等. 草坪科学与管理. 北京: 中国农业大学出版社, 2004.

31. 李坤新. 园林绿化与管理. 北京: 中国林业出版社, 2007.

32. 赵美琦, 孙学智, 赵炳祥. 现代草坪养护管理技术问答. 北京: 化学工业出版社, 2009.

33. 李庆孝. 植物保护手册. 哈尔滨: 黑龙江科学技术出版社, 1997.

34. 周继汤. 新编农药使用手册. 哈尔滨: 黑龙江科学技术出版社, 1999.

35. 屠予钦．农药科学使用指南（第二版）．北京：金盾出版社，2000.

36. 李庆孝，何传椐．生物农药使用指南．北京：中国农业出版社，2002.

37. 高希武，郭艳春，王恒亮等．新编实用农药手册．郑州：中原农民出版社，2002.

38. 刘荣堂．草坪有害生物及其防治．北京：中国农业出版社，2004.

39. 张祖新等．草坪病虫草害的发生与防治．北京：中国农业科技出版社，1997.

40. 袁嗣令等．中国乔、灌木病害．北京：科学出版社，1997.

41. 陆家云等．植物病害诊断．北京：农业出版社，1997.

42. 陆自强．观赏植物昆虫．北京：中国农业出版社，1998.

43. 赵美琦．草坪病害．北京：中国林业出版社，1999.

44. 张青文等．草坪害虫．北京：中国林业出版社，1999.

45. 迟德富，严善春．城市绿地植物虫害及其防治．北京：中国林业出版社，2000.

46. 李孙荣．杂草及其防治．北京：北京农业大学出版社，1996.

47. 李善林，刘德荣，韩烈刚等．草坪杂草．北京：中国林业出版社，1999.

48. 薛光．草坪杂草原色图鉴及防除指南．北京：中国农业出版社，2008.

49. 苏雪痕．植物造景．北京：中国林业出版社，1996.

50. 吴志华．园林工程施工与管理．北京：中国农业出版社，2001.

51. 朱加平．园林植物栽培养护．北京：中国农业出版社，2001.

52. 胡长龙．园林规划设计．北京：中国农业出版社，2004.